THE
NĪTI AND VAIRĀGYA ŚATAKAS
OF
BHARTṚHARI

Edited with Sanskrit Commentary and Annoted with English Translation

by

M. R. KĀLE

MOTILAL BANARSIDASS PUBLISHERS
PRIVATE LIMITED • DELHI

3rd Reprint: Delhi, 2018
Seventh Edition: 1971

ISBN: 978-81-208-0642-9

MOTILAL BANARSIDASS
41 U.A. Bungalow Road, Jawahar Nagar, Delhi 110 007
1 B, J S Compound, Kennedy Bridge, Nana Chowk, Mumbai 400 007
203 Royapettah High Road, Mylapore, Chennai 600 004
236, 9th Main III Block, Jayanagar, Bengaluru 560 011
9, Panchanan Ghosh Lane, 1st Floor, Kolkata 700 009
Ashok Rajpath, Patna 800 004
Chowk, Varanasi 221 001

Printed in India

by RP Jain at NAB Printing Unit,
A-44, Naraina Industrial Area, Phase I, New Delhi–110028
and published by JP Jain for Motilal Banarsidass Publishers (P) Ltd,
41 U.A. Bungalow Road, Jawahar Nagar, Delhi-110007

CONTENTS

PREFACE

TO

THE SECOND EDITION. (1902)

In the preparation of this Second Edition of the Nîti and Vairāgya Satakas sufficient care has been taken to revise the Notes and Translation as critically and minutely as was possible. Much valuable help was derived from Mr. K. M. Joglekar's Edition of the *Śatakas* for which I feel greatly thankful to him.

Third Edition—1910 M. R. Kāle.

FOURTH EDITION.

In revising the text of the Śatakas for this edition I had the advantage of consulting two more Mss. and the Nir. Ed. with the com. of Ramachandrabudhendra. By the light of these the ślokas in the two Śatakas have been rearranged under different heads. Such an arrangement of the ślokas might have been the work of later editors or writers as some think, but it has at least this advantage—*viz.* all that the poet wishes to say on a particular theme is brought together instead of being scattered pell-mell here and there and can thus be better understood. The Sans. com. has been amplified some useful matter being added. The notes and translation also have been carefully revised.

25th July, 1918. M. R. Kāle

SEVENTH EDITION

This edition is reprint of the Sixth edition.

25, Goodwill Bldg. V. M. Kāle
Mahim, Bombay.

INTRODUCTION.

The poem and the author.

The little volume now offered to the public contains two of the three *S'atakas* of Bhartṛhari, one of the celebrated poets of ancient India. Of the History of the poem or of its author very little is known that is authentic. The only circumstances in the life of Bhartṛhari that we know have been handed down by traditions and the various accounts that these give can hardly be reconciled. Bhartṛhari is traditionally represented as belonging to the Royal house of Ujjain; and though he was entitled to the crown, he is said to have abdicated it in favour of his younger brother Vikrama, the founder of the Samvat Era, as he was disgusted with wordly life on account of the discovery of his wife's infidelity* and retired to the forest wishing to lead an ascetic's life. Be that as it may. One fact appears to be incontrovertibly true from the general tenor of the Śatakas that Bhartṛhari must have met with sore disappointment in life, and his faith in the virtue of women was perhaps shaken by certain bitter experiences in his own life or of those he had around. We give below the different accounts of him as found in different works. (1) In one Ms. the name of Bhartṛhari's wife, mentioned in connection with the above tradition, is given as Anangasenâ. (2) The *Arvâchînakosha* mentions Vîrasena, a Gandharva, as the father of Bhartṛhari. Four children were born, *viz.* Bhar., Vikramâditya, Subhatavîrya and Mainâvatî (the mother of the well-known Gopichanda). (3) Bhartṛhari's mother was Sus'îlâ, the only daughter of the king of Jambudvîpa. This king had no son and so he gave the

---

* This tradition seems to have given rise to *Nîti S'ataka* sl. 2 which has hardly any connection in the place where it stands, and may possibly be an interpolation. The use of the first personal pronoun in the verse is not an induoitable proof of its reference to the author himself and the want of true critical spirit on the part of the Pandits might have led to the fabrication of the story current among the people.

kingdom to Bhartṛhari who transferred the seat of government to Ujjain, placed Vikramâditya on the throne and appointed Subhataviŕya his commander-in-chief (4) The name of Bh.'s wife was Padmâkshî and she was the daughter of Simhasena, king of Magadha. (5) Mr. Sheshagiri Shâstri gives a rather curious tradition. He says :—" King Vikramâditya is said to have been the son of a Brâhmaṇa named Chandragupta who married four wives, one of the Brâhmaṇa caste, another of the Kshatriya, the third of Vais'ya, the fourth of the S'údra caste. They were called Brâhmaṇî, Bhânumatí, Bhâgyavatí and Sindhumatî. Each of the four bore him a son. Vararuchi was born of the first wife, Vikramárka of the Second, Bhaṭṭi of the third, and Bhartṛhari of the fourth. Vikramârka became king, and Bhaṭṭi served him in the capacity of Prime Minister."

It need not said how far such traditions are capable of furnishing us materials for a trustworthy account of the poet. All that can be gathered from the above-mentioned traditions is that our poet was of royal descent and that, being disgusted with the world, he renounced it, and retired to the forest as an anchorite and further that he was a man of poetic talents, a great scholar and a Yogí. Besides the *S'atakas* another work called the *Vákyapadíya* goes by the name of Bhartṛhari. The poet Bhaṭṭi, author of the *Bhaṭṭi Kávya,* is also by tradition identified with Bhartṛhari.*

THE AUTHORSHIP OF THE S'ATAKAS.

Bhartṛhari is, by a general consensues of opinion, regarded as the author of the three S'atakas. To a superficial reader they appear to be a collection of verses without any collecting link. And this circumstance, *viz.*, that the verses have no common bond of unity, has given rise to a theory that the *S'atakas* are not an original work but a mere compilation from the works of former authors. An additional circumstance, that some of the

* The controversy as to the identity of Bhartṛhari and Bhaṭṭi is discussed further on.

verses in these *S'atakas* are found in works by other authors which are not mere compilations, has lent colouring to this assumption. Another theory is that the author of the *S'atakas* was not Bhartṛhari but that some poet composed them in his name. This theory has neither a wide currency nor has it any stronghold on the minds of scholars. With regard to the former it is sufficient to remember that only a small number of the verses in the *S'atakas* have been attributed to other writers, that these in almost all cases are persons of less note and that they cannot be said to have preceded Bhartṛhari in chronological order. The number of verses which can at all be challenged as not being Bhartṛhari's will not exceed fifty in the two *S'atakas*; and even of this number very few can be definitely ascribed to one writer or another. With the exception of Kâlidâsa with whom Bhartṛhari has one verse in common (sl. 70 *Nîti S'ataka*) all others from whom Bhartṛhari can be suspected of having borrowed are persons less noted than he, and removed by several centuries from the period at which we think our poet can be placed. The S'atakas, therefore, must be regarded as an original work. Had they been a mere compilation Bh. would have designated his collection by some such name as Subhâshita-manjúshá or the like. Besides the verses are not altogether isolated. There are connecting links which divide them into different groups. To a careful reader they will appear to be the outpourings of a mind strongly disgusted with the world or powerfully affected by its incidents; and the poet must have penned his thoughts down as his mind was held in sway by different emotions at different times. We must, however, believe that the nature of work and its very want of a common thread as in a continuous narrative afforded facilities to unscrupulous persons to pass off either their own or other verses as Bhartṛhari's, and that numerous interpolations must have, from time to time, be made, since the number of verses in each *S'ataka* has considerably increased, so much that the three *S'atakas* now contain nearly 400 verses* between them. The growth, however, has been so much mixed with the original that it has now become an almost hopeless task to resort to the process of elimination.†

THE DATE OF THE S'ATAKAS.

The poet himself furnishes no evidence as to his date, nor does he give any information about himself in his work. We must, therefore, judge at what period in Sanskrit literature we are to place the poet, first, from tradition, and secondly from internal and external evidence. Tradition makes Bhartṛhari, as has already been said, the brother of Vikramâditya, the epoch-maker. And antiquarians do not seem to be opposed to this view. Vikrama's era, the Samvat, begins 56 years before Christ. § Bhartṛhari being the elder brother of Vikram, we

* It cannot be said whether it was with regard to this circumstance that Colebrooke spoke of the *S'atakas* as 'either three or four *S'atakas* or centuries of couplets.'

† An attempt (though not final) has been made in this edition to detach such verses from the original.

§ There is some difference of opinion among antiquarians as regards the beginning of Samvat Era, Mr. Telang believes that Vikrama was the founder of the Shaka or Sâlivâhana era which dates with 78 A. D., and thus he places Bhartṛhari towards the close of the first and the beginning of the second century after Christ. Mr. Telang's main contention is that Bhartṛhari being the author of *Vâkyapadîya*, sufficient time must be allowed to elapse between him and Patanjali 'for all the vicissitudes' in the life of the latter's *Mahâbhâshya*. We shall show further on, from evidence collected by Mr. K. B. Pâthak, and which seems to be very conclusive, that the author of the *Vâkyapadîya* was a Buddhist. Bhartṛhari, the author of the *S'atakas*, was not a Buddhist, and therefore Mr. Telang's objection to accepting B. C. 56 as the date of the commencement of the Samvat Era, on the ground of insufficiency of the period we get for certain incidents in the history of the *Mahâbhâshya* recorded by the author of the *Vâkyapadîya*, falls to the ground.

Another date has been proposed to mark the commencement of the Samvat Era *viz*. A. D. 544. The reasoning by which the might suppose that tradition places him in the first half of the century before Christ.*

The internal evidence as to the date of the *S'atakas* is of a very vague and uncertain nature. The *S'atakas* are interspersed with Vedântic phraseology, but this in itself is hardly sufficient to determine their period. The doctrines of the Vedântins were being discussed and formed for a number of centuries, and it is therefore difficult to hazard a conjecture as to a particular period in the history of Sanskrit letters having produced the poems. The Puraṇas are also referred to in the work; and as Prof. Wilson has tried to show that none of the Puraṇas date back more than a thousand years, some scholars have tried to place the *S'atakas* at so late a period as the eleventh or twelfth † century A. D. It is to be greatly

---

result has been arrived at, is, to speak most charitably of it, simply fancifully. (For further information, see Intro. to Abhi. S'ak.) B.C. 56–57 may, therefore, be taken as the date of the commencement of the Samvat of Vikrama era.

* It is difficult to determine the exact period in the history of Sanskrit literature which might appropriately be called the Vedântic age. This followed the Upanishad period and was coeval with the Pauraṇic and Buddhistic periods. The greatest names of the Vedântic period are those of Kumârila Bhaṭṭa, and the still more famous Śhankarâchârya. Kumârila is supposed to have flourished about 700 A. D., and Śhankarâchârya half a century later (though there are grounds to believe that the flourished long before this). The Vedantic age thus extended beyond the eighth century but its beginning cannot be traced with any degree of accuracy.

† The Pauraṇic age is also the subject of as much controversy as any other period in Sanskrit literature. The greatest name connected with this period is that of Vyâsa, the outhor of the eighteen *Puranas*. Vyâsa's name is also connected with the Vedic period; for he is said to have arranged the Vedas as we now find them. Vyâsa may therefore be regarded as the link between the Vedic and the Paurâṇic periods, and to have lived towards the close of the Vedic age and marked the commencement of the Pauraṇic age. He is therefore certainly a good deal older than the Christian Era.

doubted whether the reasoning of Prof. Wilson is conclusive enough; and whatever view might be held as to the interpolations which have been made in some of the Purâṇas, yet in general it may be said that they or some of them at least have existed prior to the first century A. D. so that the mere mention of the Purâṇas in a work cannot prove any thing as to its being a modern production.

Let us now see if *external evidence* will assist us in establishing the date of Bhartṛhari. His commentators, it seems, never troubled themselves with this question. They like others before and after them appear to have followed the maxim, "gold is gold, why enquire how old it is?" Nor is there any specific mention of the author of the *S'atakas* in any of the old writers which will throw any the least light on his age.

There is, however, one passage in a Persian work, the *Kalila-u-Dimnah* which bears a close resemblance to one occurring in the *Pancha Tantra*, where again it is borrowed from Bhartṛhari. The Persian work was a translation of the *Pancha Tantra* not directly from the original Sanskrit and was written for one of the kings of Persia between 531 and 579 A. D. The *Pancha Tantra*, must, therefore, be an older work, in existence in the year 500 A. D. at the latest. The *Pancha Tantra* is not in all its parts an original work, but draws largely upon the literature then existing Among other works it is indebted to the *S'atakas*, and one stanza from the *Nîti S'ataka* has been borrowed by the *Pancha Tantra** and from thence by the *Kalila-u-Dimnah*. The author of the *S'atakas* therefore must have lived some time before 500 A. D. that is we cannot place him later than the latter half of the fifth century.

Bhartṛhari nowhere mentions contemporary persons or incidents nor is he referred to by any writer as a contemporary

---

* *Nîti S'ataka*, Sl. 94. Shârangadhara, however, quotes this verse as of some other poet after quoting a numbei from Bhartṛhari.

Thus it will be seen that there is nothing that goes against the date furnished by the tradition.

THE IDENTITY* OF BHARTṚHARI AND BHATTI.

Bhartṛhari has been identified with Bhaṭṭi, the author of the celebrated *Bhaṭṭi Kávya.* As regards Bhartṛhari himself there is a controversy as to whether the Bhartṛhari of the *S'atakas* and his namesake, author of the *Vâkyapadîya,* are one and the same. So the controversy expends itself thus:—Was Bhaṭṭi another name for the author of the *S'atakas*, or for the auhtor of the *Vâkyapadîya,* or were the three one and the same or quite different individuals? That the three were no-one is conclusively proved from some evidence collected together by Prof. K. B. Pâthak. Mr. Pâthak has proved from contemporary and other unquestionable evidence that the author of the *Vákyapadîya* was a Buddhist. Neither Bhartṛhari, the author of the *S'atakas,* nor Bhaṭṭi, was a Buddhist. The *S'atakas* are not only not imbued with any of the characteristic that ought to mark a Buddhistic work for the inculcation of moral principles (for which the *S'atakas* are intended), but even the alleged traces of Buddhism in them are so faint that one can confidently assert that the work is not the production of Buddhistic genius. Nor was Bhaṭṭi a follower of Buddha. He glorifies in his epic, the *Bhaṭṭi kâvya,* a hero whom Hinduism has idolised. A Buddhist would have chosen for his hero a co-religionist rather than a Hindu divinity. So the author of the *Vâkyapadîya* was a distinct individual from either of the authors of the *S'atakas* or the *Bhaṭṭikâvya.* So the question to be determined now is—was Bhaṭṭi the same as the author of the *S'atakas?* And we think not. In the accounts of the lives of these two individuals there is too great difference to admit of the one being identified with the other. If we ignore the tradition that the two were one

* This is taken here with minor changes, which do not affect the argument at all, from my Introduction to the *Bhaṭṭi Kâvya* Cantos I–V.

and the same individual, we find very little that is common to the life of the two. Bhartṛhari was a *Kshatriya*, Bhaṭṭi a *Bráhmaṇa* ; the former is connected with Central India and the latter seems from a passage in the *Bhaṭṭi Kávya* to have belonged to the court of Valabhî. From internal evidence offered by the *S'atakas* and the *Bhaṭṭi Kávya* we might say that they could not have been the productions of the same pen. The latter is, as is well known, a grammatical poet and the author shows a wonderful command in handling his words, and even from a grammatical point of view the poem can be said to be a perfect piece of composition. Of the *S'atakas* we cannot say the same. They confront us here and there with an uncouth form of word, and a clumsy construction.* This in itself is sufficient to awaken our suspicion, and reject all theories of identity. In their religion too they seem to be two different persons. Bhartṛhari, though a professed unitarian as regards S'iva and Vishṇu, now and then betrays his predilections towards the former deity, † while Bhaṭṭi is a devout worshipper of the latter. Another circumstance which leads to the same conclusion, is, as remarked by Mr. Govind S'ankara S'astri Bápat (in his preface to his edition of the Bhaṭṭi Kávya, N. S. Press Series), that in ancient works, distinction is made of the quotations from the works of these two poets. In the absence of equally trustworthy evidence or convincing argument, the above circumstances are sufficient to dispel all ideas of the identity of these two poets.

THE TWO BHARTṚHARIS.

Colebrooke seems to have made a distinction between the two Bhartṛharis ; for when speaking of *Bhaṭṭikávya* he says that its author was Bhartṛhari and cautions his readers at the same time that this Bhartṛhari was not the brother of Vikrama and author of the *S'atakas.* Evidently he must have been referring to the author of the *Vákyapadîya* whom he identifies

---

* For instances see. 100 *N. S'*. 6 *V. S.* Mis. &c.

† See Sl. भक्तिर्भवे &c. *V. S'*. 69, 65, 85, &c.

with Bhaṭṭi. We have already stated on Mr. Páthak's authority that the author of the *Vákyapadîya* was a Buddhist; and now we shall proceed to summarise Mr. Páthak's evidence in brief.

The Chinese traveller I-tsing who paid a visit to India towards the close of the 7th century states that the *grammarian* Bhartṛhari died forty years before his visit. The author of of the *Vákyapadîya*, the Chinese pilgrim says, was a Buddhist who "believed deeply in the three jewels, and meditated on the two-fold voidness." Vâchaspatimiśra, a writer of the 11th century speaks of the author of the *Vákyapadîya*, as a *Báhya*, which means *Vedabáhya*, and this word was applied to the Buddhists. This confirms the statement of I-tsing that the grammarian Bhartṛhari was a Buddhist. Kumárila indulges in a violent invective against the author of the *Vákyapadîya*, which it would be difficult to understand under any other supposition than that he was a Buddhist. So the authors of the *Śatakas* and the *Vákyapadîya* must be regarded as different persons, and the only objection[2] which Mr. Telang had to placing our poet so early as at the middle of the 1st century B. C. may be supposed to be laid at rest.

THE S'ATAKAS.

As already remarked the Śatakas are an original work. They are three in number, *viz.* Śringára, Nîti and Vairâgya. They must have been composed by the poet after he had renounced the world. Probably the Nîti Śataka was written first, then followed the Śringára and lastly the Vairágya Śataka. We shall speak of the 1st and 3rd later on. Here we shall say something about the 2nd. The Śri. Śa, which deals with erotic sentiment has naturally to do with women and the feelings and sentiments to which their youthful charms give rise. "Here Bhartṛhari," says Prof. Macdonell, "in graceful and meditative verse, shows himself to be well acquainted with the charms of women and with the arts by which they

1 Prof. Max Muller calculates this date as 650 A. D.
2 See *supra*, P. VI.

captivate the hearts of men." In it the poet describes how men, how-so-ever strong-minded or learned they may be, fall victims to the shafts of Cupid or are caught into the snares of their wiles or amorous sports by women. The Śri. Śa., however, is written by the poet with a view to create disgust for sensual pleasures in the hearts of men and as preparatory to the teachings of the Vairágya S'ataka.

VEDANTIC OR BUDDHISTIC.

The *Śatakas* are said by some to be Buddhistic. There might be some faint traces of Buddhist terminology* in them but that hardly goes to prove conclusively that they are the production of Buddhistic intellect. On the contrary the extreme paucity of such passages as bear, in whatsover degree, indications of Buddhism, and the large preponderance of passages referring to the Yoga and the Vedánta philosophies ought to be considered as sufficient evidence to maintain that the Śatakas are not Buddhistic but Vedantic.‡ On this point Mr. Telang declares that after reading and rereading the Śatakas he failed to trace any thing in them which can be called peculiarly Buddhistic. And it is certainly absurd to expect that Buddhism, with all the wide influence it once commanded in India, would fail to leave its mark, faint though it be, on any thing connected with philosophy and morals.

THEIR FATALISTIC TENDENCY.

Some might be led to think that Śatakas inculcate, at least countenance, fatalism. In a land where the doctrine of

---

* The suspicion that our poet was a Buddhist rests on the authority of a Chinese traveller, but he refers to the author of the *Vákyapadiya* and not to our poet. See *Supra*. The Buddhistic traces are very faint and can hardly be detected. See हिंसाशून्य S'l. 98. V. S'., स्वानुभूति N. S'. 1 &c.

‡ There is frequent reference to Vedântic doctrines and to their source, the Vedas, in the *S'atakas*; for the latter see N. Ś. Sl. s 63, 65, 71, &c. and for the former V. Ś. कर्म निर्मूलयन्ति 100, कर्मनिर्मूलनक्षम: 90, ब्रह्म 70, 71, Mis. 9; परे ब्रह्मणि 101 &; निर्विकल्पे स माधो &c.

transmigration prevailed from the earliest times it was but natural that the conception of fate should have exerted its influence on moral poetry. And there is no wonder that Bhartṛhari's mind, like all Indian minds, leaned toward fatalism. But his fatalism, like that of other writers, is not a fatalism of inaction-one that will paralyse all effort on the part of man. Side by side with fatalistic verses in the Śatakas there are a number of others which impress the necessity of industry Bh. exhorts his readers to put forth strenuous exertions and to persevere in their work till it is accomplished.

THE TEACHINGS OF THE ŚATAKAS.

It has been already stated that Bhartṛhari was not a Buddhist. He speaks of the Vedas with the deepest respect, and makes frequent references to the chief Vedântin doctrines. He speaks of being absorbed in Brahma as the highest bliss. He refers to the method of attaining this blissful position as being the eradication of Karma, and the annihilation of infatuation by means of real knowledge. These are the chief doctrines of Vedántism, and Bhartṛhari therefore must be considered to be a follower of the Vedânta system of philosophy. Here and there he refers to Yoga, to the ten incarnations, to the Ganges, and to the sacred regions of the Himálayas also. In the Nîtiśataka Bhartṛhari inculcates certain principles intended to guide men in their daily life. First and foremost of these is Self-respect.* He points out the value of independence and asks his readers not to lose self-respect in the midst of even overwhelming difficulties and trials in sloks couched in very impressive language. Another virtue to which the poet draws attention is Perseverance. Men of firm minds, says he, carry to a successful issue whatever they undertake. A third virtue which he holds up for our admiration and imitation is Benevolence or service of our fellow-men. This lofty virtue he inculcates in verses which are at once beautiful and instructive. Again Bh. inspires in our

---

* The students find out the references.

hearts admiration and love for the sublime virtue of moral courage. He assigns to character the highest place among human virtues as carrying with it a number of blessings. In the Vairágya Śataka the poet inculcates the principle of renunciation. He tells us to undermine desire, in verses which hold out the greed of worldly men to ridicule and the arrogance of the rich to contempt. He exhorts his readers to turn from worldly pleasures which give not lasting happiness but often disappoint, and to seek mental calm in the solitude of the forest. There, with all desires gone, his mind resting on God who is the only controller of the universe, and happy like a king an ascetic can attain final beatitude and get happiness which alone is permanent by being absorbed in the great Almighty. The poet often draws a glowing picture of the perfect happiness which men who have renounced the world enjoy.

LITERARY ESTIMATE OF THE ŚATAKAS.

Mr. Dutt says*—" The reader will appreciate the opinion of Prof Lassen that it is the terse and epigramatic character of Bhartṛhari's short poems which makes them conspicuous among the productions of the Indian muse; and the perfect art with which they are composed makes them worthy of being ranked among the master-pieces of Indian genius." The style is on the whole simple, but sometimes the meaning is obscure owing to an attempt at brevity at the sacrifice of perspicuity. Some of the shorter verses are written in a particularly graceful and forcible style which had endeared them to the general reader and assigned them a place on the tip of every tongue conversant with Sanskṛt. The longer metres are on the whole free from long and perplexing compounds. In some cases there is one line, generally the last, which contains rather a long compound. This however serves to give the style greater dignity which a tame ending cou d not do. True, there is not melody in the lines, but their artless and simple diction corresponds well with the subject, which, in both the *S'atakas* embodied in this little volume, is moral and religious

* History of Civilisation in ancient India, vol. II, p. 294.

instruction. The Slokas in both the Śatakas are embellished with figures of speech which are natural and of the simpler sort. To impress a principle on the mind of the reader, Bhartṛhari generally puts forth a wealth of illustration, often drawn from nature, which is but seldom equalled; and his delineation of character is so varied, and so striking and his observation of natural phenomena so close that we must believe that he was a minute observer of the world. This minute observation, it may be presumed, has enabled him to discharge his self-imposed task of a didactic poet with so much success, as is attested by the high popularity which he enjoys, and the unique position which he nolds in the history of Sanskṛt literature.

॥ श्रीः ॥

अथ श्रीमद्भर्तृहरिविरचितं

नीतिशतकम् ।

योनादिरप्यनुजिघृक्षुरपत्यहेतो-
स्तीव्रं तपो विदधतं मुनिमत्रिसंज्ञम् ॥
त्रेधा विभज्य निजरूपमगात्स्वयं तं
भूयात्सदा स भगवान्भजकार्तिहारी ॥
कृतं यद्भर्तृहरिणा सुभाषितशतत्रयम् ।
टीकां बालहितां तस्य विदधामि यथामति ॥
दत्तात्रेयं नमस्कृत्य परं कारुणिकं गुरुम् ।
तत्प्रसादबलादत्र प्रवृत्तोहं न धीगुणात् ॥

अथ तत्रभवान्नृपश्रेष्ठः श्रीभर्तृहरिः कविः सदाचारस्य नीतिज्ञानपूर्वकत्वान्नीतिशतकं विषयोपभोगस्य परिणामविरसत्वाद्वैराग्यं प्रति हेतुतया शृंगारशतकमुत्पन्नाया वैराग्यबुद्धेर्दृढीकरणाय वैराग्यशतकं च अज्ञानोपहतात्मजिघृक्षया रिरचयिपुरादौ नीतिशतकमारभमाणो मङ्गलादीनि...हि शास्त्राणि प्रथन्ते वीरपुरुषाण्यायुष्मत्पुरुषकाणि च भवन्ति अध्येतारश्च प्रवक्तारो भवन्ति परिसमाप्तिकामो मङ्गलमाचरेदित्यादिवचनानुरोधात् प्रारिप्सिताविघ्नपरिसमाप्तिसंप्रदायाविच्छेदादिफलकामो ब्रह्मरूपेष्टदेवतानमस्कारात्मकं मङ्गलमुपनिबध्नाति ॥

दिक्कालाद्यनवच्छिन्नानन्तचिन्मात्रमूर्तये[1] ।
स्वानुभूत्येकमानाय[2] नमः शान्ताय तेजसे[3] ॥ १ ॥

दिगिति—दिग्दिशा । कालो भूतभविष्यद्वर्तमानलक्षणः । दिक्च कालश्च दिक्कालौ तावादी येषां ते दिक्कालादयः । आदिशब्देन गुणादयो ग्राह्याः । दिक्कालादिभिरनवच्छिन्नमपरिमितम् । न विद्यते अन्तो यस्य तदनन्तम् । चिदेव

१ दिक्कालानवच्छिन्नाय चिन्मात्रानन्तमूर्तये. २ भूत्यै. ३ साराय. इ० पा०

चिन्मात्रं मूर्तिर्यस्य तच्चिन्मात्रमूर्ति केवलं ज्ञानस्वरूपम् । दिक्कालाद्यनवच्छिन्नं च तदनन्तं च चिन्मात्रमूर्ति च तस्मै । तथा च श्रुतिः—सत्यं ज्ञानमनन्तं ब्रह्म इति । स्वस्यानुभूतिः स्वानुभूतिरेव एकं मुख्यं मानं ब्रह्मणः परिनिष्ठितरूपत्वात्तदवगमे प्रमाणं यस्य तस्मै । एके मुख्यान्यकेवलाः । इत्यमरः । शान्ताय । निष्कलं निष्क्रियं शान्तं निरवद्यं निरञ्जनमिति श्रुतेः । तेजसे परस्मै ज्योतिषे ब्रह्मणे नमः । तद्देवा ज्योतिषां ज्योतिः (उपासते) इति श्रुतेः । नमःस्वस्तीत्यादिना चतुर्थी । उक्तं च पञ्चदश्यां—देशकालान्यवस्तूनां कल्पितत्वाच्च मायया । न देशादिकृतोन्तोस्ति ब्रह्मानन्त्यं स्फुटं तथा ॥ इति ॥

अस्मिञ्जगतीन्द्रियाणां चञ्चलप्रकृतिकत्वाददृष्टादिदोषाद्वा न कदाचित् कस्यचित्कस्याश्चिद्वा क्वचित्प्रीतिः स्थिरातो नरेण तथा वर्तितव्यं यथा मदनवशगो न भवेदिति दर्शयन्नाह—

यां चिन्तयामि सततं मयि सा विरक्ता
साप्यन्यमिच्छति जनं स जनोऽन्यसक्तः[1] ।
अस्मत्कृते च परिशुष्यति[2] काचिदन्या
धिक्तां च तं च मदनं च इमां च मां च ॥ २ ॥

कस्यापि निर्विण्णस्य विषयिण उक्तिरियम् । यां सततं सर्वकालं मम प्राणप्रियेति चिन्तयामि सा वस्तुतो मयि विरक्ता विरतानुरागा । अन्यं जनमुपपतिम् । अन्यस्यां सक्तः अन्यसक्तः । सर्वनाम्नो वृत्तिमात्रे पुंवद्भावः इति पूर्वपदस्य पुंवद्भावः । परिशुष्यति उत्ताम्यति । परितुष्यतीति पाठे मामुद्दिश्य संतोषमेतीत्यर्थः । अतः तां मत्प्रियां धिक् । धिक्शब्दयोगे द्वितीया । तस्या अभीष्टं जनं च धिक् । सर्वमिदं मदनकृतमिति तमपि धिक् । इमां पुंश्चलीं च धिक् । अहमपि बहिराकाररमणीयतया स्त्रियैवं वञ्चित इति मामपि धिक् । स्पष्टमन्यत् । च इमामित्यत्र—संहितैकपदे नित्या नित्या धातूपसर्गयोः । नित्या समासे वाक्ये तु सा विवक्षामपेक्षते ॥ इति न सन्धिः कृतः । आलंकारिकाणां मते त्वत्र विसन्धिदोषः । वसन्ततिलका वृत्तम् । अत्रेयं किंवदन्ती श्रूयते—केनापि योगिना । ब्राह्मणेनेति क्वचित् । जरामृत्युराहित्यप्रापकं फलं भर्तृहरये दत्तम् । राजा तदात्मप्रियायै दत्तवान् । सा चान्यमनस्का तदात्मनो जाराय दत्तवती ।

---

१ रक्तः २ परितुष्यति इ० पा०

तेनापि तत्कस्यैचित्स्वप्रणयिन्यै दत्तम् । तयापि सर्वेषां पालको नृप एव जरामरणराहित्यमर्हतीति कृत्वा तत्पुना राज्ञे दत्तम् । तद्दृष्ट्वा परमं वैराग्यमापन्नो भर्तृहरिर्वनं जिगमिषुरिदं शतकत्रयं रचयामासेति । एवं सत्यप्येतस्मिञ्शतके * नार्हति स्थानमेतत्पद्यम् । नीतिशास्त्रवित्कविः स्वयमेव स्वगृहच्छिद्रमेवं स्फुटीकुर्यादित्यपि न सम्भवतीत्यलं प्रासंगिकेन ॥

अधुना व्यवहारस्वरूपवैविध्यपरिज्ञानार्थं विषयं दशधा विभज्यादौ अज्ञपद्धतिं वर्णयितुमारभते—

अज्ञः सुखमाराध्यः सुखतरमाराध्यते विशेषज्ञः ।
ज्ञानलवदुर्विदग्धं ब्रह्मापि नरं न रञ्जयति ॥ ३ ॥

जानातीति ज्ञः । न ज्ञः अज्ञः । अज्ञानोऽजातशङ्कः विवेकविकलो वा शिष्टोक्तं शृणोत्याचरति च अतः । सुखमनायासेन आराध्यः समाधातुं शक्यः । विशेषं जानातीति विशेषज्ञः । आतोनुपसर्गेकः इति कप्रत्ययः । सुखतरं युक्तायुक्तस्य तत्कालज्ञानादत्यन्तमनायासेन आराध्यते । किन्त्वतो विलक्षणः ज्ञानस्य लवेन दुर्विदग्धो दुश्चतुरस्तं । ज्ञानलेशमात्रेणात्मानं पण्डितमानिनम् । ब्रह्मा सर्वशक्तिमानपि । का कथेतरेषामिति भावः । न रञ्जयति रञ्जयितुं शक्नोति । युक्तिसहस्रेणापि तन्मनःसमाधानस्य दुःसम्पाद्यत्वादितिभावः । अत्र रञ्जनसम्बन्धेप्यसम्बन्धाभिधानादतिशयोक्तिरलङ्कारः । वृत्तमार्याभेदः । तल्लक्षणम् । यस्याः प्रथमे पादे द्वादशमात्रास्तथा तृतीयेपि । अष्टादश द्वितीये चतुर्थके पञ्चदश सार्या ॥ इति ॥

अथ प्रतिनिविष्टमूर्खचित्तस्य दुराराध्यतामेवाह द्वाभ्याम्—

प्रसह्य मणिमुद्धरेन्मकरवक्त्रदंष्ट्रान्तरा-
त्समुद्रमपि सन्तरेत्प्रचलदूर्मिमालाकुलम् ।
भुजङ्गमपि कोपितं शिरसि पुष्पवद्धारये-
न्न तु प्रतिनिविष्टमूर्खजनचित्तमाराधयेत् ॥ ४ ॥

मकरो जलजन्तुभेदः । तस्य वक्त्रं तस्य दंष्ट्रे तयोरन्तरान्मध्यात् । प्रसह्य हठान्मणिमुद्धरेत् । उद्धर्तुमशक्यमपीत्यर्थः । अत्रोत्तरास्मिन्पद्ये च सर्वत्र शक्यार्थे विधिलिङ् । नर इति शेषः । ऊर्मीणां माला ऊ लाः प्रचलन्त्यश्च ता ऊर्मि-

*न चेदमुपलभ्यते केषुचित्पुराणपुस्तकेषु ॥१ब्रह्मापि तं नरम्.२ दंष्ट्राङ्कुरात्. ३लंघयेत्

मालाश्च प्रचलदूर्मिमालास्ताभिः । प्रचलन्तश्च ते उर्मयश्च तेषां मालाभिरिति वा । आकुलस्तम् दुस्तरमपीत्यर्थः । संतरेत् बाहुभ्यां वा प्लवसाधनेन वा । कोपितं कोपोस्य संजातः तं सञ्जातकोपम् । तारकादेराकृतिगणत्वादितच् यद्वा प्रापितम् । पुष्पेण तुल्यं पुष्पवत्पुष्पुस्रजमिव । तेन तुल्यं क्रियाचेद्वतिः इति वतिप्रत्ययः । किंतु प्रतिनिविष्टं सति असति वा वस्तुनि जाताभिनिवेशम् । दुराग्रहाविष्टमित्यर्थः मूर्खजनस्य चित्तम् । प्रतिनिविष्टश्चासौ मूर्खजनश्च तस्य चित्तमिति वा । नाराधयेत् । सर्वेषां साधनानां प्रतिहतत्वात् । अत्र मण्युद्धरणाद्यसम्बन्धेपि तत्सम्बन्धाभिधानादतिशयोक्तिरलंकारः । पृथ्वी वृत्तम् ॥

अधुना घटितघटनमपि संभवेन्न तु मूर्खचित्ताराधनमित्याह—

लभेत सिकतासु तैलमपि यत्नतः पीडय-
न्पिबेच्च मृगतृष्णिकासु सलिलं पिपासार्दितः ।
कदाचिदपि पर्यटञ्शशविषाणमासादये-
न्न तु प्रतिनिविष्टमूर्खजनचित्तमाराधयेत् ॥ ५ ॥

यत्नतः प्रयासात् । पञ्चम्यास्तसिः । पीडयन्नद्भुतयन्त्रादिना । सिकतासु वालुकासु । तैलं तिलस्य तत्सदृशस्य वा विकारः । विकारार्थे अण् । लभेत लब्धुं शक्नुयात् । कश्चिदिति शेषः । पातुमिच्छा पिपासा । पा पाने इत्यस्माद्धातोः सन्नन्तात्स्त्रियामप्रत्यये टाप् । तया अर्दितः पीडितः । मृगाणां तृष्णाऽस्यां मृगतृष्णा । सा एव मृगतृष्णिका । अत्र स्वार्थे कप्रत्यये प्रत्ययस्थात्कात्पूर्वस्यात इदाप्यसुपः इतीकारः । केवलं जलभ्रमदायिनीष्वपि । मृगतृष्णिकासु मरीचिकासु । सलिलं जलम् । कदाचिदनुकूलवेलायां पर्यटन् तत्र तत्र भूप्रदेशे चरन् । शशस्य शृङ्गमपि आसादयितुं लब्धुं शक्नुयात् । पूर्ववदतिशयोक्त्यलङ्कारः । वृत्तं पृथ्वी । अत्र प्रथमद्वितीयचतुर्थपादेषु सिकतासु तैलमित्यादौ अष्टमवर्णे इष्टस्य विच्छेदस्याभावाद् यतिभ्रष्टनामा दोषः । तदुक्तं विद्यानाथेन । यत्र स्थाने यतिभ्रंशस्तद्यतिभ्रष्टमुच्यते । अत्र केचित् सिकतानां सुतैलं सिकतासु तैलमेवं मृगतृष्णिकासु सलिलमित्येकं पदं वाञ्छन्ति । वृत्तं पृथ्वी ॥

अथाज्ञानोपहतानां खलानां मधुरवचनैरनुनयने प्रयत्नोत्यन्तं हास्यास्पदमेवेत्याह—

व्यालं बालमृणालतन्तुभिरसौ रोद्धुं समुज्जृम्भते
छेत्तुं वज्रमणीञ्छिरीषकुसुमप्रान्तेन संनह्यते ।
माधुर्यं मधुबिन्दुना रचयितुं क्षाराम्बुधेरीहते
नेतुं वाञ्छति यः खलान्पथि सतां सूक्तैः सुधास्यन्दिभिः ॥६॥

असौ नरः व्यालं दुष्टगजम् । व्यालो दुष्टगजे सर्पे इति विश्वमेदिन्यौ । बालं च तन्मृणालं बिसं तस्य तन्तुभिः । रोद्धुं नियन्तुमुज्जृम्भते : कृतोत्साहो भवति । वज्रो हीरकः मणिः वज्रमणिस्तम् । तीक्ष्णलोहेनानालेख्यमपीत्यर्थः । शिरीषकुसुमं सर्वेषु कुसुमेषु म्रदिष्ठं तस्य प्रान्तेन । प्रकृष्टोन्तः प्रान्तस्तेन । छेत्तुं सन्नह्यते बद्धपरिकरो भवति । क्षारश्चासावम्बुधिश्च तस्य । मधुरातीति मधुरं मधुरस्य भावो माधुर्यं तत् । ईहते वाञ्छति । क इत्याकांक्षायामाह—यः सुध स्यन्दन्ते तच्छीलैः अमृतस्राविभिः सूक्तैः प्रियभाषणैः । स्पष्टमन्यत् । मूर्खं यः प्रतिनेतुमित्यादिपाठे प्रतिनेतुमनुनेतुमित्यर्थः । अलंकारो मालानिदर्शना । न चायं दृष्टान्तः । वाक्यभेदेन प्रतिबिम्बकारणाक्षेपे तस्योत्थानात् । अत्र तु वाक्यार्थे वाक्यार्थसमारोपाद्वाक्यस्यैकवाक्यतायां तदभाव इत्यलंकारसर्वस्वकारः । शार्दूलविक्रीडितं वृत्तम् ॥

स्वायत्तमेकान्तगुणं विधात्रा विनिर्मितं छादनमज्ञतायाः ।
विशेषतः सर्वविदां समाजे विभूषणं मौनमपण्डितानाम् ॥ ७ ॥

स्वस्यायत्तं स्वायत्तं स्वाधीनं न त्वन्यापेक्षम् । एक एवान्तो यस्य स एकान्तः । एकान्तो गुणो यस्य तत् । एतादृग् अज्ञतायाः । छाद्यतेऽनेनेति छादनम् । करणाधिकरणयोश्च (पा. ३. ३. ११७) इति करणे ल्युट् । विधात्रा निर्मितम् । किं तदित्यपेक्षायामाह—मौनमिति । कथंभूतं विशेषतः सर्वं विदन्तीति सर्वविदस्तेषां समाजे । अपण्डितानां भूषणम् । पण्डा सदसद्विवेकबुद्धिः । पण्डा एषां सञ्जाता इति पण्डिताः । तदस्य सञ्जातमिति तारकादिभ्य इतच् । (पा. ५. २. ३६) इति इतच्प्रत्ययः । न पण्डिता अपण्डितास्तेषाम् । अतः सर्वत्र विशेषतः पण्डितसभासु अज्ञैर्मौनमाश्रित्य वर्तितव्यमिति भावः । उपजातिच्छन्दः ॥

---

१ भेत्तुम्. २ मूर्खं, मूर्खान्यः प्रतिनेतुमिच्छति बलात्सूक्तैः; इ० पा० ३ हितं.

अथाल्पज्ञेन दृप्तेन न भाव्यं सति विशेषज्ञानि दर्पः सद्य एवापोह्यते इति दर्शयितुं कस्याचिदनुभवमाह ॥

यदा किंचिज्ज्ञोहं द्विप इव मदान्धः समभवं
तदा सर्वज्ञोस्मीत्यभवदवलिप्तं मम मनः ।
यदा किंचित्किंचिद्बुधजनसकाशादवगतं
तदा मूर्खोस्मीति ज्वर इव मदो मे व्यपगतः ॥ ८ ॥

मदेन अन्धः मदान्धः । योग्यायोग्यविचारशून्य इत्यर्थः । यतस्तदा परमार्थतोल्पज्ञोपि सर्वज्ञोस्मीति कृतमतेः मम मनोवलिप्तं गर्वितमभवत् । बुधजनः पण्डितो भिषग्वरश्च । प्रतिदिनमल्पाल्पं ज्ञानं भेषजं च । तदाहं वस्तुतो मूर्ख इति लब्धप्रतीतेः मम मदः व्यपगतः सुतरां निर्गतः । मदस्य ज्वरवत्सर्वाङ्गविकारकारित्वात्तत्साम्यम् । आचार्यवान्पुरुषो वेद इति शास्त्राद्गुरोर्यथाविध्युपलब्धं ज्ञानमेव विनयादिहेतु इति भावः । शिखरिणीवृत्तम् ॥

अथ स्वल्पलाभतुष्टस्य नीचस्य धृष्टताप्रकारमाह श्वदृष्टान्तेन—

कृमिकुलचितं लालाक्लिन्नं विगन्धि जुगुप्सितं
निरुपम[2]रसं[3] प्रीत्या खादन्नरास्थि निरामिषम्
सुरपतिमपि श्वा पार्श्वस्थं विलोक्य न शङ्कते
न हि गणयति क्षुद्रो जन्तुः परिग्रहफल्गुताम् ॥ ९ ॥

कृमीणां कुलैः समूहैः चितं व्याप्तम् । विगन्धि विस्रगन्धि । विशब्दस्य पूतिपर्यायत्वे 'गन्धस्येदुत्पूति...' (५. ४. १३५) इत्यादिना इकारान्तादेशः । यद्वा वि विरुद्धः गन्धो विगन्धः सोस्यास्तीति विगन्धि । जुगुप्सितं उद्वेगकरं निरामिषं निर्मांसं नरास्थि । लालया सृणिकया क्लिन्नमार्द्रम् । निरुपमो रसो यस्मिन्कर्मणि तद्यथा तथा । रसप्रीत्येति पाठे प्रीतिः रसप्रीतिः । निर्गता उपमा यस्याः सा निरुपमा । निरुपमा या रसप्रीतिः तया । खादन् पार्श्वस्थं निकटस्थमिन्द्रमपि विलोक्य न शङ्कते लज्जते । तत्कर्म न जहाति । परिग्रहस्य स्वीकृतवस्तुनः फल्गुतां तुच्छत्वं न गणयति, मनसि करोतीत्यर्थः । अत्राप्रस्तुतश्ववृत्तकथनात्प्रस्तुतमूर्खजनवृत्तेः प्रतीत्या अप्रस्तुतप्रशंसालङ्कारः । अर्थान्तरन्यासश्चेत्युभयोः सङ्करः । हरिणीवृत्तम् ॥

---

१ गज. २ धन. ३ रसप्रीत्या. ४ खरा. ५ गणयति न हि क्षुद्रो लोकः ।

शिरः शार्वं स्वर्गात्पशुपतिशिरस्तः क्षितिधरं
महीध्रादुत्तुङ्गादवनिमवनेश्चापि जलधिम्।
अधोधो गङ्गेयं पदमुपगता स्तोकमथवा
विवेकभ्रष्टानां भवति विनिपातः शतमुखः॥ १०॥

इयं गङ्गा स्वर्गात् शर्वस्य शिवस्येदं शार्वं शिरः उपगता। पशूनां जीवानां पतिः पशुपतिः ईश्वरस्तस्य शिरस्तस्मात्। क्षितिधरं हिमाचलम्। महीं धरतीति महीध्रः। मूलविभुजत्वादित्वात्कप्रत्ययः उत्तुङ्गादुन्नतात्। एवमियं गङ्गा अधोधो गच्छन्ती स्तोकमल्पं नीचमित्यर्थः। पदमुपगता। अथवा विवेकभ्रष्टानां सदसाद्विचारच्युतानाम्। शतमुखो बहुप्रकारः। पुरा किल भगीरथो नाम राजा पितुरश्वमेधीयाश्वान्वेषणक्रमेण पातालमुपगतान् अयमेवाश्वापहारीति कृतावस्कन्दनेन महर्षिणा कपिलेन हुङ्कारमात्रेण दग्धान् सगरसुतान् आत्मनः प्रपितामहान् सुरलोकाद्गङ्गाया अवतरणं कारयित्वा तस्या जलेनोददीधरदिति कथात्रानुसन्धेया। अत्रैकस्या गङ्गाया अनेकस्मिन्नाधारेवास्थितेः पर्यायाख्योलंकारः। चतुर्थपादेर्थान्तरन्यासश्च। शिखरिणीवृत्तम्॥

शक्यो वारयितुं जलेन हुतभुक्छत्रेण सूर्यातपो
नागेन्द्रो निशिताङ्कुशेन समदौ दण्डेन गोगर्दभौ।
व्याधिर्भेषजसंग्रहैश्च विविधैर्मन्त्रप्रयोगैर्विषं
सर्वस्यौषधमस्ति शास्त्रविहितं मूर्खस्य नास्त्यौषधम्॥ ११॥

हुतं भुनक्तीति हुतभुगिति व्युत्पत्त्या वैदिकाग्निपरोप्ययं शब्दोत्र लौकिकाग्निपरः। निशितश्चासौ अङ्कुशश्च तेन। भेषजमौषधम्। संग्रहेणेति पाठे यथावद्ग्रहणेन। मन्त्राश्च प्रयोगाश्च तैः। तदुक्तम्—तच्छान्तिरौषधैर्दानैर्जपहोमसुरार्चनैः। शार्दूलविक्रीडितं वृत्तम्॥

साहित्यसङ्गीतकलाविहीनः साक्षात्पशुः पुच्छविषाणहीनः।
तृणं न खादन्नपि जीवमानस्तद्भागधेयं परमं पशूनाम्॥ १२॥

साहित्यं च सङ्गीतं च कलाश्च ताभिर्विहीनः। गीतं वाद्यं नर्तनं च त्रिभिः सङ्गीतमुच्यते। यद्वा संगीतस्य कला संगीतकला। साहित्यं च संगीतकला च

---

१ पतति शिरसस्तत्०, पतति शिरसोतः० २ अधो—अधो—गङ्गा सेयं. ३ समदौ... गौर्गर्दभः ४ भेषजसंग्रहणविधिना. ५० विदितं.

ताभ्यां विहीनः । विषाणं शृङ्गं । जीवमानः जीवतीति तच्छीलः । ताच्छील्यवयोवचनशक्तिषु चानश् । वृत्तमुपजातिः । अलङ्कारो रूपकभेदः ॥

येषां न विद्या न तपो न दानं ज्ञानं न शीलं न गुणो न धर्मः ।
ते मर्त्यलोके भुवि भारभूता मनुष्यरूपेण मृगाश्चरन्ति ॥ १३ ॥

विदन्त्यनया इति विद्या मीमांसादिः । तपः कृच्छ्रादि कर्म च इत्यमरः । भारा भूताः भारभूताः । सुप्सुपेति समासः । मर्त्यलोके चरन्ति । उपजातिश्छन्दः ॥

वरं पर्वतदुर्गेषु भ्रान्तं वनचरैः सह ।
न मूर्खजनसंपर्कः सुरेन्द्रभवनेष्वपि ॥ १४ ॥

पर्वाण्यस्य सन्तीति पर्वतः । दुःखेन गम्यतेन इति दुर्गम् । सुदुरोरधिकरणे इति उप्रत्ययः । भ्रान्तं भ्रमणम् । वने चरन्तीति वनचराः तैः सह । अनुष्टुप् छंदः ।

अथ विद्वत्पद्धतिमारभते—

शास्त्रोपस्कृतशब्दसुन्दरगिरः शिष्यप्रदेयागमा
विख्याताः कवयो वसन्ति विषये यस्य प्रभोर्निर्धनाः ।
तज्जाड्यं वसुधाधिपस्य कवयो ह्यर्थं विनापीश्वराः
कुत्स्याः स्युः कुपरीक्षका न मणयो यैरर्घतः पातिताः ॥ १५ ॥

शास्त्रेण व्याकरणादिना उपस्कृता अलंकृताः शब्दास्तैः सुन्दरा गीः वाणी येषां ते । शिष्येभ्यः प्रदेया व्याख्यानरूपेण दातुं योग्या आगमाः शास्त्राणि येषां ते । आगमः शास्त्र आयतौ इति विश्वः । अत एव विख्याताः कवयः पण्डिताः । विद्वांस इत्यर्थः । धीरो मनीषी ज्ञः प्राज्ञः संख्यावान्पण्डितः कविः । इत्यमरः । यस्य विषये देशे निर्धना वसन्ति तस्य नृपस्य तज्जाड्यं मान्द्यं गुणग्रहणापटुत्वमित्यर्थः । ईश्वराः समर्थाः । सर्वत्र पूज्यत्वात् । यैः रत्नपरीक्षानाभिज्ञैः मणयः अर्घतो मूल्यतः पातिताः । बहुमूल्या अपि अल्पमूल्यत्वेन निर्दिष्टास्ते कुपरीक्षकाः कुत्सिताः परीक्षकाः कुत्स्या निन्द्याः स्युः । न तु मणयः । शार्दूलविक्रीडितं वृत्तम् ॥

अथ विद्याधनैः का स्पर्धा ते हि नम्रत्वेन गौरवेण च बहु माननीया इति प्रतिपादयन् नृपान् संबोधयति—

---

१ गहेन. २ संसर्गः ३ शिष्योपदेशागमाः. ४ भवन्ति.

हर्तुर्याति न गोचरं किमपि शं पुष्णाति यत्सर्वदा
ह्यर्थिभ्यः प्रतिपाद्यमानमनिशं प्राप्नोति वृद्धिं पराम् ।
कल्पान्तेष्वपि न प्रयाति निधनं विद्याख्यमन्तर्धनं
येषां तान्प्रति मानमुज्झतनृपाः कस्तैः सह स्पर्धते ॥ १६ ॥

यद्विद्याख्यमन्तर्धनं हर्तुः चौरस्य गोचरं न याति प्रसिद्धधनवन्नयनविषयं न भवति । यत्सर्वदा किमपि अनिर्वाच्यं शं कल्याणं पुष्णाति तनुते । न त्वितरवद् आये दुःखं व्यये दुःखमिति दुःखाय भवति । अर्थिभ्योनिशं । न तु काले काले । प्रतिपाद्यमानं दीयमानं परामुत्कृष्टां वृद्धिं प्राप्नोति । नत्वितरवत् क्षयम् । यत्कल्पान्तेपि निधनं नाशं न प्रयाति । एतादृग् विद्याधनं येषां तान् प्रति मानमहङ्कारं त्यजत । कः तैः सह स्पर्धते । न कोपीत्यर्थः । अत्रोपमानात्प्रसिद्धधनादुपमेयस्य विद्याधनस्याधिक्यप्रतिपादनाद्व्यतिरेकालङ्कारः । वृत्तं पूर्वोक्तम् ।

अधुना उक्तमेव विशदीकुर्वन्नाह—

अधिगतपरमार्थान्पण्डितान्मावमंस्था-
स्तृणमिव लघुलक्ष्मीर्नैव तान्संरुणद्धि ।
अभिनवमदलेखाश्यामगण्डस्थलानां
न भवति[2] बिसतन्तुर्वारणं वारणानाम् ॥ १७ ॥

हे नृप । परमश्चासौ अर्थश्च परमार्थः तत्वार्थः । अधिगतः परमार्थो यैस्तान् पण्डितान् विदुषः मावमंस्थाः । मावमानय । यतः लघु निःसारं तृणमिव लक्ष्मीस्तान्नैव संरुणद्धि । रोद्धुं न शक्नोति । यद्वा लघुश्चासौ लक्ष्मीश्च लघुलक्ष्मीरिति समस्तं पदम् । विज्ञातमहातत्वा विद्वांसो लक्ष्मीं तृणमिव गणयन्तीत्यर्थः । अभिनवो यो मदो दानं तस्य लेखा तया श्यामानि गण्डस्थलानि येषां तेषां वारणानां बिसतन्तुर्वारणं निरोधको न भवति । मालिनी वृत्तम् ।

ब्रह्मापि विदग्धवैदग्ध्यकीर्त्यपहरणेऽसमर्थः का कथेतरेषामिति दृष्टान्तमुखेनाह—

अम्भोजिनीवननिवासविलास[3]मेव
हंसस्य हन्ति नितरां कुपितो विधाता ।
न त्वस्य दुग्धजलभेदविधौ प्रसिद्धां
वैदग्ध्यकीर्तिमपहर्तुमसौ समर्थः ॥ १८ ॥

---

१ वृद्धिं परां गच्छति. २ भवतु. ३ विहार.

नितरामत्यन्तं कुपितो विधाता हंसस्य । अम्भोजिनीनां वनमम्भोजिनीवनं तत्र निवास एव विलासस्तमपहन्ति । न त्वसौ अस्य हंसस्य दुग्धं च जलं च दुग्धजले तयोर्भेदविधौ भेदविषये प्रसिद्धां । वैदग्ध्येन जनिता कीर्तिः वैदग्ध्यकीर्तिस्तामपहर्तुं समर्थः । एवं कुपितो राजा विदुषः स्वविषयाद्विवासयेत्केवलं न तु तेषामनेकविद्यापरिशीलनोत्पन्नचातुरीकीर्तिहरणे प्रभवेदिति भावः । वसन्ततिलका छन्दः ॥

केयूरा न विभूषयन्ति पुरुषं हारा न चन्द्रोज्ज्वला
न स्नानं न विलेपनं न कुसुमं नालंकृता मूर्धजाः ।
वाण्येका समलंकरोति पुरुषं या संस्कृता धार्यते
क्षीयन्ते[२] खलु भूषणानि सततं वाग्भूषणं भूषणम् ॥ १९ ॥

के बाहुशिखरे यौतीति केयूरः । केयूरा अङ्गदाः पुरुषं न विभूषयन्ति चन्द्रवदुज्ज्वला हाराः मुक्ताहारा अपि न । संस्कृता व्याकरणशुद्ध्याद्यलंकृता । क्षीयन्ते कालगत्या नश्यन्ति । सततं नित्यमनपायि इत्यर्थः । शार्दूलविक्रीडितं वृत्तम् ॥

विद्या नाम नरस्य रूपमधिकं प्रच्छन्नगुप्तं धनं
विद्या भोगकरी यशःसुखकरी विद्या गुरूणां गुरुः ।
विद्या बन्धुजनो विदेशगमने विद्या परा[३] देवता
विद्या राजसु पूजिता[४] न तु धनं विद्याविहीनः पशुः ॥ २० ॥

रूपं स्वाभाविकमाकारसौष्ठवम् तदुक्तं भावप्रकाशे—अवेध्यारोप्यविक्षेप्यबन्धनीयैरभूषितम् । यद्भूषितमिवाभाति तद्रूपमिति कथ्यते ॥ इति । विद्या नाम । नाम प्राकाश्ये अभ्युपगमे वा । अधिकं श्रेष्ठम् । उक्तलक्षणादधिकं लोकरञ्जकत्वात् । प्रच्छन्नं यथा तथा गुप्तं रक्षितं धनम् । भोगान्करोतीति भोगकरी । यशश्च सुखश्च यशःसुखे ते करोतीति । उभयत्र कृञो हेतुताच्छील्यानुलोम्येषु (३. २. २०) इति टः टित्वान्ङीप् च । गुरूणामुपदेष्टॄणामपि उपदेष्टृत्वाद्गुरुः यद्वा श्रेष्ठानामपि श्रेष्ठा । यद्वा गृणाति हितमुपदिशतीति व्युत्पत्त्या गुरुर्हिततमा । अत्र विद्याया रूपधनाद्याकारेण बहुधा निरूपणान्मालारूपकमलंकारः । वृत्तं पूर्वोक्तम् ॥

१ ०णि न भू० २ न्तेखिलभू० ३ परं दैवतम् ४ पूज्यते न हि.

क्षान्तिश्चेत्कवचेन किं किमरिभिः क्रोधोस्ति चेद्देहिनां
ज्ञातिश्चेदनलेन किं यदि सुहृद्दिव्यौषधैः किं फलम् ।
किं सर्पैर्यदि दुर्जनाः किमु धनैर्विद्यानवद्या यदि
व्रीडा चेत्किमु भूषणैः सुकविता यद्यस्ति राज्येन किम् ॥ २१॥

देहिनां नराणां क्षान्तिश्चेत्कवचेन वर्मणा किम् । फलमिति सर्वत्रानुषङ्गः । न किंचित । क्रोधश्चित्तक्षोभः । तस्यैवान्तर्दाहकारित्वात्किमरिभिः । सुहृन्मित्रम् । सुहृद्दुर्हृदौ मित्रामित्रयोः (१. ४. १५०) इति निपातनात्साधुः । औषधैः किम् । तस्यैव सर्वसन्तापहरत्वादिति भावः । न अवद्या अनवद्या निर्दुष्टा । प्रशस्तेत्यर्थः । अवद्यपण्य (पा. ३. १. १०१) इत्यादिना निपातनात्साधुः । किमु धनैः । तस्या एव सर्वाभिलषितसम्पादनहेतुत्वादिति भावः । व्रीडा लज्जा चेत् । तस्या एव सर्वभूषणाग्रेसरत्वादिति भावः । सुकविता सर्वश्रेष्ठं पाण्डित्यम् । तस्या एव सर्वलोकवशीकरणत्वात् ॥

अथ विदुषां गुणवर्णनद्वारा लोकस्थितिहेतुतामाह—

दाक्षिण्यं स्वजने[1] दया परजने[2] शाठ्यं सदा दुर्जने
प्रीतिः साधुजने नयो नृपजने विद्वज्जनेष्वार्जवम्[3]
शौर्यं शत्रुजने क्षमा गुरुजने नारीजने[4] धूर्तता
ये चैवं पुरुषाः कलासु कुशलास्तेष्वेव लोकस्थितिः ॥ २२ ॥

स्वजने बन्धुवर्गे । जातावेकवचनम् । एवमुत्तरत्रापि । दाक्षिण्यं छन्दानुवर्तनम् । दक्षिणः सरलोदारपरछन्दानुवर्तिषु इति शाश्वतः । शठस्य भावो शाठ्यं कापट्यम्। अन्यथा वञ्चयेरन् । नृपजने राजसु विषये नयो नीत्याचरणम् । अन्यथा कोपप्रसङ्गः । ऋजोर्भाव आर्जवं सरलता । अन्यथा निषिध्येयुः । क्षमासहिष्णुत्वम । धृष्टता प्रागल्भ्यम् । अन्यथा वशं नयेयुः । लोकस्थितिः लोकव्यवस्था नीत्याचरणं वा ॥

अधुना सत्सङ्गतेः सर्वप्रकारकं श्रेयस्करत्वमाह—

जाड्यं धियो हरति सिञ्चति वाचि सत्यं
मानोन्नतिं दिशति पापमपाकरोति ।

---

१ वचनेन. २ परिजन. ३ विद्वज्जनेनष्वार्ज०. ४ कान्ता.

यतः प्रसादयति दिक्षु तनोति कीर्ति
सत्संगतिः कथय कीं न करोति पुंसाम् ॥ २३ ॥

सत्सङ्गतिः पुंसां किं न करोतीति कथय । अपि तु सर्वमेव श्रेयो वितरति । धियः बुद्धेर्जाड्यं मान्द्यं हरति । मानस्य उन्नतिः आधिक्यापादानं तद्दिशति करोति । अपाकरोति नाशयति । वृत्तं वसन्ततिलका ॥

सम्प्रत्येषां लोकोत्तरं महिमातिशयं वर्णयति—

जयन्ति ते सुकृतिनो रससिद्धाः कवीश्वराः ।
नास्ति येषां यशःकाये जरामरणजं भयम् ॥ २४ ॥

शोभनं कृतं सुकृतं तदेषामस्तीति सुकृतिनः । कृतं काव्यनिर्मितिः । पक्षे रससाधनं च । सिद्धः रसः शृङ्गारादिः पक्षे पारदः येषां ते रससिद्धाः । यद्वा ब्रह्मवेदिनः । रसो वै सः इतिश्रुतेः । वाहिताग्न्यादिषु (२. २. ३७) इति निष्ठायाः परनिपातः । यद्वा रसे सिद्धाः । ते प्रसिद्धाः कवीश्वराः कविकुलधुरीणाः पण्डितोत्तमा वा । पक्षे सिद्धपारदाः येषां यश एव कायः तत्र । पारदोऽपि शरीरमजरामरं कुरुते इति रसक्रियावेदिनः । श्लेषालङ्कारः ॥

सूनुः सच्चरितः सती प्रियतमा स्वामी प्रसादोन्मुखः
स्निग्धं मित्रमवञ्चकः परिजनो निष्क्लेशलेशं मनः ।
आकारो रुचिरः स्थिरश्च विभवो विद्यावदातं मुखं
तुष्टे विष्टपहारिर्णीष्टदहरौ संप्राप्यते देहिना ॥ २५ ॥

सत् चरितं यस्यासौ । उद्गतं मुखं यस्यासौ उन्मुखः । प्रसादस्योन्मुखः प्रसादोन्मुखः । अवञ्चकः अप्रतारणाशीलः । निःशेषेण गतः रागद्वेषादिजन्यस्य संसारोत्पन्नस्य वा क्लेशस्य लेशो यस्मात् तत्तथा । विद्यया अवदातं शुद्धं भास्वरं वा मुखम् । एतत्सर्वं विष्टपं जगद् हरति आकर्षतीति तच्छीलः तस्मिन् । इष्टं ददातीति तस्मिन् । हरौ इ० । शार्दूलवि० वृत्तम् ॥

प्राणाघातान्निवृत्तिः परधनहरणे संयमः सत्यवाक्यं
काले शक्त्या प्रदानं युवतिजनकथा मूकभावः परेषाम् ।
तृष्णास्रोतोविभङ्गो गुरुषु च विनयः सर्वभूतानुकम्पा
सामान्यः सर्वशास्त्रेष्वनुपहतविधिः श्रेयसामेष पन्थाः ॥ २६ ॥

१ कष्टहारिणि हरौ. २ गतिः.

प्राणानामाधातस्तस्मात् । संयमः मनसो नियमनम् । युवतीनां जनः युवतिजनः । परेषां युवतिजनस्य कथाः तासु मूकभावः । तृष्णायाः स्रोतः प्रवाहः तस्य विभङ्गः । न उपहतः अनुपहतः अनुपहतः विधिर्यस्य । स्रग्धरावृत्तम् ॥

प्रारभ्यते न खलु विघ्नभयेन नीचैः
प्रारभ्य विघ्नविहता विरमन्ति मध्याः ।
विघ्नैः पुनः पुनरपि प्रतिहन्यमानाः
प्रारब्धमुत्तमजना न परित्यजन्ति ॥ २७ ॥

नीचैः क्षुद्रैः । ये विघ्नभयान्न किमप्यारभते ते नीचा इत्यर्थः । स्पष्टमन्यत् । वसन्ततिलका वृत्तम् ॥

इदानीं सतामनन्यसाधारणं वृत्तमाह—

प्रिया न्याय्या वृत्तिर्मलिनमसुभङ्गेप्यसुकरं
त्वसन्तो नाभ्यर्थ्याः सुहृदपि न याच्यः कृशधनः ।
विपद्युच्चैः स्थेयं पदमनुविधेयं च महतां
सतां केनोद्दिष्टं विषममसिधाराव्रतमिदम् ॥ २८ ॥

न्यायादनपेता न्याय्या । धर्मपथ्यर्थन्यायादनपेते (४. ४. ९२) इति यत् । वृत्तिर्वर्तनम् । मलिनं पापं कर्म । असूनां भङ्गः असुभङ्गः तस्मिन् । प्राणसङ्कटेपि न कुर्युरित्यर्थः । स्थेयं स्थितिः । असेर्धारा इवासिधारायां चङ्क्रमणमिव वा व्रतमसिधाराव्रतम् । तदुक्तम्—यत्रैकशयनस्थापि प्रमदा नोपभुज्यते । असिधाराव्रतं नाम वदन्ति मुनिपुङ्गवाः । उद्दिष्टमुपदिष्टम् । सन्तो निसर्गादेवैवंशीला इत्यर्थः । शिखरिणी वृत्तम् ।

अथ मानशौर्यपद्धतिः—

क्षुत्क्षामोपि जराकृशोपि शिथिलप्रायोपि कष्टां दशा-
मापन्नोपि विपन्नदीधितिरपि प्राणेषु नश्यत्स्वपि ।
मत्तेभेन्द्रविभिन्नकुम्भकवलग्रासैकबद्धस्पृहः
किं जीर्णं तृणमत्ति मानमहतामग्रेसरः केसरी ॥ २९ ॥

क्षुधा क्षामः क्षीणः क्षुत्क्षामः । क्षायो मः इति मत्वम् । जरया कृशः जराकृशोपि । शिथिलप्रायः बाहुल्येन विश्लथाङ्गोपि । प्रायो बाहुल्यतुल्ययोः इति मेदिनी । कष्टां कठिनामवस्थां प्राप्तोपि । विपन्ना दीधितिः तेजः यस्य । नष्ट-

१ सहस्रगुणितैरपि हन्य०. २ प्राणो. ३ दानम्. ४ दन्मत्तेभ. ५ पिशित

कान्तिरपीत्यर्थः । इभेषु इन्द्र इव इभेन्द्रः । मत्तश्चासौ इभेन्द्रश्च मत्त० । विभिन्नौ च तौ कुम्भौ च विभि० । मत्तेभेन्द्रस्य विभिन्नकुम्भौ तयोः कवलः । पिशितेति पाठे तत्र यत्पिशितं मांसं । तस्य ग्रासः मत्त० ग्रासः । स एव एकस्तस्मिन्बद्धा स्पृहा येन सः । तथा च मानेन महान्त उन्नतास्तेषाम् । अग्रे सरतीत्यग्रसरः । पुरोग्रतोग्रेषु सर्तेः (३. २. १८) इति टप्रत्ययः । स केसरी शुष्कतृणमात्ति किम् । नैवात्तीत्यर्थः । अप्रस्तुतप्रशंसालङ्कारः शार्दूलविक्रीडितं वृत्तम् ।

अथ सर्वेषां सत्त्वानुरूपैव प्रवृत्तिरित्याह—

स्वल्पस्नायुवसावशेषमलिनं निर्मांसमप्यस्थिकं
श्वा लब्ध्वा परितोषमेति न तु तत्तस्य क्षुधाशान्तये ।
सिंहो जम्बुकमङ्कमागतमपि त्यक्त्वा निहन्ति द्विपं
सर्वः कृच्छ्रगतोपि वाञ्छति जनः सत्वानुरूपं फलम् ॥ ३० ॥

स्वल्पः स्नायवश्च वसा मेदश्च स्नायुवसं तस्य अवशेषस्तेन मलिनम् । अल्पं कुत्सितं वास्थि अस्थिकम् । हिनस्तीति सिंहः । पृषोदरादिः । तदुक्तं सिंहो वर्णविपर्ययात् । कृच्छ्रंगतः कृच्छ्रं गतः सङ्कटावस्थां प्राप्तः । सत्वानुरूपं स्वशक्त्यनुगुणं स्वमनउन्नत्यनुरूपं वा फलं वाञ्छति । वृत्तं पूर्वोक्तम् ॥

सम्प्रति नीचानीचजनयोश्चेष्टाप्रकारमाह—

लाङ्गूलचालनमधश्चरणावपातं
भूमौ निपत्य वदनोदरदर्शनं च ।
श्वा पिण्डदस्य कुरुते गजपुङ्गवस्तु
धीरं विलोकयति चाटुशतैश्च भुङ्क्ते ॥ ३१ ॥

चरणयोरवपातः चरणावपातः । पुमान्गौः पुङ्गवः । विशेषणसमासः । गोरतद्धितलुकि [५-४-९२] इति समासान्तष्टच् । गजपुङ्गवः गजश्रेष्ठः । स्युरुत्तरपदे व्याघ्रपुङ्गवर्षभकुञ्जराः । सिंहशार्दूलनागाद्याः पुंसि श्रेष्ठार्थगोचराः ॥ इत्यमरः चाटुशतैः अनेकप्रियोक्तिभिः । अनुनयवाक्यैरित्यर्थः । वसन्ततिलका वृत्तम् ॥

परिवर्तिनि संसारे मृतः को वा न जायते !
स जातो येन जातेन याति वंशः समुन्नतिम् ॥ ३१ ॥

परिवर्तिनि धर्माधर्मवशात्परिवर्तमाने । को वा मृतः सन् न जायते उत्पन्नो

१ स्वल्पम्. २ वंसेक. ३ अस्थि मो०. ४ न पुनस्तत्स्यात्. ५ घातं.

भवति । यद्वा को वा न मृतः को वा न जायते । सर्वोऽप्युत्पद्यते म्रियते च । तथा च भगवद्वचनं—जातस्य हि ध्रुवो मृत्युर्ध्रुवं जन्म मृतस्य च । इति । स एव परमार्थतो जात इत्यर्थः

अथ मानोन्नतस्य वर्तनक्रममाह—

कुसुमस्तबकस्येव द्वयी वृत्तिर्मनस्विनः ।
मूर्ध्नि वा सर्वलोकस्य विशीर्येत वनेऽथवा ॥ ३३ ॥

प्रशस्तं मनोऽस्यास्तीति मनस्वी तस्य । द्वयी द्विप्रकारा वृत्तिः । मूर्ध्नि अग्रे इत्यर्थः । सर्वेषामग्रणीर्भवति । अन्यथा मानाद्वन एव जीर्णो भवतीत्यर्थः । उपमालंकारः ॥

अधुना तेजोविशिष्टस्यैवोत्कृष्टतामाह—

सन्त्यन्येपि बृहस्पतिप्रभृतयः संभाविताः पञ्चषा-
स्तान्प्रत्येष विशेषविक्रमरुची राहुर्न वैरायते ।
द्वावेव ग्रसते दिनेश्वरनिशाप्राणेश्वरौ भास्वरौ
भ्रातः पर्वणि पश्य दानवपतिः शीर्षावशेषीकृतः ॥ ३४ ॥

अन्ये वक्ष्यमाणा दिवाकरनिशाकराभ्यामित्यर्थः । सम्भाविता बहुमताः । पञ्च वा षड् वा पञ्चषाः । संख्ययाव्यया—(२. २. २५) इत्यादिना बहुव्रीहिः । बहुव्रीहौ संख्येये डजबहुगणात् (५. ४. ७३) इति समासान्तो डच्प्रत्ययः । विशेषेषु तेजोगरिष्ठेषु विक्रमे रुचिर्यस्य सः । वैरायते कलहं करोति । शब्दवैरकलहाभ्रकण्वमेघेभ्यः करणे (३. १. १७) इति क्यङ् । अकृत्सार्वधातुकयोर्दीर्घः (७. ४. २५) इति दीर्घः । किंतु हे भ्रातरित्यादरे । स पूर्वोक्तः । शीर्षमवशेषो यस्य स शीर्षावशेषः । शीर्षा० अशीर्षावशेषः । अशी० षः शीर्षावशेषः सम्पद्यमानः कृतः शीर्षा० कृतः । शीर्षावशेषाकृतिरितिपाठे शीर्षमेवावशेषो यस्यास्तादृशी आकृतिर्यस्येत्यर्थः । शिरोमात्रावशिष्टोऽपात्यर्थः । दानवपतिः राहुः । पर्वणि दर्शे पूर्णिमायां च सूर्यं निशापतिं च ग्रसते । यतस्तौ भास्वरौ । अङ्गवैकल्ययुक्तोपि महान्महत्कार्यं कर्तुमेव व्यवस्यतीत्यर्थः । शार्दूलविक्रीडितं वृत्तम् ॥

---

१ द्वे गती स्तो मनस्विनाम्; मनीषिणः २ शीर्यते वन एव वा. ३ भासुरौ. ४ भ्रान्तः ५ शीर्षावशेषाकृतिः.

अथ महतां चरित्रमाहात्म्यमाह—

वहति भुवनश्रेणीं शेषः फणाफलकस्थितां
कमठपतिना मध्येपृष्ठं सदा स च धार्यते ।
तमपि कुरुते क्रोडाधीनं पयोधिरनादरा-
दहह महतां निःसीमानश्चरित्रविभूतयः ॥ ३२ ॥

फणाः सहस्रसंख्याका एव फलकं । विस्तीर्णफणामण्डलमित्यर्थः । तत्र स्थिताम् । भुवनानां चतुर्दशानां श्रेणीं पंक्तिम् । कमठपतिना आदिकूर्मेण । पृष्ठस्य मध्ये मध्येपृष्ठम् । पारे मध्ये षष्ठ्या वा इत्यव्ययीभावः । धार्यते उह्यते । पयोधिः तमपि अनादरादनायासेनैव क्रोडे अधि इति क्रोडाधीनस्तम् । न ना क्रोडं भुजान्तरम् । इत्यमरः । करोति । पयोधिः प्रलयार्णवः क्रोड आदिवराहस्तदधीनामिति केचित् । अहहेत्याश्चर्ये । अहहेत्यद्भुते खेदे इत्यमरः । अत्र पूर्वपूर्वस्योत्तरं प्रति उत्कर्षावहत्वान्मालादीपकमलेकारः । अर्थान्तरन्यासश्च हरिणीवृत्तम् ॥

मानशौर्यवता पुरुषेण प्राणव्ययेनापि स्वमाहात्म्यमेव रक्षणीयं न तु जीवितहेतोः कश्चिच्छरणं गन्तव्य इत्याह—

वरं पक्षच्छेदः समदमघवन्मुक्तकुलिश-
प्रहारैरुद्गच्छद्बहलदहनोद्गारगुरुभिः ।
तुषाराद्रेः सूनोरहह पितरि क्लेशविवशे
न चासौ संपातः पयसि पयसां पत्युरुचितः ॥ ३३ ॥

तुषाराद्रेः हिमाचलस्य सूनोः मैनाकस्य । उद्गच्छन् यो बहलः दहनस्य उद्गारो निःसरणं तेन गुरुभिः दुःसहैः । मदेन सहितः समदः यो मघवांस्तेन विमुक्तस्य कुलिशस्य वज्रस्य प्रहारैः । पक्षच्छेदः वरम् । न तु पितरि क्लेशेन पक्षच्छेदजनितदुःखेन विवशे विह्वले सति । असौ सम्पात उचितः योग्यः । अत्रोद्गारशब्दस्य गौणत्वान्न ग्राम्यतादोषः । प्रत्युत सौन्दर्यातिशयं पुष्णाति । तदुक्तं दण्डिना-निष्ठ्यूतोद्गीर्णवान्तादि गौणवृत्तिव्यपाश्रयम् । अतिसुन्दरमन्यत्र ग्राम्यकक्षां विगाहते ॥ इति । पुरा किल-हिरण्याक्षमायया लब्धपक्षाणां स्वस्थानं विहाय लोकोपद्रवाय प्रवृत्तानां पर्वतानां कोपवशात्पक्षच्छेदोद्यत इन्द्रे मैनाकः समुद्रमध्ये निलीयातिष्ठदिति पौराणिकी कथात्रानुसंधेया ॥

---

१ कष्टम्. २ विधा०. ३ निधिरा०. ४ प्राणत्यागः, प्राणोच्छेदः. ५ रुधिरा. ६ भर्तुः.

मानी पुरुषः परकृतं निकारं न सहेतेति सदृष्टान्तमाह—

यदचेतनोपि पादैः स्पृष्टः प्रज्वलति सवितुरिनकान्तः ।
तत्तेजस्वी पुरुषः परकृतनिकृतिं कथं सहते ॥ ३७ ॥

यद्यस्मात्कारणात् । अविद्यमाना चेतना यस्यासौ अचेतनः निर्जीवोपि । इनकान्तः सूर्यकान्तः । सवितुः पादैः मयूखैः । चरणतलैश्च । स्पृष्टः आक्रान्तः । ताडितश्चेति ध्वन्यते । प्रज्वलति तेज उद्गिरति । कोपोद्दीप्तश्च भवतीति गम्यते । तत्तस्मात्कारणात् । परेणान्येन शत्रुणा वा कृतां निकृतिं निकारम् । न कथंचिदपि सहते इत्यर्थः ॥

वयस्तेजसो न हेतुरिति विनिगमयति—

सिंहः शिशुरपि निपतति मदमलिनकपोलभित्तिषु गजेषु ।
प्रकृतिरियं सत्त्ववतां न खलु वयस्तेजसो हेतुः ॥ ३८ ॥

कपोला भित्तय इव कपोलभित्तयः । भित्तिशब्दः प्राशस्त्यार्थे । मदेन दानवारिणा मलिनाः कपोलभित्तयो येषां तेषु । प्रकृतिः स्वभावः । सत्त्ववतां बलशालिनाम् । न खल्विति—कालिदासोप्याह—तेजसां हि न वयः समीक्ष्यते इति ॥

अथार्थपद्धतिः । तत्रादावर्थसंग्रहैकपराणां मतमभिसंधायाह—

जातिर्यातु रसातलं गुणगणस्तस्याप्यधो गच्छतु
शीलं शैलतटात्पतत्वभिजनः संदह्यतां वह्निना ।
शौर्ये वैरिणि वज्रमाशु निपतत्वर्थोस्तु नः केवलं
येनैकेन विना गुणास्तृणलवप्रायाः समस्ता इमे ॥ ३९ ॥

जातिर्ब्राह्मणत्वादिः रसातलं पृथ्वीतलं यातु । नश्यतु इत्यर्थः । शीलं सद्वृत्तं पततु विशीर्णं भवतु । अभिजनो वंशः । कुलीनतेति यावत् । वैरिणि सत्यां पराभूतौ संक्षोभकारित्वाच्छत्रुभूते । वयं केवलमर्थमेव साधयाम इत्यर्थः । ननु उक्तगुणानां प्रध्वंसेनापि किमित्यर्थलाभ इष्यते इति चेत् येनेति । तृणलवप्रायास्तृणलवतुल्याः । तद्वल्लघव इत्यर्थः । तदुक्तं रामायणे—जनमर्जय काकुत्स्थ धनमूलमिदं जगत् । अन्तरं नाभिजानामि निर्धनस्य मृतस्य च ॥ इति ॥

---

१ विकृतिम्. २ गच्छतात्. ३ अमी.

तानीन्द्रियाणि सकलानि तदेव कर्म
सा बुद्धिरप्रतिहता वचनं तदेव ।
अर्थोष्मणा विरहितः पुरुषः स एव
त्वन्यः क्षणेन भवतीति विचित्रमेतत् ॥ ४० ॥

सकलानि अक्षतानि इन्द्रियाणि तानि यथापूर्वमवस्थितान्येव । अप्रतिहता केनाप्यंशेनाहीना बुद्धिः सैव । पुरुषेपि स एव । अर्थस्योष्मा अर्थोष्मा तेन विरहितः क्षणेनान्यो भवतीति एतद् विचित्रमित्यन्वयः । वसन्ततिलका वृत्तम् ।

अधुनार्थनिष्ठा एव सर्वे गुणा इत्याह--

यस्यास्ति वित्तं स नरः कुलीनः
स पण्डितः स श्रुतवान्गुणज्ञः
स एव वक्ता स च दर्शनीयः
सर्वे गुणाः काञ्चनमाश्रयन्ते ॥ ४१ ॥

कुले जातः कुलीनः । आभिजनवान् । कुलात्खः इति खप्रत्ययः । श्रुतं श्रवणं । । नपुंसके भावे क्तः । तदस्यास्तीति श्रुतवान् ज्ञानसंपन्नः । आश्रयन्ते । उक्तगुणराहित्येपीत्यर्थः । काव्यलिङ्गमलंकारः । वृत्तमुपजातिः । अस्य समानार्थः श्लोकः—यस्यार्थास्तस्य मित्राणि यस्यार्थास्तस्य बान्धवाः । यस्यार्थाः स पुमाँल्लोके यस्यार्थाः स च पण्डितः ॥ अपरश्च-ब्रह्महापि नरः पूज्यो यस्यास्ति विपुलं धनम् । शशिनस्तुल्यवंशोपि निर्धनः परिभूयते ॥

अथार्थादेर्विनाशप्रकारमाह—

दौर्मन्त्र्यान्नृपतिर्विनश्यति यतिः सङ्गात्सुतो लालना-
द्विप्रोनध्ययनात्कुलं कुतनयाच्छीलं खलोपासनात् ।
ह्रीर्मद्यादनवेक्षणादपि कृषिः स्नेहः प्रवासाश्रया-
न्मैत्री चाप्रणयात्समृद्धिरनयात्त्यागप्रमादाद्धनम् ॥ ४२ ॥

दुष्टो मन्त्रः षाड्गुण्यचिन्तालक्षणः यस्य स दुर्मन्त्रः । दुष्टा मन्त्रिणो यस्य इति वा तस्य भावो दौर्मन्त्र्यं । तस्मात् । विनश्यति । परै राज्याद्यपहरणात् । तदुक्तं—दुर्मन्त्री राज्यनाशायेति । यतिः सङ्गात् । तस्य कामक्रोधादिहेतुत्वात् ।

---

१ दुर्मन्त्रात्. २ त्यागात्प्रमादात्.

सङ्गात्संजायते कामः कामात्क्रोधोभिजायते । इत्यादिगीतावचनात् । लालनात् यत उक्तम्—लालनाद्बहवो दोषास्ताडनाद्बहवो गुणाः । तस्मात्पुत्रं च शिष्यं च ताडयेन्न तु लालयेत् ॥ अनध्ययनाद्यतो विप्रत्वं विद्यानिबन्धनम् । तदुक्तं—जन्मना ब्राह्मणो ज्ञेयः संस्कारैर्द्विज उच्यते । विद्यया याति विप्रत्वं त्रिभिः श्रोत्रिय उच्यते ॥ इति । कुत्सितस्तनयः कुतनयः । तदुक्तं—कोटराग्न्तर्भवो वह्निस्तरुमेकं दहिष्यति । कुपुत्रस्तु कुले जातः स्वकुलं नाशयेत्परम् ॥ मद्यान्मद्यसेवनात् । अनवेक्षणादपरामर्शनात् । अप्रणयादननुरागप्रदर्शनात् । अनयादनीत्याश्रयणेन । त्यागे व्यये प्रमादादनवधानतया । शार्दूलवि० छन्दः ।

दानं भोगो नाशस्तिस्रो गतयो भवंति वित्तस्य ।
यो न ददाति न भुंक्ते तस्य तृतीया गतिर्भवति ॥ ४३ ॥

दानं पात्रे व्ययः । नाशो दानधर्माद्यभावे चौरादिनापहरणम् । न ददाति वित्तमिति शेषः । तृतिया नाशलक्षणा । अतो धनाढ्येन दानभोगपरेण भाव्यमित्यर्थः ॥

अथ दानशौण्डस्य धनराहित्यमपि शोभावहमित्याह—

मणिः शाणोल्लीढः समरविजयी हेतिनिहतो[1]
मदक्षीणो नागः शरदि सरिदाश्यानपुलिना[2] ।
कलाशेषश्चन्द्रः सुरतमृदिता बालवनिता[3]
तनिम्ना शोभन्ते गलितविभवाश्चार्थिषु[4] जनाः[5] ॥ ४४ ॥

शाणः शस्त्रनिशातनसाधनोपलविशेषः । तस्मिन्नुल्लीढः । तत्र घर्षणेनोत्तेजित इत्यर्थः । हेतिः शस्त्रम् । हेतिभिर्निहतः क्षतः । मदेन दानस्रवणेन नागो गजः । आश्यानमीषच्छुष्कम् । संयोगादेरातो धातोर्यण्वतः (८–२–४३) इति निष्ठानत्वम् । पुलिनं यस्याः सा । कलाशेषः षोडशांशमात्रावशिष्टः । कला तु षोडशो भागः इत्यमरः । स च देवतादिभिः पीतशेषत्वाच्छोभते । तदुक्तं कालिदासेन—पर्यायपीतस्य सुरैर्हिमांशोः कलाक्षयः श्लाघ्यतरो हि वृद्धेः । मृदिता लुलितेत्यर्थः । बालवनिता मुग्धाङ्गना । गलितः व्ययं प्रापितः विभवो येषाम् । तनिम्ना कार्श्येन । पृथ्वादिभ्य इमनिच् । अत्र प्रस्तुतानां जनानाम-

---

१ हेतिदलितः. २ सरितः श्यानपुलिनाः. ३ ललना. ४ वश्चार्थिषु जनः. ५ नृपाः; नराः.

प्रस्तुतानां च मण्यादीनां शोभारूपधर्मस्य सकृदुपादानाद्दीपकमलङ्कारः । शिखरिणी वृत्तम् ॥

इदानीं नृणां धनाभावतत्सद्भावावस्थाकृतमाचरणभेदं निर्दिशति—

परिक्षीणः कश्चित्स्पृहयति यवानां प्रसृतये
स पश्चात्संपूर्णः कलयति धरित्रीं तृणसमाम् ।
अतश्चानैकान्त्याद्गुरुलघुतयार्थेषु धनिना-
मवस्था वस्तूनि प्रथयति च संकोचयति च ॥ ४५ ॥

कश्चिद्धनिकः परिक्षीणोऽतिकिंचनतां गतः सन् । प्रसृतिः निकुब्जः पाणिः । यवानां प्रसृतिर्लक्षणया प्रसृतिमात्रयवास्तेभ्य इत्यर्थः । स्पृहयति । स्पृहेरीप्सितः (१-४-३६) इति संप्रदानत्वाच्चतुर्थी । स पश्चात्सुदैवात्संपूर्णः धनसंपन्नः सन् । तृणेन समां कलयति मनुते । धनमदेन सर्वं जगत्तृणमिव गणयतीत्यर्थः । अतः अर्थेषु यवधरित्र्यादिषु पदार्थेषु विषये गुरुलघुतया महत्वाल्पत्वभावेन । न एकान्तमनेकान्तं तस्य भावोनेकान्त्यं व्यभिचारः । तस्मात् । गुरूणि गुरुत्वमेव लघुनि लघुत्वमेवेति नियमाभावात् । धनिनामवस्था वस्तूनि प्रथयति क्षीणावस्था यवादि लघ्वपि वस्तु गुरूकरोति । संकोचयति च । संपन्नावस्था गुर्वपि वस्तु लघूकरोतीत्यर्थः । अतस्तत्त्ववेदिना पुरुषेण सर्वदा समबुद्धिना भवितव्यमित्यर्थः । वृत्तं पूर्वोक्तम् ।

अथ राजानं संबोधयन्नर्थसाधनोपायमुपदिशति—

राजन्दुधुक्षसि यदि क्षितिधेनुमेतां
तेनाद्य वत्समिव लोकममुं पुषाण ।
तस्मिंश्च सम्यगनिशं परिपोष्यमाणे
नानाफलं फलति कल्पलतेव भूमिः ॥ ४६ ॥

क्षितिर्धेनुरिवेत्युपमितसमासः । न तु क्षितिरेव धेनुरिति रूपकम् । वत्समिवेत्युपमालिङ्गात् । तां दुधुक्षसि यदि दोग्धुमिच्छसि चेत् । दुहेः सन्नन्तात्सिच् वत्सं तर्णकमिव । परिपोष्यमाणे परिपाल्यमाने इत्यर्थः । नानाफलं धनधान्यादिकम् । फलति निष्पादयति । वसन्ततिलका वृत्तम् ॥

---

१ नैकाया; नेकान्ता. २ तेनाथ. ३ ०पुष्यमाणे. ४ फलैः.

अधुना प्रसङ्गतो राजनीतेः स्वरूपवैविध्यमाह—

सत्याऽनृता च परुषा प्रियवादिनी च
हिंस्रा दयालुरपि चार्थपरा वदान्या ॥
नित्यव्यया प्रचुरनित्यधनागमा च
वाराङ्गनेव नृपनीतिरनेकरूपा ॥ ४७ ॥

सत्या सत्यपरा । कदाचित्कार्यानुरोधादसत्या अनृताश्रया । परुषा कठोरभाषिणी । कदाचित्स्वेष्टसिद्धिहेतोर्मधुरभाषिणी च । हिंस्रा घातुका । शरारुर्घातुको हिंस्रः इत्यमरः । नमिकम्पि (३–२–१४७) इत्यादिना रप्रत्ययः । दयालुः कारुणिका । स्पृहिगृहि (३–२–१५८) इत्यादिनालुच्प्रत्ययः । अर्थः परो यस्याः सा । धनसंग्रहपरेत्यर्थः । वदान्या दानशौण्डा । नित्यं व्ययो यस्यां यस्याश्च । प्रचुरो बहुलो नित्यं धनागमो यस्यां यस्याश्च । वाराङ्गना वेश्या । अनेकरूपा बहुप्रकारा । अत्र श्रवणमात्रेणाभासमानो विरोधो वाराङ्गनेवेत्युपमयाङ्गाङ्गिभावेन सङ्कीर्यते । वसं० वृत्तम् ॥

अथ नृपाश्रयफलमाह—

आज्ञा कीर्तिः पालनं ब्राह्मणानां दानं भोगो मित्रसंरक्षणं च ।
येषामेते षड्गुणा न प्रवृत्ताः कोऽर्थस्तेषां पार्थिवोपाश्रयेण ॥ ४८ ॥

आज्ञा अप्रातिहतशासनत्वामित्यर्थः । पार्थिवस्योपाश्रयेण कोऽर्थः । न कोपीत्यर्थः । यद्वा हे पार्थिव उपाश्रयेण तवेत्यथादिति योज्यम् । केचिद् येषां राज्ञां एते गुणा न प्रवृत्तास्तेषामुपाश्रयेण हे पार्थिव इत्यादि योजयन्ति शालिनीवृत्तम् ॥

अथार्थाप्तिकामेन कार्पण्यं न गन्तव्यं लाभालाभौ दैवाधीनौ हीत्याह—

यद्धात्रा निजभालपट्टलिखितं स्तोकं महद्वा धनं
तत्प्राप्नोति मरुस्थलेपि नितरां मेरौ ततो नाधिकम् ।
तद्धीरो भव वित्तवत्सु कृपणां वृत्तिं वृथा मा कृथाः
कूपे पश्य पयोनिधावपि घटो गृह्णाति तुल्यं जलम् ॥ ४९ ॥

निजभालमेव पट्टस्तस्मिन् लिखितम् । स्तोकमल्पम् । मरुस्थलेपि उषरभूमा

---

१ भाषिणी. २ वेश्या०. ३ सज्जनानाम्. ४ नियतम्.

ष्वपि नितरां साकल्येन । मेरुः कनकाचलस्तत्रापि । कृपणां दीनाम् । मा कृथा मा कुरु । अधिकधनप्राप्तेरसंभवादिति भावः । कृञो लुङि थास् । तनादित्वेपि सिचो नित्यलोपाविधानान्न सिच् । न माङ्योगे इति अट्प्रातिषेधः । अत्र दृष्टान्तमाह कूप इति । शार्दूल० वृत्तम् ॥

त्वमेव चातकाधारोसीति केषां न गोचरः ।
किमम्भोदवरास्माकं कार्पण्योक्तिं प्रतीक्षसे ॥ ५० ॥

चातकानामाधारः । इति एवंरूपेण । गोचरः ज्ञातः । कार्पण्यस्योक्तिः ताम् । एवं हे दातृवरास्माकं दीनोक्तिमन्तरेणैवापदं धनत्यागेनापहर्तुमर्हसीति कंचिद्धनिकं प्रत्युक्तिः । अप्रस्तुतप्रशंसालङ्कारः ।

इदानीं सर्वोपि श्रीमान्दाता न भवत्यतः सर्वस्य पुरतो दीनं वचो न वक्तव्यमित्याह—

रे रे चातक सावधानमनसा मित्र क्षणं श्रूयता-
मम्भोदा बहवो हि सन्ति गगने सर्वेपि नैतादृशाः ।
केचिद्वृष्टिभिरार्द्रयन्ति वसुधां गर्जन्ति केचिद्वृथा
यं यं पश्यसि तस्य तस्य पुरतो मा ब्रूहि दीनं वचः ॥ ५१ ॥

अवधानेन सहितं सावधानं सावधानं च तन्मनश्च तेन । एतादृशः—ये कार्पण्योक्तिं प्रतीक्षेरन् । यद्वा ये दातारो न भवन्ति । अलङ्कारः पूर्वोक्तः । शार्दूल० वृत्तम् ॥

अथ दुर्जनपद्धतिः—

अथ धनसम्पन्नोपि दुर्जनोऽनभ्युपगम्य एवेति मनसि कुर्वन्नर्थपद्धतेनन्तरं दुर्जनपद्धतिं निरूपयति—

अकरुणत्वमकारणविग्रहः ।
परधने परयोषिति च स्पृहा ॥
सुजनबन्धुजनेष्वसहिष्णुता
प्रकृतिसिद्धमिदं हि दुरात्मनाम् ॥ ५२ ॥

अविद्यमानं कारणं यस्यासौ अकारणः । अकारणश्चासौ विग्रहश्च अकारणविग्रहः निष्कारणकलहः । परस्य योषित् तस्याम् । असहिष्णुता असहनशीलत्वम् । प्रकृतिसिद्धं स्वभावोत्पन्नम् । द्रुतविलम्बितं वृत्तम् ॥

---

१ चातकाधार इति. २ ०क्तिः प्रतीक्ष्यते. ३ एके. ४ धरणीम्. ५ चैके.

विद्यादिगुणसम्पन्नोपि दुर्जनस्त्याज्यः किमु वक्तव्यं गुणविहीन इति सदृष्टान्तमाह—

दुर्जनः परिहर्तव्यो विद्यया भूषितोपि सन् ।
मणिनालंकृतः सर्पः किमसौ न भयंकरः ॥ ५३ ॥

असौ भयंकरो न किम् । अपि तु भयंकर एवातो दूरतस्त्याज्य इत्यर्थः ॥ दृष्टान्तालङ्कारः ॥

अथ दुर्जनस्य पौरोभाग्यं प्रदर्शयति—

जाड्यं ह्रीमति गण्यते व्रतरुचौ दम्भः शुचौ कैतवं
शूरे निर्घृणता मुनौ विमतिता दैन्यं प्रियालापिनि ।
तेजस्विन्यवलिप्तता मुखरता वक्तर्यशक्तिः स्थिरे
तत्को नाम गुणो भवेत्स गुणिनां यो दुर्जनैर्नाङ्कितः ॥ ५४ ॥

ह्रीमति लज्जागुणयुक्ते । गण्यते दुर्जनैरित्यर्थात् । न तु विनयशालीनत्वम् । व्रते रुचिर्यस्य । दम्भो न तु धर्मपरायणत्वम् । शुचौ शुद्धचित्ते । कितवस्य भावः कैतवं शाठ्यम् । मुनिर्मननशीलः । यद्वा वाचंयमो मुनिः इत्यमरः । अथवा दुःखेष्वनुद्विग्नमनाः सुखेषु विगतस्पृहः । वीतरागभयक्रोधः स्थिरधीर्मुनिरुच्यते ॥ इत्युक्तलक्षणः । तस्मिन् विमतिता बुद्धिराहित्यम् । न तु परमात्मानुसंधानपरत्वम् । तेजः पराक्रमस्तद्वति अवलिप्तता दृप्तत्वम् । निन्दितं मुखमस्य मुखरस्तस्य भावो मुखरता । दुर्मुखे मुखराबद्धमुखौ इत्यमरः 'खमुखकुञ्जेभ्य उपसंख्यानम् ।' इति रप्रत्ययः । न तु वाग्मित्वम् । तत्तस्मात्कारणात् । नाङ्कितो न दूषितः । न कोपीत्यर्थः । शार्दूल० वृत्तम् ॥

अधुना गुणावगुणानां प्रधानतमानाह—

लोभश्चेदगुणेन किं पिशुनता यद्यस्ति किं पातकैः
सत्यं चेत्तपसा च किं शुचि मनो यद्यस्ति तीर्थेन किम् ।
सौजन्यं यदि किं निजैः स्वमहिमा यद्यस्ति किं मण्डनैः
सद्विद्या यदि किं धनैरपयशो यद्यस्ति किं मृत्युना ॥ ५५ ॥

अगुणेन दुर्गुणेन किम् । न किमपीत्यर्थः । तस्य सर्वदुर्गुणानां मूलत्वात् । तदुक्तं

---

१ विद्ययालंकृतः २ भूषितः ३ शुचौ. ४ ऋजौ, आर्जवे. ५ वक्तव्यशक्तिस्थिरे. ६ सुगुणिताम्. ७ दुर्जनानां मतः. ८ बलेन म०. ९ जनैः.

लोभमूलानि पापानीति । उक्तं च भागवते—यशो यशस्विनां शुद्धं श्लाघ्या ये गुणिनां गुणाः । लोभः स्वल्पोपि तान्हन्ति विश्वं रूपमिवेप्सितम् ॥ पिशुनता दौर्जन्यम् । सत्यं चेदिति । यतः सत्यमेव परो धर्मः । तथा च श्रुतिः—सत्ये सर्वं प्रतिष्ठितं तस्मात्सत्यं परमं वदन्ति । इति । मौनात्सत्यं विशिष्यते इति मनुरपि । शुचि मन इति । मनःशुद्धताया मोक्षहेतुत्वात् । स्मर्यते च—यः स्वात्मतीर्थे भजते विनिष्क्रियः स सर्ववित्सर्वगतोऽमृतो भवेत् ॥ इति । किं मृत्युनेति । तदुक्तं भगवद्गीतायां—संभावितस्य चाकीर्तिर्मरणादतिरिच्यते । इति । शार्दूल० वृत्तम् ॥

कदा कान्युद्वेगकारीणीत्याह—

शशी दिवसधूसरो गलितयौवना कामिनी
सरो विगतवारिजं मुखमनक्षरं स्वाकृतेः ।
प्रभुर्धनपरायणः सततदुर्गतः[1] सज्जनो
नृपाङ्गणगतः खलो मनसि सप्त शल्यानि मे ॥ ५६ ॥

दिवसे धूसर उपहततेजाः शशी । अविद्यमानान्यक्षराणि शास्त्रज्ञानं यस्मिन् । सुशोभना आकृतिर्यस्य तस्य । धनमेव परं अयनं यस्य धनलुब्ध इत्यर्थः । शल्यानि शल्यवदुःसहदुःखकारीणीत्यर्थः । समुच्चयालङ्कारः । तत्सिद्धिहेतावेकस्मिन्यत्रान्यत्तत्करं भवेत् । समुच्चयोऽसौ इति लक्षणात् । पृथ्वीवृत्तम् ॥

अथात्यन्तक्रोधनशीलानां नृपाणामनुग्रहस्यास्थैर्यं सदृष्टान्तमाह—

न कश्चिच्चण्डकोपानामात्मीयो नाम भूभुजाम् ।
होतारमपि[2] जुह्वानं स्पृष्टो दहति पावकः ॥ ५७ ॥

चण्डः कोपो येषाम् । आत्मीय आत्मीयत्वेन परिगृहीत इत्यर्थः । जुह्वानं जुहोति तच्छीलस्तम् । हविर्दानेनोपचरन्तमिति यावत् । हु दानादनयोः इति धातोस्ताच्छील्ये चानश् । अत ईदृशो राजा सावधानेनाश्रणीय इति भावः । वृत्तमानुष्टुभम् ॥

अथ क्रमप्राप्तं सेवाया दुष्करत्वमाह—

मौनान्मूकः प्रवचनपटुश्चाटुलो[3] जल्पको वा
धृष्टः पार्श्वे भवति[4] च वसन्दूरतोप्यप्रगल्भः ।

---

१ दुर्गतिः २ जुह्वतमपि. ३ वातुलः, वाचकः. ४ बसति च तदा: दूरतश्चा.

क्षान्त्या भीरुर्यदि न सहते प्रायशो नाभिजातः
सेवाधर्मः परमगहनो योगिनामप्यगम्यः ॥ ५८ ॥

मौनात् मौनं धारयति चेन्मूक इत्युच्यते । सेवक इति शेषः । प्रवचने पटुः चेत् चाटुलः चाटुकारः । जल्पतीति जल्पः । पचाद्यच् । स्वार्थे कः । यद्वा कुत्सितो जल्पः जल्पकः । धृष्टो निर्भीकः । अप्रगल्भोऽप्रौढः । न सहते परिभवादिकमिति शेषः । अभिजातः कुलीनः । योगिनां त्रिकालज्ञानिनामपि । किमुतान्येषाम् । अगम्यो ज्ञातुमशक्यः । अत्र सेवाधर्मस्य योगिगम्यत्वेऽप्यगम्यत्वोक्तेः सम्बन्धेऽसम्बन्धरूपातिशयोक्तिः । मन्दाक्रान्ता वृत्तम् ॥

अतिनीचः सर्वथा त्याज्य इत्याह—

उद्भासिताखिलखलस्य विशृङ्खलस्य
प्राग्जातविस्मृतनिजाधमकर्मवृत्तेः ।
दैवादवाप्तविभवस्य गुणद्विषोऽस्य
नीचस्य गोचरगतैः सुखमास्यते कैः ॥ ५९ ॥

उद्भासिताः प्रकाशिता अखिलाः खला येन तस्य । विगता शृंखला विधिनिषेधरूपा यस्य तस्य । स्वैरवृत्तेरित्यर्थः । प्राग्जाता पश्चात् विस्मृता प्राग्जातविस्मृता । कर्मभिर्वृत्तिः कर्मवृत्तिः । प्राग्जातविस्मृता निजा अधमा कर्मवृत्तिर्येन । विस्तृतेति पाठे प्राग्जातानि पश्चाद्विस्तृतानि निजाधमकर्माणि तत्र वृत्तिर्यस्य । अवाप्तो विभवो येन तस्य । गुणान्द्वेष्टीति गुणद्विट् तस्य । वसन्ततिलका वृत्तम् ॥

दुर्जनसुजनमैत्रीप्रकारं निर्दिशति—

आरम्भगुर्वी क्षयिणी क्रमेण
लघ्वी पुरा वृद्धिमती च पश्चात् ।
दिनस्य पूर्वार्धपरार्धभिन्ना
छायेव मैत्री खलसज्जनानाम् ॥ ६० ॥

आरम्भे गुर्वी गुरुः । वृद्धेत्यर्थः । लघ्वी ह्रस्वा । एवं खलस्य मैत्री प्रथमं गुर्वी पश्चात्क्षयिणी भवति सुजनस्य तु तद्विपरीता । यथासंख्यसंकीर्णोपमालंकारः । वृत्तमुपजातिः ।

---

१ प्रौढाढ, प्रागेव. २ विस्तृत. ३ आप्यते.

अधुना दुर्जनानां निष्कारणवैरित्वं प्रतिपादयन्नुपसंहरति—

मृगमीनसज्जनानां तृणजलसंतोषविहितवृत्तीनाम् ।
लुब्धकधीवरपिशुना निष्कारणवैरिणो जगति ॥ ६१ ॥

संतोषो दैववशाद्यद् लभ्यते तेन मनःसंतुष्टिः । ०संतोषैर्विहिता वृत्तिर्येषाम् लुब्धको व्याधः । धीवरो दाशः । पिशुनः खलः । निष्कारणं वैरिणः निष्कारणवैरिणः । यथासंख्यालङ्कारः ।

अथ सुजनपद्धतिः—

तत्रादावादरात्सुजनान्नमस्करोति—

वाञ्छा सज्जनसंगमे परगुणे प्रीतिर्गुरौ नम्रता
विद्यायां व्यसनं स्वयोषिति रतिर्लोकापवादाद्भयम् ।
भक्तिः शूलिनि शक्तिरात्मदमने संसर्गमुक्तिः खले
एते येषु वसन्ति निर्मलगुणास्तेभ्यो नरेभ्यो नमः ॥ ६२ ॥

सज्जनसंगमे तस्य सर्वश्रेयोहेतुत्वादिति भावः । तदुक्तं–अघौघं प्राचीनं प्रशमयति पुण्यं वितनुते प्रसूते सद्बुद्धिं नवनवकलाः पल्लवयति । हरत्यज्ञानान्ध्यं दिशति च परब्रह्मपदवीं सतां सङ्गः कल्पद्रुम इव न किं किं वितनुते ॥ कविनाप्युक्तं सत्संगतिः कथय किं न करोति पुंसामिति । गुरौ तस्य पूज्यत्वात् । व्यसनमासक्तिः । लोकापवादात्—लोकापवादो बलवानिति सत्यवती श्रुतिः इत्यादिवचनात् । खले—दुर्जनं दूरतस्त्यजेत् । दुर्जनः परिहर्तव्यः इत्यादिवचनजातात् । शार्दूल० वृत्तम् ॥

अथ महात्मनां निसर्गसिद्धगुणान् वर्णयति—

विपदि धैर्यमथाभ्युदये क्षमा
सदसि वाक्पटुता युधि विक्रमः ।
यशसि चाभिरतिर्व्यसनं श्रुतौ
प्रकृतिसिद्धमिदं हि महात्मनाम् ॥ ६३ ॥

धैर्यं 'मनसो निर्विकारत्वं धैर्यं सत्स्वपि हेतुषु' इत्युक्तलक्षणम् । वाक्पटुता वाक्चातुर्यम् । इदं—नपुंसकमनपुंसकेन इत्यादिना नपुंसकैकशेषः । महात्मनां महानुभावानाम् । प्रकृत्या स्वभावतः सिद्धम् । द्रुतविलम्बितं वृत्तम् ॥

---

१ संगतौ. २ गुणिगणे. ३ चक्रिणि. ४ यत्र. ५ तेष्वेव लोकस्थितिः तैरेव भूर्भूषिता. ६ चाभिरुचिः. ७ श्रुते.

अथैषामन्यदुःसाध्यं सदाचारप्रकारमाह—

प्रदानं प्रच्छन्नं गृहमुपगते संभ्रमविधिः
प्रियं कृत्वा मौनं सदसि कथनं नाप्युपकृतेः ।
अनुत्सेको लक्ष्म्यां निरभिभवसाराः परकथाः
सतां केनोद्दिष्टं विषममसिधाराव्रतमिदम् ॥ ६४ ॥

प्रच्छन्नं नतु प्रकाशम् । संभ्रमस्यादरस्य विधिः विधानम् । संभ्रमः साध्वसेपि स्यात्संवेगादरयोरपि । इति मेदिनी । यद्वा संभ्रमेण त्वरया अभ्युत्थानाभिवादनादिकातिथ्यक्रिया । कथनं न । न दत्वापरिकीर्तयेदिति मनुस्मरणादिति भावः । उपकृतेः परोपकारस्य । कथनं चापीति पाठे परैर्योपकृतिस्तस्या इत्यर्थः । अनुत्सेको गर्वराहित्यम् । विनयवृत्तिरित्यर्थः । निर्गतोभिभवः तिरस्क्रिया यस्मात्तादृशः सारः यासां यासु वा ताः । समुच्चयालंकारः । शिखरिणी वृत्तम् ॥

अथ महात्मनां प्रसिद्धाविलक्षणां मण्डनसामग्रीमाह—

करे श्लाघ्यस्त्यागः शिरसि गुरुपादप्रणयिता
मुखे सत्या वाणी विजयिभुजयोर्वीर्यमतुलम् ।
हृदि स्वच्छा वृत्तिः श्रुतमधिगतं च श्रवणयो-
र्विनाप्यैश्वर्येण प्रकृतिमहतां मण्डनमिदम् ॥ ६५ ॥

श्लाघ्यः प्रशस्तः । गुरुपादयोः प्रणयिता नम्रता । सादरं नमस्कृतिरित्यर्थः । विजयेते इति तच्छीलौ भुजौ तयोरतुलं निरुपमं वीर्यम् । विजयि जयनशीलमिति पृथग्वा पदं वीर्यविशेषणम् । स्वच्छा निर्मला निष्पापेति यावत् । अधिगतं श्रुतं शास्त्रम् । विनापि असत्यप्यैश्वर्ये । शिखरिणी वृत्तम् ॥

अथ संपदापदोः सुजनानां मनोवृत्तिं वर्णयति—

संपत्सु महतां चित्तं भवत्युत्पलकोमलम् ।
आपत्सु च महाशैलशिलासंघातकर्कशम् ॥ ६६ ॥

उत्पलवत्कोमलम् । महांश्चासौ शैलश्च तस्य शिलानां संघातस्तद्वत्कर्कशं कठिणम् । शैलशिलावद्धैर्याध्वंसेनाभेद्यमित्यर्थः । उपमालंकारः ।

१ चाप्युपकृतेः. २ लक्ष्म्या. ३ पौरुषमहो. ४ स्वस्था.

अथाधममध्यमोत्तमगुणावाप्तिप्रकारमाह—

संतप्तायसि संस्थितस्य पयसो नामापि न श्रूयते[1]
मुक्ताकारतया तदेव नलिनीपत्रस्थितं राजते[2] ।
स्वात्यां[3] **सागरशुक्तिमध्य**[4]**पतितं सन्मौक्तिकं**[5] **जायते**
प्रायेणाधममध्यमोत्तमगुणः[6] **संसर्गतो**[7] **जायते ॥ ६७ ॥**

संतप्तं च तदयो लोहं तस्मिन् । नामापि न ज्ञायते अत्यन्तध्वस्तत्वात् । सागरे याः शुक्तयस्तासां मध्ये पतितम् । मौक्तिकं—मुक्तैव मौक्तिकम् । विनयादित्वात्स्वार्थे ठक् । अधमश्च मध्यमश्च उत्तमश्च तादृशो गुणो यस्य सः । पाठान्तरे निकृष्टसाधारणोत्कृष्टाश्रयिणां वृत्तयो व्यापारा एवंविधा नामाश्रवणादिरूपा भवन्ति । अतो नीचाश्रयो न कर्तव्यः कर्तव्यो महदाश्रयः । इति भावः । शार्दूल० वृत्तम् ॥

अथ पुण्यकृदेव लभते सत्पुत्रादिकमित्याह तल्लक्षणपूर्वम्—

प्रीणाति[8] **यः सुचरितैः पितरं स पुत्रो**
यद्भर्तुरेव हितमिच्छति तत्कलत्रम् ।
तन्मित्रमापदि सुखे च समक्रियं[9] **य-**
देतत्त्रयं जगति पुण्यकृतो लभन्ते ॥ ६८ ॥

सुचरितैः सत्कृत्यैः । ऐहिकपरमार्थसाधनभूतैरिति यावत् । तदुक्तम्—जीवतोर्वाक्यकरणात्प्रत्यब्दं भूरिभोजनात् । गयायां पिण्डदानेन त्रिभिः पुत्रस्य पुत्रता ॥ इति । यद्भर्तुर्हितमेवेच्छति तदित्यन्वयः । यद्वा यद्भर्तुर्हितमिच्छति तदेव कलत्रमिति योज्यम् । पतिभक्तिपरा साध्वी शान्ता सानतिभाषिणी । इति पतिव्रताधर्मत्वात् । समा क्रिया यस्य तत् । वसन्ततिलका वृत्तम् ॥

अथ सतामसाधारणमहिमातिशयेनाशेषजनवन्दनीयत्वमाह—

नम्रत्वेनोन्नमन्तः परगुणकथनैः स्वान्गुणान्ख्यापयन्तः
स्वार्थान्संपादयन्तो विततपृथु[10]**तरारम्भयत्नाः परार्थे ।**
क्षान्त्यैवाक्षेपरूक्षाक्षरमुखरमुखान्दुर्मुखान्दूषयन्तः[11]
सन्तः साश्चर्यचर्या जगति बहुमताः कस्य नाभ्यर्चनीयाः ॥ ६९ ॥

---

१ ज्ञायते. २ दृश्यते. ३ अन्तः सा०. ४ कुक्षि०. ५ तन्मो० ६ ० त्तमजुषामेवंविधा वृत्तयः ७ संवासतः. ८ यः प्रीणयेत्. ९ यदेकरूपम् १० पृथुमहा; बहुतरा. ११ दूषयन्तः समन्तात् दुर्जनान्दुःखयन्तः.

उन्नमन्तः उन्नतिं प्राप्नुवन्तः । परेषां गुणास्तेषां कथनैर्वर्णनैः । ख्यापयन्तः प्रकटयन्तः । न त्वात्मश्लाघया । अतिशयेन पृथवः पृथुतराः । आरभ्यन्ते इति आरम्भाः कार्याणि । पृथुतराश्च ते आरम्भाश्च पृथु० म्भाः । विततः पृथुतरारम्भेषु यत्नो यैर्येषां वा ते तथा । विततौ पृथुतरावारम्भयत्नौ येषां ते इति केचित् । आक्षेपस्य निन्दाया आक्षेपेण वा यानि रूक्षाण्यक्षराणि तैर्मुखराणि वाचालानि मुखानि येषां तान् । आश्चर्येण सहिता साश्चर्या साश्चर्या चर्या आचरणं येषां ते । नाभ्यर्चनीया इति काकुः । सर्वेषामेव पूजनीया इत्यर्थः । स्रग्धरा वृत्तम् ।

अथ परोपकारपद्धतिः—

अथ क्रमप्राप्तां परोपकारपद्धतिं वर्णयति—

भवन्ति नम्रास्तरवः फलोद्गमै-
र्नवाम्बुभिर्भूरिविलम्बिनो घनाः ।
अनुद्धताः सत्पुरुषाः समृद्धिभिः
स्वभाव एवैष परोपकारिणाम् ॥ ७० ॥

फलोद्गमैरुत्पन्नफलभारैः । नम्रा अवनताः । तदुक्तं—परोपकाराय फलन्ति वृक्षाः । इति । नवानि च तान्यम्बूनि तैः । भूरिविलम्बिनो दूरावलम्बिनः । अनुद्धता विनयवन्तः । प्रतिवस्तूपमालंकारोर्थान्तरन्यासश्च । वंशस्थं वृत्तम् ॥

अथैतेषां प्रधानमण्डनसम्पत्तिमाह—

श्रोत्रं श्रुतेनैव न कुण्डलेन दानेन पाणिर्न तु कङ्कणेन ।
विभाति कायः करुणापराणां परोपकारैर्न तु चन्दनेन ॥ ७१ ॥

श्रुतं वेदधर्मशास्त्रादिश्रवणं । कुण्डलं सुवर्णरत्नमयं कर्णभूषणं तेन । परिसंख्यालंकारः । उपजातिश्छन्दः ।

अथ सन्मित्रलक्षणमाह—

पापान्निवारयति योजयते हिताय
गुह्यं च गूहति गुणान्प्रकटीकरोति ।
आपद्गतं च न जहाति ददाति काले
सन्मित्रलक्षणमिदं प्रवदन्ति सन्तः ॥ ७२ ॥

पापादुष्कर्मप्रवृत्तेर्निवारयति धर्माचरणोपदेशेनेति शेषः । वारणार्थानामीप्सितः

---

१ ०भूमि, दूर. २ अनर्थिताः. ३ कुलानाम्.

(१. ४. २७) इति पञ्चमी । हिताय सत्कर्माचरणाय प्रवर्तयति । गुह्यं गोप्यम् । आपदं गत आपद्गतस्तम् । वसन्ततिलका वृत्तम् ॥

अधुना सतां स्वभावत एव परहिते प्रवृत्तिरित्याह—

पद्माकरं दिनकरो विकचीकरोति
चन्द्रो विकाशयति कैरवचक्रवालम् ।
नाभ्यर्थितो जलधरोऽपि जलं ददाति
सन्तः स्वयं परहितेषु कृताभियोगाः ॥ ७३ ॥

दिनं दिवसं करोतीति दिनकरः सूर्यः । कृञो हेतुताच्छील्यानुलोम्येषु (३. २. २०) इति टप्रत्ययः । न अभ्यर्थितो याचितः अनभ्यर्थितः । सन्नपि । पद्मानामाकरः पद्मसमूहस्तम् । विकचं प्रफुल्लं करोति । प्रफुल्लोत्फुल्लसंफुल्लव्याकोचविकचस्फुटाः । इत्यमरः । कैरवचक्रवालं कुमुदखण्डम् । सिते कुमुदकैरवौ इत्यमरः । विहितः । अभितो योगः अभियोग उत्साहपूर्वको यत्नः यैस्ते । अर्थान्तरन्यासालं० । वसन्त० वृत्तम् ॥

अथ पुरुषाणामुत्तमादिप्रकारमाह—

एते सत्पुरुषाः परार्थघटकाः स्वार्थं परित्यज्य ये
सामान्यास्तु परार्थमुद्यमभृतः स्वार्थाविरोधेन ये ।
तेऽमी मानवराक्षसाः परहितं स्वार्थाय निघ्नन्ति ये
ये तु घ्नन्ति निरर्थकं परहितं ते के न जानीमहे ॥ ७४ ॥

परेषामर्थः प्रयोजनं तद्घटनशीलाः । अर्थोऽभिधेयरैवस्तुप्रयोजननिवृत्तिषु । इत्यमरः । ये परार्थं परकार्यनिर्वाहार्थमुद्यमभृत उद्योगभाजः । ते मध्यमा इत्यर्थः । मानवा राक्षसा इव मानवराक्षसाः । तद्वत्क्रूराचारा इत्यर्थः । निरर्थकं प्रयोजनमन्तरेणैव । शार्दूल० वृत्तम् ॥

अथ नीरक्षीरदृष्टान्तेन सन्मैत्रीं वर्णयति—

क्षीरेणात्मगतोदकाय हि गुणा दत्ताः पुरा तेऽखिलाः
क्षीरे तापमवेक्ष्य तेन पयसा स्वात्मा कृशानौ हुतः ।

---

१ पि जलदः सलिलम् २ परहिते सुकृताभियोगाः. ३ एक. ४ स्वार्थान्. ५ मानुष०. ६ सकला दत्ता निजा ये गुणाः. ७ क्षीरोत्ताप. ८ ह्यात्मा.

गन्तुं पावकमुन्मनस्तदभवद् दृष्ट्वा तु मित्रापदं
युक्तं तेन जलेन शाम्यति सतां मैत्री पुनस्त्वीदृशी ॥ ७५ ॥

आत्मानं गतमात्मगतं यदुदकं तस्मै । गुणाः माधुर्यधावल्यादयः । उद्गतं मनो यस्य तदुन्मन उद्युक्तमित्यर्थः । उत्क उन्मना इति निपातनात्साधुः । ईदृशी अन्योन्यव्यसनासहनशीलेत्यर्थः । अत्र स्वभावसिद्धस्य क्षीरनीरव्यवहारस्य परस्परसंतापदर्शनहेतुकत्वेनोत्प्रेक्षणात्क्रियानिमित्तक्रियास्वरूपोत्प्रेक्षा । सा चोक्तार्थान्तरन्यासनिर्व्यूढेत्यनयोर्विजातीयसंकरः । इति रामचन्द्रबुधेन्द्रः । शार्दूल० वृत्तम् ॥

इतः स्वपिति केशवः कुलमितस्तदीयद्विषा-
मितश्च शरणार्थिनः शिखरिणां गणाः शेरते ।
इतोपि वडवानलः सह समस्तसंवर्तकै-
रहो विततमूर्जितं भरसहं च सिन्धोर्वपुः * ॥ ७६ ॥

इत एकस्मिन्प्रदेशे इत्यर्थः । स्वपिति योगानुसंधानपरः शेते । रुदादिभ्यः सार्वधातुके (६-२-७६) इतीडागमः । तस्य केशवस्येमे तदीयाः । त्यदादित्वाद्वृद्धाच्छः । तदीया द्विषो राक्षसाः तेषाम् । इतोन्यस्मिन्प्रदेशे । वडवानलो वाडवाग्निः । और्वस्तु वाडवो वडवानल इत्यमरः । संवर्तकाः प्रलयकालव[१]र्षिणो मेघविशेषास्तैः सह । अहो इत्याश्चर्ये । केशवशयनाधारतया विततं विस्तृतं वडवानलाश्रयमपि वर्धिष्णुतयोर्जितं पर्वतभारोद्वहनाद्भरसहं च । अतोऽप्रमेयानुभावत्तया विस्मयावहमित्यर्थः । पृथ्वी वृत्तम् ॥

अथ सतां चेष्टितं वर्णयन् सदाचारं प्रदर्शयति—

तृष्णां छिन्धि भज क्षमां जहि मदं पापे रतिं मा कृथाः
सत्यं ब्रूह्यनुयाहि साधुपदवीं सेवस्व विद्वज्जनम् ।
मान्यान्मानय विद्विषोप्यनुनय प्रच्छा[३]दय स्वान्गुणा-
न्कीर्तिं पालय दुःखिते कुरु दयामेतत्सतां लक्ष[४]णम् ॥७७॥

छिन्धि वैराग्यशस्त्रेणेति भावः सति क्रोधादिकारणे चित्तस्य निराकुलत्वं क्षमा ताम् । सेवस्व बुद्धिविकासार्थमिति भावः तदुक्तं–यस्तु पर्यटते देशान्यस्तु सेवेत पण्डितान् । तस्य विस्तारिता बुद्धिस्तैलबिन्दुरिवाम्भसि ॥ मान्यान्पूज्या-

---

१ र्षिनाम्. २ विभवमूर्च्छितम्. *अस्मात्परं जातः कूर्मः स एकः इत्यादि पद्यं पठ्यते कैश्चित्तद्वैराग्यशतकपरिशिष्टे द्रष्टव्यम्. ३ प्रख्यापय प्रश्रयम्. ४ चेष्टितम्.

न्मानय पूजय । अन्यथा महती हानिः स्यात् । उक्तं च । अपूज्या यत्र पूज्यन्ते पूज्याश्चैवावमानिताः । अयशो महदाप्नोति धनाद्धर्माच्च हीयते ॥ प्रख्यापय प्रश्रय॰मितिपाठे गुर्वादिषु नम्रत्वं प्रकटयेत्यर्थः । दुःखमस्य संजातमसौ दुःखितस्तस्मिन् । तारकादित्वादितच् । शार्दूल॰ वृत्तम् ॥

एवंविधाः सन्तो विरला इति निगमयति—

मनसि वचसि काये पुण्यपीयूषपूर्णा-
स्त्रिभुवनमुपकारश्रेणिभिः प्रीणयन्तः[1] ।
परगुणपरमाणून्पर्वतीकृत्य नित्यं
निजहृदि विकसन्तः सन्ति सन्तः कियन्तः ॥ ७८ ॥

पुण्यमेव पीयूषममृतं तेन पूर्णाः । पुण्यकर्माचरणनिरता इत्यर्थः पीयूषममृतं सुधा । इत्यमरः । त्रयाणां भुवनानां समाहारः त्रिभुवनं लक्षणया तन्निवासिजनस्तम् । उपकारपरम्पराभिः संतोषयन्तः । परेषां गुणपरमाणूनत्यल्पगुणानित्यर्थः । न पर्वताः अपर्वताः अपर्वताः पर्वताः सम्पद्यन्ते तथा कृत्वा पर्वतीकृत्य । अभूततद्भावे च्विः ऊर्यादिच्विडाचश्च (१–४–६१) इति गतिसंज्ञायां कुगतिप्रादयः । इति समासः विकसन्तः सन्तुष्यन्तः कियन्तः कतिपये विरला एवेत्यर्थः । मालिनी वृत्तम् ॥

अथ मलयवर्णनेन महान्तः प्राकृतमप्युन्नतं पदं प्रापयन्तीत्याह—

किं तेन हेमगिरिणा रजताद्रिणा वा
यत्राश्रिताश्च तरवस्तरवस्त एव ।
मन्यामहे मलयमेव यदाश्रयेण ।
कङ्कोलनिम्बकुटजा[2] अपि चन्दनानि ॥ ७९ ॥

हेमगिरिर्मेरुस्तेन । रजताद्रिणा कैलासेन । वसन्ततिलका वृत्तम् ॥

रत्नैर्महार्हैस्[3]तुतुषुर्न देवा
न भेजिरे भीमविषेण भीतिम् ।
सुधां विना न प्रययुर्विरामं
न निश्चितार्थाद्विरमन्ति धीराः ॥ ८० ॥

---

१ पूरयन्तः २ कुटजान्यपि. ३ महार्घैः.

अथ धैर्यपद्धतिः-

रत्नैः कौस्तुभादिभिः । यद्वा जातौ जातौ यदुत्कृष्टं तद्रत्नमिति कथ्यते । इति वचनादैरावतोच्चैःश्रवःकल्पवृक्षादिभिः श्रेष्ठवस्तुभिः । तुतुषुः । मन्थनसमये इति शेषः । भीमविषेण कालकूटाख्येन । विरामं मथनादिति शेषः । निश्चयार्थात्प्रतिज्ञातार्थात् । न विरमन्ति इष्टफलप्राप्तिं यावत्प्रयतन्ते इत्यर्थः । जुगुप्साविरामप्रमादार्थानामुपसंख्यानम् । इति पञ्चमी । व्याङ्परिभ्यो रमः । इति परस्मैपदम् । अर्थान्तरन्यासोलंकारः । वृत्तमुपजातिः ॥

अथाध्यवसायपरः सुखदुःखे विगणय्य कार्यं साधयत्येवेत्याह—

क्वचिद्भूमीशायी क्वचिदपि च पर्यंकशयनः
क्वचिच्छाकाहारी क्वचिदपि च शाल्योदनरुचिः ।
क्वचित्कन्थाधारी क्वचिदपि च दिव्याम्बरधरो
मनस्वी कार्यार्थी गणयति न दुःखं न च सुखम् ॥ ८१ ॥

भूमौ शेते इति भूमीशायी । पर्यंके मञ्चके हंसतूलादितल्पयुक्ते शयनं यस्य तथा । शाकाहारी नीरसान्नसेवीत्यर्थः । शाल्योदने रुचिर्यस्य । मिष्टान्नभोजीत्यर्थः कन्थां जीर्णवस्त्रखण्डनिर्मितं प्रावरणविशेषं धारयतीति तच्छीलः । सर्वत्र ताच्छील्ये णिनिः । दिव्यं च तदम्बरं च तस्य धरः । प्रशस्तं मनोस्यातीति मनस्वी धीरः । प्रशंसायां विनिः । कार्यार्थी कार्यमर्थयते तच्छीलः । यद्वा स्वकार्यसिद्ध्यभिलाषी । अर्थोस्यास्तीत्यर्थी । कार्येणार्थी कार्यार्थी । कृद्वृत्तेस्तद्धितवृत्तिर्बलीयसीति महाभाष्यात् । न गणयतीति—सुखदुःखे समे कृत्वा स्वकर्मसाधनतत्परो भवतीत्यर्थः शिखरिणी वृत्तम् ॥

अथ शीलमेव प्रधानं भूषणमित्याह—

ऐश्वर्यस्य विभूषणं सुजनता शौर्यस्य वाक्संयमो
ज्ञानस्योपशमः श्रुतस्य विनयो वित्तस्य पात्रे व्ययः ।
अक्रोधस्तपसः क्षमा प्रभवितुर्धर्मस्य निर्व्याजता
सर्वेषामपि सर्वकारणमिदं शीलं परं भूषणम् ॥ ८२ ॥

वाक्संयमः न तु असम्बद्धप्रलापः । उपशमो विषयेच्छानिवृत्तिः शान्तिर्वा ।

---

१ पृथ्वीशय्यः; भूमौ शायी-शय्या; भूमिः शय्या. २ शयनम्. ३ निष्कामता.

अक्रोधः समाहितचित्तत्वम् । प्रसज्यप्रतिषेधेपि नञ्समासः क्वचिदिष्टः । निर्व्याजता निष्कापट्यम् । शार्दूल० वृत्तम् ॥

धीरा न्यायमार्गात्कदापि न चलन्तीत्याह—

निन्दन्तु नीतिनिपुणा यदि वा स्तुवन्तु
लक्ष्मीः समाविशतु गच्छतु वा यथेष्टम् ।
अद्यैव वा मरणमस्तु युगान्तरे वा
न्याय्यात्पथः प्रविचलन्ति पदं न धीराः ॥ ८३ ॥

नीतौ नये निपुणाः । न्याय्यान्न्यायादनपेतात् । धीराः धैर्यशालिनो मनस्विनः । वसन्ततिलका वृत्तम् ॥

अधुना धीरस्य धैर्यगुणो न कदाचिदपाक्रियते इति सदृष्टान्तमाह—

कदर्थितस्यापि हि धैर्यवृत्ते-
र्न शक्यते धैर्यगुणः प्रमार्ष्टुम् ।
अधोमुखस्यापि कृतस्य वह्ने-
र्नाधः शिखा याति कदाचिदेव ॥ ८४ ॥

कुत्सितोऽर्थः कदर्थः । कोः कत्तत्पुरुषेऽचि । इति कुशब्दस्य कदादेशः । कदर्थीकृतः कदर्थितो न्यक्कृतस्तस्य । धैर्येण वृत्तिर्यस्य तस्य । धैर्यमेव गुणः धैर्यगुणः प्रमार्ष्टुं निराकर्तुं न शक्यते । तत्र दृष्टान्तः अधोमुखस्येति । वृत्तमुपजातिः ॥

संप्रति को धीर इत्याकांक्षायामाह—

कान्ताकटाक्षविशिखा न लुनन्ति यस्य
चित्तं न निर्दहति कोपकृशानुतापः
कर्षन्ति भूरिविषयाश्च न लोभपाशै-
र्लोकत्रयं जयति कृत्स्नमिदं स धीरः ॥ ८५ ॥

यस्य चित्तं कान्तायाः कटाक्षा अपाङ्गवीक्षितानि एव विशिखा बाणा न लुनन्ति । भिन्दन्तीत्यर्थः । कोप एव कृशानुरग्निस्तस्य तापः न निर्दहति । भूरयो विषया लोभा एव पाशास्तैः न कर्षन्ति स्वायत्तं कुर्वन्तीत्यर्थः । जयति स्वाधीनतां नयति । वसन्ततिलका वृत्तम् ॥

---

१ बुद्धेर्विनाशो न हि शंकनीयः. २ तनूनपातः. ३ खनन्ति. ४ तर्षन्ति.

पातितोपि कराघातैरुत्पतत्येव कन्दुकः ।
प्रायेण साधुवृत्तानामस्थायिन्यो विपत्तयः ॥ ८६ ॥

साधु वृत्तं येषां तेषां सदाचरणानां धैर्यशालिनाम् । अस्थायिन्यः न तिष्ठन्ति तच्छीलाः ॥

वरं मरणं न तु शीलहानिरित्याह—

वरं तुङ्गाच्छृङ्गाद्गुरुशिखरिणः क्वापि विषमे
पतित्वायं कायः कठिनदृषदन्तर्विदलितः ।
वरं न्यस्तो हस्तः फणिपतिमुखे तीव्रदशने
वरं वह्नौ पातस्तदपि न कृतः शीलविलयः ॥ ८७ ॥

गुरोर्बृहतः शिखरिणः पर्वतस्य तुङ्गादुन्नतात् शृङ्गात् शिखरात्क्वापि विषमे विकटे पतित्वा कठिनाश्च ता दृषदश्च तासामन्तर्विदलितः शीर्णो वरम् । तथा च तीव्रा विषानलोग्रा दशना यस्य तस्मिन् । शीलवीलयः सद्वृत्तभ्रंशो न वरमीषदपि प्रियः । देवाद्वृते वरः श्रेष्ठे त्रिषु क्लीबं मनाक्प्रिये । इत्यमरः । अतः शीलं प्राणान्तेपि न त्याज्यमिति भावः । शिखरिणी वृत्तम् ॥

ननु एवं शीलरक्षणे को लाभ इत्याकांक्षायामाह—

वन्हिस्तस्य जलायते जलनिधिः कुल्यायते तत्क्षणा-
न्मेरुःस्वल्पशिलायते मृगपतिः सद्यःकुरङ्गायते ।
व्यालो माल्यगुणायते विषरसः पीयूषवर्षायते
यस्याङ्गेखिललोकवल्लभतमं शीलं समुन्मीलति ॥ ८८ ॥

यस्य पुरुषश्रेष्ठस्याङ्गे अखिललोकानां वल्लभतममिष्टतमं शीलं समुल्लसति तस्य । वह्निः दाहशीलोपि जलायते जलवदाचरति । शीतो भवतीत्यर्थः । कर्तुः क्यङ् सलोपश्च (३-१-११) इत्याचारार्थे क्यङ् । अकृत्सार्वधातुकयोरिति दीर्घः । एवं सर्वत्र । जलनिधिर्दुस्तरोपि अल्पनदीवद्भवति । कुल्याल्पा कृत्रिमा सरित् इत्यमरः । मेरुर्दुरारोहोपि । व्यालः सर्पस्तीव्रविषभीषणोपि । माल्यगुणः पुष्पस्रक् । स इवाचरति । पीयूषस्यामृतस्य वर्षो वर्षणं तद्वदाचरति । अत्र कृञर्थादौपम्यप्रतीतेरुपमालंकारः । शार्दूलवि० वृत्तम् ॥

---

१ हि सुवृत्तानाम्. २ शृङ्गोत्संगात्. ३ पुलिने. ४ दन्ते. ५ तीक्ष्ण. ६ कूपायते.

धीराणां न कदाचिदपि संतापो जायते इत्याह—

छिन्नोपि रोहति तरुः क्षीणोप्युपचीयते पुनश्चन्द्रः ।
इति विमृशन्तः सन्तः संतप्यन्ते न विप्लुता लोके ॥ ८९ ॥*

क्षीणः कृष्णपक्षे क्रमशः कलाहीनोपि उपचीयते वर्धते । लोके इति विमृशन्तो विचारयन्तः सन्तः विप्लुता आपदभिभूता अपि । आर्या छन्दः ॥

अथ दैवपद्धतिः—

नेता यस्य बृहस्पतिः प्रहरणं वज्रं सुराः सैनिकाः
स्वर्गो दुर्गमनुग्रहः खलु हरेरैरावतो वारणः ।
इत्यैश्वर्यबलान्वितोपि बलभिद्भग्नः परैः संगरे
तद्व्यक्तं ननु दैवमेव शरणं धिग्धिग्वृथा पौरुषम् ॥ ९० ॥

बृहतां वाचां पतिः बृहस्पतिः । (श्लो. ३४ द्रष्टव्यः ।) । हरेः सर्वदेवाधीशस्य । न तु कस्यचित्क्षुद्रदेवस्य । बलस्यभिदिन्द्रः । भग्नः पराजितः । तत्तस्मात् । पौरुषं पुरुषस्य कर्म । हायनान्तयुवादिभ्योऽण् । इत्यण् । पुरुषकारं धिग्धिक् । नित्यवीप्सयोरित्याभीक्ष्ण्ये द्विरुक्तिः । यतः वृथा व्यर्थं तत् । शार्दूलवि० वृत्तम् ॥

अधुना नराणां वृद्धिक्षययोर्दैवमेव कारणमित्याह—

भग्नाशस्य करण्डपीडिततनोर्म्लानेन्द्रियस्य क्षुधा
कृत्वाखुर्विवरं स्वयं निपतितो नक्तं मुखे भोगिनः ।
तृप्तस्तत्पिशितेन सत्वरमसौ तेनैव यातः पथा
लोकाः पश्यत दैवमेव हि नृणां वृद्धौ क्षये कारणम् ॥ ९१ ॥

नक्तं रात्रौ आखुर्मूषकः विवरं बिलं । करण्डे इत्यर्थः । कृत्वा । भग्ना मुक्तिं प्रति आशा यस्य तस्य । करण्डे पीडिता प्रसरणाभावात्तनुर्यस्य । क्षुधा बुभुक्षया म्लानानि इन्द्रियाणि यस्य । तस्य भोगिनः सर्पस्य मुखे पतितः । असौ सर्पस्तस्याखोः पिशितेन मांसेन तृप्तस्तेनैव पथा बिलद्वारेण । पश्यतेति—अतो हानौ वृद्धौ वा शोक आनन्दो वा न कार्य इत्यर्थः । शार्दूल० वृत्तम् ॥

एवं सत्यपि धीमतोद्योगः कर्तव्य एवेत्याह—

कार्यायत्तं फलं पुंसां बुद्धिः कर्मानुसारिणी ।
तथापि सुधिया भाव्यं सुविचार्यैव कुर्वता ॥ ९२ ॥

---

१ चन्द्रः क्षीणोपि वर्धते पुनः. २ ते विपदा. ३ किल. ४ मघवा. ५ वरमेव दैवश०. ६ पिण्डित. ७ स्वस्थस्तिष्ठत. ८ परं. * अस्मात्परमयं श्लोकः पुस्तकान्तरे—
अपेक्षन्ते न पात्राणि न स्नेहं न दशान्तरम् । सदालोकहिता रक्ता रक्तदीपा इवोत्तमाः ॥

कर्मायत्तं कर्माधीनम् । अधीनो निघ्न आयत्तः इत्यमरः । सुविचार्य कुर्वता उद्योगपरेणैव भाव्यम् । अनुष्टुप् छन्दः ॥

दुर्भाग्यस्य न क्वापि सुखप्राप्तिरित्याह—

खल्वाटो दिवसेश्वरस्य किरणैः संतापितो[1] मस्तके
वाञ्छन्देशमनातपं विधिवशात्तालस्य मूलं गतः ।
तत्राप्यस्य महाफलेन पतता भग्नं सशब्दं शिरः
प्रायो गच्छति यत्र भाग्यरहितस्तत्रैव यान्त्यापदः ॥ ९३ ॥

खल्वाटो लुप्तलोमशिरस्कः । दिवसेश्वरस्य सूर्यस्य । अनातपं सच्छायम् । विधिवशात् दुर्दैवात् । सशब्दं शब्देन सहितं यथा तथा भग्नम् । शार्दूल० वृत्तम् ॥

अतो दैवमेव बलवदिति मम मतिरित्याह—

शशिदिवाकरयोर्ग्रहपीडनं
गजभुजंगमयोरपि बन्धनम् ।
मतिमतां च विलोक्य दरिद्रतां
विधिरहो बलवानिति मे मतिः ॥ ९४ ॥

ग्रहेण राहुणा । मतिमतां प्रशस्तबुद्धिमताम् । द्रुतविलम्बितं वृत्तम् ॥

विधिरपि कदाचिन्न सम्यक् चेष्टत इत्याह—

सृजति तावदशेषगुणाकरं पुरुषरत्नमलंकरणं भुवः ।
तदपि तत्क्षणभङ्गि करोति चेदहह कष्टमपण्डितता विधेः ॥ ९५ ॥

नास्ति शेषो येषां ते अशेषाः । अशेषाश्च ते गुणास्तेषामाकरम् । पुरुषरत्नं नरश्रेष्ठं सृजति तावन्निर्माति खलु । तत्क्षणभङ्गि तत्क्षणविनाशि । अपण्डितता मौढ्यम् । वृत्तं द्रुतवि० ॥

दैवयोगो न केनापि लंघनीय इत्याह—

अयममृतनिधानं नायकोऽप्योषधीनां
शतभिषगनुयातः शम्भुमूर्धावतंसः ।
विरहयति न चैनं राजयक्ष्मा शशाङ्कं
हतविधिपरिपाकः केन वा लङ्घनीयः ॥ ९६ ॥

---

१ ०पितो मस्तके. २ द्रुतगतिः. ३ प्याशु. ४ दैवहतकः. ५तत्रापदां भाजनम्. ६ भुजंगविहंगमब० शशि० इति पादयोर्व्यत्यासेन पाठः ।

अयं दृश्यमानः चन्द्रः । अमृतस्य निधानं निधिरपि । ओषधीनां संजीवन्यादीनां नायकोपि । शतभिषक् शततारकानक्षत्रपुञ्जस्तेन । पक्षे शतं भिषजो वैद्यास्तैः । न केवलमेतत्—शम्भोः सर्वलोकसुखकरस्य शंकरस्य मूर्ध्नः अवतंसः शिरोभूषणम् । राजा चासौ यक्ष्मा च । अत्र बाहटः—अनेकरोगानुगतो बहुरोगपुरोगमः । राजयक्ष्मा क्षयोऽशेषरोगराडिति च स्मृतः ॥ न विरहयति न त्यजति । हतविधेः दैवहतकस्य । केन वा लंघनीयो न केनापीत्यर्थः । मालिनीवृत्तम् ।

अथ सर्वत्र लाभालाभादौ दैवमेव प्रमाणमित्याह—

दैवेन प्रभुणा स्वयं जगति यद्यस्य प्रमाणीकृतं
तत्तस्योपनमेन्मनागपि महानैवाश्रयः कारणम् ।
सर्वाशापरिपूरके जलधरे वर्षत्यपि प्रत्यहं
सूक्ष्मा एव पतन्ति चातकमुखे द्वित्राः पयोबिन्दवः ९७

प्रभुणा समर्थेन । यस्य प्रमाणीकृतं भागत्वेन निर्दिष्टं तत्तस्योपनमेत् । महानाश्रयो मनागीषदपि नैव कारणम् । अत्र दृष्टान्तः—सर्वेषामाशा मनोरथास्तासां परिपूरके । यद्वा सर्वाश्च ता आशा दिशश्च तासां पूरके सकलदिग्देशव्यापके । मेघे अहन्यहनि प्रत्यहं । अव्ययं विभक्ति इत्यादिनाव्ययीभावः । नपुंसकादन्यतरस्यामिति समासान्तः । वर्षत्यपि सूक्ष्मा अल्पाः । द्वौ वा त्रयो वा द्वित्राः । संख्ययाव्ययासन्न इत्यादिना बहुव्रीहिः । बहुव्रीहौ संख्येये डजबहुगणादिति डच्प्रत्ययः । शार्दूलवि० वृत्तम् ॥

न कोपि विधिनियोगमन्यथा कर्तुं समर्थ इत्याह—

पत्रं नैव यदा करीरविटपे दोषो वसन्तस्य किं
नोलूकोप्यवलोकते यदि दिवा सूर्यस्य किं दूषणम् ॥
धारा नैव पतन्ति चातकमुखे मेघस्य किं दूषणम्
यत्पूर्वं विधिना ललाटलिखितं तन्मार्जितुं कः क्षमः ॥ ९८

करीरो वृक्षविशेषः । उलूकोपि घूकश्च नावलोकते पदार्थान्पश्यति । स्पष्टमन्यत् । शार्दूल० वृत्तम् ॥

---

१ वर्षत्यपः.

अथ कर्मपद्धतिः—

अथ दैवपद्धतेरनन्तरं दैवस्यापि कर्माधीनत्वात्कर्मपद्धतिं निरूपयति । तत्रादौ कर्मणो बलीयस्त्वं वर्णयति--

नमस्यामो देवान्ननु हतविधेस्तेपि वशगा
विधिर्वन्द्यः सोपि प्रतिनियतकर्मैकफलदः ।
फलं कर्मायत्तं किममरगणैः[1] किं च विधिना
नमस्तत्कर्मभ्यो विधिरपि न येभ्यः प्रभवति ॥ ९९ ॥

देवाः सर्वसमर्था इतीन्द्रादीन्नमस्यामोऽभिवादयामहे चेत् । ननु तेपि विधिहतकस्य वशं गच्छन्तीति वशगा तदधीना इत्यर्थः । एवं चेद्विधिर्वन्द्योस्तु । नैवमपि यतः सोपि प्रतिनियतं यत्कर्मफलं तदेवैकं ददातीति तथा । स्वातन्त्र्येण फलदानेऽसमर्थ इत्यर्थः । एवं फलं कर्मायत्तं चेत् देवगणैः किमित्यादि न किमपीत्यर्थः । तत्तस्मात् । न प्रभवति प्रबलो भवति । अत्र पूर्वं पूर्वस्योत्तरोत्तरं प्रत्युत्कर्षहेतुत्वान्मालादीपकमलंकारः । शिखरिणी वृत्तम् ॥

अथ कर्मणां सकलनियन्तृत्वं विशिनष्टि--

ब्रह्मा येन कुलालवन्नियमितो ब्रह्माण्डभाण्डोदरे
विष्णुर्येन दशावतारगहने क्षिप्तो महासंकटे ।
रुद्रो येन कपालपाणिपुटके भिक्षाटनं कारितः
सूर्यो भ्राम्यति नित्यमेव गगने तस्मै नमः कर्मणे ॥ १०० ॥

येन ब्रह्मा ब्रह्माण्डमेव भाण्डं तस्योदरे । कुलालेन तुल्यं कुलालवन्नियमितः सृष्टिनिर्माणकर्मणीत्यर्थः । येन विष्णुः महान्ति संकटानि यस्मिंस्तादृशे । दश अवतारा एव गहनं तत्र । यद्वा दशभिरवतारैर्गहनं यन्महासंकटं तस्मिन् । क्षिप्तः । येन रुद्रः कपालेन युक्तं पाणिपुटकं यद्वा कपालं ब्रह्मशिर एव पाणिपुटकं तस्मिन् । या भिक्षा तदर्थमटनम् । स्पष्टमन्यत् । शार्दूलवि० वृत्तम् ॥

पूर्वजन्मनि कृतमवदातं कर्मैव फलदमित्याह—

नैवाकृतिः फलति नैव कुलं न शीलं
विद्यापि नैव न च यत्नकृतापि सेवा[2] ।
भाग्यानि पूर्वतपसा खलु संचितानि
काले फलन्ति पुरुषस्य यथैव वृक्षाः ॥ १०१ ॥

---

१ यदि किममरैः. २ सेवते.

आकृतिः शरीरसौष्ठवम् । फलति इष्टफलं ददाति । यत्नेन कृता यत्नकृता । पूर्वमाचरितं यत्तपो तेन । काले तत्तत्कर्मपरिपाकसमये । वृक्षा यथा वृक्षा इव । वसन्ततिलका वृत्तम् ॥

महासंकटपतितस्यापि पूर्वपुण्यमेव शरणं भवतीत्याह--

वने रणे शत्रुजलाग्निमध्ये महार्णवे पर्वतमस्तके वा
सुप्तं प्रमत्तं विषमस्थितं वा रक्षन्ति पुण्यानि पुरा कृतानि ॥ १०२ ॥

शत्रवश्च जलं च अग्निश्च तेषां मध्ये । विषमे निम्नोन्नतभूमिभागे संकटे वा स्थितम् । वृत्तमुपजातिः ॥

अधुना सर्वश्रेयोहेतुत्वात्सर्वंकषां भगवतीं सत्क्रियामेवाराधयेत्युपदिशति--

या साधूंश्च खलान्करोति विदुषो मूर्खान्हितान्द्वेषिणः
प्रत्यक्षं कुरुते परोक्षममृतं हालाहलं तत्क्षणात् ।
तामाराधय सत्क्रियां भगवतीं भोक्तुं फलं वाञ्छितं
हे साधो व्यसनैर्गुणेषु विपुलेष्वास्थां वृथा मा कृथाः ॥ १०३ ॥

या सत्क्रिया खलान्साधून्करोति । मूर्खान् विदुषः प्रज्ञान् । द्वेषिणः शत्रून् हितान् करोति । परोक्षमतीन्द्रियमपि वस्तु प्रत्यक्षमिन्द्रियगोचरं करोतीति योज्यम् । हे साधो तां भगवतीं सर्वसमर्थां सत्क्रियामाराधय । विपुलेषु गुणेषु व्यसनैरभिनिवेशैनास्थां फलप्राप्तेः मा कुरु । व्यसनैर्विपुलेष्वापद्भूयिष्ठेषु गुणेषु इति केचित् । शार्दूलवि० वृत्तम् ॥

संपदापदौ शुभाशुभकर्मायत्ते इत्याह--

शुभ्रं सद्म सविभ्रमा युवतयः-श्वेतातपत्रोज्ज्वला
लक्ष्मीरित्यनुभूयते चिरमनुस्यूते शुभे कर्मणि ।
विच्छिन्ने नितरामनङ्गकलहक्रीडात्रुटत्तन्तुकं
मुक्ताजालमिव प्रयाति झटिति भ्रश्यद्दिशो दृश्यताम् ॥ १०४ ॥

शुभे कर्मणि चिरमनुस्यूते संलग्ने । षिवु तन्तुसंताने इति धातोः कर्तरि क्तः । छ्वोः शूडनुनासिके च इत्यूठि यणादेशः । शुभ्रं सद्म सुधालिप्तहर्म्यादि । विभ्रमेण सहिताः सविभ्रमाः सविलासाः । श्वेतं च तदातपत्रं च तेजोज्ज्वला लक्ष्मीः । इत्येतत्सर्वमनुभूयते । शुभकर्मणि विच्छिन्ने फलदानेनावसन्ने सर्वमेतत् अनङ्ग-

---

१ स्थिरमिव स्फीत.

कलहो रतिरणं स एव क्रीडा तस्यां त्रुटन्तस्तन्तवो यस्य तन्मुक्ताजालं मौक्तिकहार इव झटिति द्राक् अश्यद् गलन्नितरां दिशः प्रयाति । दृश्यतामवलोक्यताम् । यद्वा दिशः अदृश्यतामिति पदच्छेदः । दिशः अस्यद्दिक्षु गलद्दृश्यतां प्रयाति । केचिद्दिशोदृश्यतामित्येकं पदमिच्छन्ति । उपमालंकारः । शार्दूल॰ वृत्तम् ॥

अतः कर्म कुर्वता नरेण परिणामं विचार्यैव तत्कर्तव्यमित्याह—

गुणवदगुणवद्वा कुर्वता कार्यमादौ
परिणतिरवधार्या यत्नतः पण्डितेन ।
अतिरभसकृतानां कर्मणामाविपत्ते-
र्भवति हृदयदाही शल्यतुल्यो विपाकः ॥ १०५ ॥

गुणवद्गुणयुक्तम् । आदौ कार्यारम्भे । परिणतिः अवधार्या परिपाकोनुसंधातव्यः । अन्यथा अतिरभसेनातित्वरया । अत्यन्तमविचारेणेत्यर्थः । कृतानां कर्मणाम् । गुणवतामपीति शेषः । विपाक आविपत्तेर्मरणकालं यावत् । शल्येन बाणाग्रेण तुल्यः हृदयं दहतीति तच्छीलो मनःसंतापकारीत्यर्थः । भवति । अतः सुविचार्यैव कार्यमारब्धव्यमिति भावः । मालिनी वृत्तम् ॥

इमां कर्मभूमिं प्राप्य यः सत्कर्म नानुतिष्ठति स मन्दभाग्य एव इत्याह—

स्थाल्यां वैदूर्यमय्यां पचति तिलखलीं चान्दनैरिन्धनौघैः
सौवर्णैर्लाङ्गलाग्रैर्विलिखति वसुधामर्कमूलस्य हेतोः ।
छित्त्वा कर्पूरखण्डान्वृतिमिह कुरुते कोद्रवाणां समन्ता-
त्प्राप्येमां कर्मभूमिं न चरति मनुजो यस्तपो मन्दभाग्यः ॥१०६॥

यः मन्दभाग्यो मनुज इमां कर्मभूमिं कर्मानुष्ठानयोग्यं मर्त्यलोकं प्राप्य सर्वश्रेयोहेतु तपो न चरति सः । विदूरात्प्रभवतीति वैदूर्यं मणिविशेषः । वैदूर्यं बालवालजम् इत्यमरः विदूराञ्ञ्यः (४-३-८४) इति ञ्यप्रत्ययः । वैदूर्यप्रचुरा वैदूर्यविकारो वा वैदूर्यमयी । प्राचुर्ये विकारार्थे वा मयट् । तस्यां स्थाल्यां तिलखलीं निस्तैलतिलपिण्डिकां पचति । अथवा अर्कमूलार्थे सुवर्णविकारैः सुवर्णनिर्मितैः लाङ्गलाग्रैः हलमुखैः । विलिखति कर्षति । कोद्रवाणां

---

१ सगुणमपगुणं वा. २ जातम्. ३ बैदूर. ४ कणान्-खलं. ५ मिन्धनैश्चन्दनाद्यैः. ६ तूलस्य.

कोरदूषकाख्यशस्यविशेषाणां हरिक इति भाषायां । समन्तात् । कोरदूषस्तु कोद्रवः इत्यमरः । वृत्तिमावरणम् । असम्भवद्वस्तुसम्बन्धवाक्यार्थवृत्तिनिदर्शना-भेदोलंकारः । स्रग्धरावृत्तम् ॥

नरो यान्कांश्चित्प्रयत्नान्विदधातु कर्मवशाद्भाव्यमेव भवतीत्याह—

मज्जत्वम्भसि यातु मेरुशिखरं शत्रुञ्जयत्वाहवे
वाणिज्यं कृषिसेवनादि[1] सकला विद्याः कला शिक्षताम्[2] ।
आकाशं विपुलं प्रयातु खगवत्कृत्वा प्रयत्नं परं
नाभाव्यं भवतीह कर्म[3]वशतो भाव्यस्य नाशः कुतः ॥ १०७ ॥

आहवे युद्धे । वणिजः कर्म वाणिज्यं क्रयविक्रयादि । कलाश्चतुःषष्टिम् । विपुलं सुविस्तीर्णम् । इह भाग्यवशतः कर्मानुरोधादभाव्यमभावि न भवति । यदभावि न तद्भावि भावि चेन्न तदन्यथा इति न्यायात् । शार्दूलवि० वृत्तम् ॥ किं बहुना प्रकृष्टपुण्यवतः सर्वमेवानुकूलत्वेन परिणमतीति निगमयन्नुपसंहरति—

भीमं वनं भवति तस्य पुरं प्रधानं
सर्वो जनः सु[4]जनतामुपयाति तस्य ।
कृत्स्ना च भूर्भवति सन्निधिरत्नपूर्णा
यस्यास्ति पूर्वसुकृतं विपुलं नरस्य ॥ १०८ ॥

यस्य नरस्य विपुलं पूर्वजन्मनि कृतं पुण्यमस्ति तस्य भीमं घोरं वनं प्रधानं सर्वोपभोगक्षममित्यर्थः । पुरं भवति । कृत्स्ना सर्वा । सन्त उत्तमाश्च ते निधयश्च तैः रत्नैः मणिभि उत्कृष्टवस्तुभिर्वा पूर्णा । अतः श्रेयोर्थिना विपुलः पुण्य-संचयः कार्य इत्यर्थः । वसन्ततिलका वृत्तम् ॥

इति श्रीभर्तृहरिविरचितं नीतिशतकं संपूर्णम् ॥

---

१ सेवनं च. २ शिक्षतु. ३ भाग्य. ४ स्वज. ५ महायोगीश्वरभ०.

विविधविषयकाः श्लोकाः ।

आलस्यं हि मनुष्याणां शरीरस्थो महान्रिपुः ।
नास्त्युद्यमसमो बन्धुः कृत्वा यं नावसीदति ॥ १ ॥

उद्यमेन समः । अवसीदति नाशमेति ।

को लाभो गुणिसंगमः किमसुखं प्राज्ञेतरैः संगतिः
का हानिः समयच्युतिर्निपुणता का धर्मतत्त्वे रतिः ।
कः शूरो विजितेन्द्रियः प्रियतमा कानुव्रता किं धनं
विद्या किं सुखमप्रवासगमनं राज्यं किमाज्ञाफलम् ॥ २ ॥

गुणिपुरुषाणां संगमः । प्राज्ञेभ्य इतरैः मूर्खैरित्यर्थः । समयस्य यस्मिन्काले यदवश्यं कर्तव्यं तस्य कालस्य च्युतिः अतिवाहनम् । विजितानि इन्द्रियाणि येन सः । इन्द्रियाणां दुर्जयत्वात् । भर्तुः अनुरोध एव व्रतं यस्याः सा अथवा पत्युः अनु अनुकूलं व्रतमाचरणं कर्म वा यस्याः सा । अप्रवासगमनं प्रवासगमनाभावः । प्रवासस्य वियोगदुःखादिना क्लेशकरत्वात् । आज्ञा एक फलं यस्य । शार्दूलवि० वृत्तम् ॥

मालतीकुसुमस्येव द्वे गती ह मनस्विनः ।
मूर्ध्नि वा सर्वलोकस्य शीर्यते वन एव वा ॥ ३ ॥

मालत्या जातिलतायाः कुसुमं पुष्पं तस्य इव । (श्लो. ३३ द्रष्टव्यः ।)

अप्रियवचनदरिद्रैः प्रियवचनाढ्यैः स्वदारपरितुष्टैः ।
परपरिवादनिवृत्तैः क्वचित्क्वचिन्मण्डिता वसुधा ॥ ४ ॥

न प्रियाणि अप्रियाणि तानि च वचनानि तैः दरिद्राः हीनाः तैः । प्रियवचनैः आढ्याः पूर्णाः तैः । स्वदारैः परितुष्टाः तैः । परेषां परिवादः निन्दा तस्य सकाशात् निवृत्ताः तैः ॥

एकेनापि हि शूरेण पादाक्रान्तं महीतलम् ।
क्रियते भास्करेणेव स्फारस्फुरिततेजसा ॥ ५ ॥

स्वपादेन आक्रान्तम् । पक्षे पादैः किरणैः । स्फारं विस्तीर्णं स्फुरितं देदीप्यमानं तेजः पराक्रमः पक्षे दीप्तिर्यस्य तेन ॥

---

१ महारिपुः. २ कुर्वाणः. ३ महात्मनः. ४ स्फुरत्फारिततेजसा.

लज्जागुणौघजननीं जननीमिव स्वा-
मत्यन्तशुद्धहृदयामनुवर्तमानाम् ।
तेजस्विनः सुखमसूनपि संत्यजन्ति
सत्यव्रतव्यसनिनो न पुनः प्रतिज्ञाम् ॥ ६ ॥

लज्जा एव गुणस्तस्यौघः सततप्रवाहः । अथवा लज्जादयो ये गुणास्तेषामोघः यद्वा लज्जाया ये गुणाः । तस्य जननीम् । अत्यन्तं शुद्धं हृदयं यस्यां यस्याश्च । अनुवर्तमानां पाल्यतयानुबन्धिनीं पुत्रहितपरायणां च । सत्यमेव व्रतं तदेव तस्मिन्वा व्यसनं येषां ते । सुखं सुखेन । वसन्ततिलका वृत्तम् ॥

अग्राह्यं हृदयं यथैव वदनं यद्दर्पणान्तर्गतं
भावः पर्वतसूक्ष्ममार्गविषमः स्त्रीणां न विज्ञायते ।
चित्तं पुष्करपत्रतोयतरलं विद्वद्भिराशंसितं
नारी नाम विषाङ्कुरैरिव लता दोषैः समं वर्धिता ॥ ७ ॥

दर्पणान्तर्गतमादर्शे प्रतिफलितं वदनं यथा अग्राह्यं तथा स्त्रीणां हृदयमग्राह्यं ज्ञातुमशक्यम् । तासां भावः हृद्गत आशयः । पर्वते यः सूक्ष्मः मार्गः तद्वत् विषमः कठिणो दुर्ग्राह्यो वा । पुष्करपत्रे यत्तोयं तद्वत्तरलं चञ्चलम् । नामेति प्राकाश्ये । नारीणां दोषाः सहजा एवेति भावः ॥ शार्दूलवि० वृत्तम् ॥

अभिमुखनिहतस्य सतास्तिष्ठतु तावज्जयोथवा स्वर्गः ।
उभयबलसाधुवादः श्रवणसुखोसौ नतात्यर्थम् ॥ ८ ॥

युद्धे शत्रोः आभिमुखे निहतस्य क्षतस्य । सतो वीरस्य । स्वर्गः--अत्र मनुः—
आहवेषु मिथोन्योन्यं जिघांसन्तो महीक्षितः । युध्यमानाः परं शक्त्या स्वर्गं यान्त्यपराङ्मुखाः ॥ इति । उभयपक्षे यद्बलं तस्य साधु साधु इति वादः ॥

इयत्येतस्मिन्वा निरवधिचमत्कृत्यतिशये
वराहो वा राहुः प्रभवति चमत्कारविषयः ।
महीमेको मग्नां यदयमवहद्धन्त सलिले
शिरः शेषः शत्रुं निगिलति परः संत्यजति च ॥ ९ ॥

---

१ जननीमिव वर्तमानाम्, अनुवर्तमानाः. २ सदर्पण.

इयतीदंपरिमाणके । निर्गतः अवधिः यस्मात् स निरवधिः स चासौ चमत्कृतेरतिशयश्च तस्मिन् । प्रभवति प्रकर्षेण वर्तते । यद्यस्मात्कारणादयं वराहः । परो राहुः शिरः शेषो यस्य सः । काव्यलिङ्गं यथासंख्यश्चालंकारौ । शिखरिणी वृत्तम् ॥

उदन्वच्छन्ना भूः स च निधिरपां योजनशतं
सदा पान्थः पूषा गगनपरिमाणं कलयति ।
इति प्रायो भावाः स्फुरदवधिमुद्रामुकुलिताः
सतां प्रज्ञोन्मेषः पुनरयमसीमा विजयते ॥ १० ॥

उदन्वता उदधिना छन्ना व्याप्ता । योजनानां शतम् । पन्थानं नित्यं गच्छतीति पान्थः । भ्रमन्नित्यर्थः । स्फुरन् योवधिः स एव मुद्रा तया मुकुलिताः संकुचिताः । प्रज्ञाया उन्मेषः । अविद्यमाना सीमा यस्य सः । विजयते सर्वोत्कर्षेण वर्तते । व्यतिरेकालंकारः । वृत्तं पूर्वोक्तम् ॥

एको देवः केशवो वा शिवो वा
एकं मित्रं भूपतिर्वा यतिर्वा ।
एको वासः पत्तने वा वने वा
एका भार्या सुन्दरी वा दरी वा ॥ ११ ॥

एको देवोस्तु । स्पष्टमन्यत् । विकल्पालंकारः । तदुक्तं—विरोधे तुल्यबलयोर्विकल्पालंकृतिर्मता ॥ इति । शालिनी छन्दः ॥

कमठकुलाचलदिग्गजफणिपतिविधृतापि चलति वसुधेयम् ।
प्रतिपन्नममलमनसां न चलति पुंसां युगान्तेपि ॥ १२ ॥

कमठ आदिकूर्मश्च कुलाचलाः—महेन्द्रो मलयः सह्यः शुक्तिमानृक्षपर्वतः । विन्ध्यश्च पारियात्रश्च सप्तैते कुलपर्वताः ॥ इत्युक्ताश्च दिग्गजाश्च फणिपतिश्च तैः विधृता । किंतु अमलमनसां विकल्पादिमलरहितत्वात् शुद्धान्तःकरणानाम् । प्रतिपन्नमङ्गीकृतम् व्यतिरेकालंकारः । वृत्तमार्या ॥

किं कूर्मस्य भरव्यथा न वपुषि क्ष्मां न क्षिपत्येष यत्
किंवा नास्ति परिश्रमो दिनपतेरास्ते न यन्निश्चलः ।

---

१ त्येव यः.

किंत्वेङ्गीकृतमुत्सृजन्स्वमनसा श्लाघ्यो जनो लज्जते
निर्वाहः प्रतिपन्नवस्तुषु सतामेतद्धि गोत्रव्रतम् ॥ १३ ॥

यदेष क्ष्मां पृथ्वीं न क्षिपति । प्रतिपन्नवस्तुषु अङ्गीकृतकार्येषु । निर्वाहः संपादनम् । गोत्रव्रतं कुलव्रतम् । अर्थान्तरन्यासः । शार्दूलवि० वृत्तम् ॥

को न याति वशं लोके मुखे पिण्डेन पूरितः
मृदङ्गो मुखलेपेन करोति मधुरध्वनिम् ॥ १४ ॥

स्पष्टार्थोयम् ॥

क्षुद्राः सन्ति सहस्रशः स्वभरणव्यापारमात्रोद्यताः
स्वार्थो यस्य परार्थ एव स पुमानेकः सतामग्रणीः
दुष्पूरोदरपूरणाय पिबति स्रोतःपतिं वाडवो
जीमूतस्तु निदाघसंभृतजगत्संतापविच्छित्तये ॥ १५ ॥

स्वेषां भरणं स्वभ० तस्य व्यापारः स्वभरणव्यापारः । स एव स्वभरणव्यापारमात्रं तत्र उद्यताः । दुःखेन पूर्यते इति दुष्पूरं तस्य पूरणाय । स्रोतःपतिं सागरजलम् । जीमूतो मेघस्तु । निदाघेन उष्णोपगमेन संभृतः जनितः जगतः संतापस्तस्य विच्छित्तये निर्वाणाय । सागरजलं पिबति । शार्दूलवि० वृत्तम् ॥

दूरादर्थं घटयति नवं दूरतश्चापशब्दं
त्यक्त्वा भूयो भवति निरतः सत्सभारञ्जनेषु ।
मन्दं मन्दं रचयति पदं लोकचित्तानुवृत्त्या
कामं मन्त्री कविरिव सदा खेदभारैरमुक्तः ॥ १६ ॥

अर्थं द्रव्यजातं साध्यं वा पक्षे नवं चमत्कारजनकमर्थं वाक्यसंदर्भम् । अपशब्दं दुष्टभाषितम् । यद्वा चापशब्दं धनुषः टंकारम् । पक्षे अपशब्दं व्याकरणशुद्ध्यादिरहितं शब्दम् । त्यक्त्वा घटयतीति संदर्भः । पदं तन्त्रव्यवहारं पक्षे सुप्तिङन्तलक्षणम् । उपमालंकारः । मन्दाक्रान्ता वृत्तम् ॥

परिचरितव्याः सन्तो यद्यपि कथयन्ति नो सदुपदेशम् ।
यास्त्वेषां स्वैरकथास्ता एव भवन्ति शास्त्राणि ॥ १७ ॥

सन्तो यद्यपि सदुपदेशं न कथयेयुस्तथापि सेव्याः । यद्यतस्तेषां स्वैरालापा एव शास्त्राणि सदसत्प्रवृत्तिकारीणि भवन्ति ॥

---

१ किंच, किंवा. २ कृपणवत्. ३ परमां नेकः.

प्रायः कन्दुकपातेनोत्पतत्यार्यः पतन्नपि ।
तथा त्वनार्यः पतति मृत्पिण्डपतनं यथा ॥ १८ ॥

कन्दुकपातेन कन्दुकवत्पुनरपि उत्पतत्युन्नतं पदं प्राप्नोति ।

यदि नाम दैवगत्या जगदसरोजं कदाचिदपि जातम् ।
अवकरनिकरं विकिरति तत्किं कृकवाकुरिव हंसः ॥ १९ ॥

यदि कदाचित् । असरोजमविद्यमानकमलम् । तत्तथापि हंसः कृकवाकुः कुक्कुट इव अवकरनिकरं धूल्यादिसमूहम् । आर्या वृत्तम् ॥

यन्नागा मदवारिभिन्नकरटास्तिष्ठन्ति निद्रालसा
द्वारे हेमविभूषणाश्च तुरगा वल्गन्ति यद्दर्पिताः ।
वीणावेणुमृदङ्गशङ्खपटहैः सुप्तस्तु यद्बोध्यते
तत्सर्वं सुरलोकदेवसदृशं धर्मस्य विस्फूर्जितम् ॥ २० ॥

यत् मदवारिणा भिन्नौ करटौ गण्डौ येषां तादृशा नागा गजा द्वारे निद्रालसाः तिष्ठन्ति । यत् दर्पिताः तुरगा द्वारे वल्गन्ति नृत्यन्ति । सुरलोके ये देवास्तेषां सुरलोकस्य देव इन्द्रः तस्य वा सदृशम् । ऐश्वर्यमिति शेषः । विस्फूर्जितं विलसितम् । उदात्तालंकारः । शार्दूलवि० वृत्तम् ॥

रक्तत्वं कमलानां सत्पुरुषाणां परोपकारित्वम् ।
असतां च निर्दयत्वं स्वभावसिद्धं त्रिषु त्रितयम् ॥ २१ ॥

असतां खलानाम् । त्रयोऽवयवा अस्य त्रितयम् । संख्याया अवयवे तः प् ।

वचो हि सत्यं परमं विभूषणं
लज्जा (गजा-) ङ्गनायाः कृशता कटौ च ।
द्विजस्य विद्यैव पुनस्तथा क्षमा
शीलं हि सर्वस्य नरस्य भूषणम् ॥ २२ ॥

गजाङ्गनाया इति पाठे हस्तिनाख्यायाः स्त्रियाः ।

प्रियसखि[2] विपद्दण्डाघात[3]प्रपातपरम्परा-
परिचय[4]चले चिन्ताचक्रे निधाय विधिः खलः ।
मृदमिव बलात्पिण्डीकृत्य प्रगल्भकुलालव-
द्भ्रमयति मनो नो जानीमः किमत्र विधास्यति ॥ २३ ॥

---

१ भिन्नगण्डकर०. २ सख. ३ ण्डव्रात, प्रान्त, प्रपात-प्रताप. ४ परिधिचपले.

हे प्रियसखि । खलो विधिः विपदेव दण्डः तस्याघाताः प्रपातास्तेषां परम्परायाः परिचयेन चलतीति तत्तथोक्तं तस्मिन् । चिन्तैव चक्रं चिन्ताचक्रं तस्मिन् । मनो निधाय मृदमिव मृत्तिकामिव बलात्पिण्डीकृत्य प्रगल्भश्चासौ कुलालश्च तद्वत् चतुरकुम्भकारवत् भ्रमयति भ्रमणं कारयति । अत्र स विधिः किं विधास्यति करिष्यतीति न जानीमः । हरिणी वृत्तम् ॥

विरम विरसायासादस्माद्दुरध्यवसायतो
विपदि महतां धैर्यध्वंसं यदीक्षितुमीहसे ।
अयि जडमते कल्पापाये व्यपेतनिजक्रमाः
कुलशिखरिणः क्षुद्रा नैते न वा जलराशयः ॥ २४ ॥

विरसात्फलाभावेनासुभगः आयासः यस्मिन् । दुरध्यवसायतः दुर्व्यापारात् । यतः एते महान्तः व्यपेतनिजक्रमाः त्यक्तनिजकार्यपरिपाटयः अत एव क्षुद्राः कुलशिखरिण इत्यादि । कुलशिखरिवत् जलराशिवद्वा निजं महिमानं न जहत्येवेत्यर्थः व्यतिरेकालंकारः शिखरिणी वृत्तम् ॥

स्पृहयति भुजयोरन्तरमायतकरवालकररुहविदीर्णम् ।
विजयश्रीर्वीराणां व्युत्पन्नप्रौढवनितेव ॥ २५ ॥

आयतः यः करवालः खड्गः कररुह इव तेन विदीर्णम् । पक्षे आयतकरसम्बन्धिनो ये बालकररुहाः कोमलनखाः यद्वा करवाल इव कररुहास्तैर्विदीर्णम् व्युत्पन्ना शृङ्गारविषये लब्धप्रावीण्या प्रौढा प्रगल्भा च ; वनिता सुन्दरस्त्री ।

॥ श्रीगणेशाय नमः ॥

। अथ वैराग्यशतकम् ।

चूडोत्तंसितचारुचन्द्रकलिकाचञ्चच्छिखाभास्वरो
लीलादग्धविलोलकामशलभः श्रेयोदशाग्रे स्फुरन् ।
अन्तःस्फूर्जदपारमोहतिमिरप्राग्भारमुच्चाटयं-
श्चेतःसद्मनि योगिनां विजयते ज्ञानप्रदीपो हरः ॥ १ ॥

चूडायां केशपाश उत्तंसिता भूषणीकृता चारुः सुन्दरा या चन्द्रकलिका चन्द्रकला तस्याः चञ्चन्ती स्फुरन्ती या शिखा किरणदीप्तिस्तया भास्वरः । लीलया अनायासेन दग्धः विलोलः कःम एव शलभः कीटविशेषः येन सः । श्रेयः शिवं एव दशा वर्तिः । तस्याः अग्रे । अन्तःस्फूर्जन् अन्तःकरणे प्रसरन्यः अपारः मोहः स एव तिमिरं तमः तस्य प्राग्भारं संहतिमुच्चाटयन् विनाशयन् । ज्ञानरूपप्रदीपो हरः योगिनां ध्यायिनां चेतःसद्मनि चेतोमन्दिरे विजयते सर्वोत्कर्षेण वर्तते । तेन तं प्रणतोस्मीत्यर्थो लभ्यते । शार्दूलविक्रीडितं वृत्तम् ॥

आदौ सहृदयाभःवात्सुभाषितस्यानवकाशतां निर्दिशति—

बोद्धारो मत्सरग्रस्ताः प्रभवः स्मयदूषिताः ।
अबोधोपहताश्चान्ये जीर्णमङ्गे सुभाषितम् ॥ २ ॥

बोद्धारः सदसद्व्यक्तिहेतवो ज्ञानिनः । मत्सरेण अन्यशुभद्वेषेण ग्रस्ता व्याप्ताः । प्रभवः राजानो धनाढ्या वा स्मयेन गर्वेण दूषिताः । अत एव श्रवणविमुखाः । अन्ये उक्तव्यतिरिक्ताः प्राकृता जना अज्ञानेनोपहताः सदसतोरन्तरं ज्ञातुमसमर्था इत्यर्थः । अतः सुभाषितमङ्गे जीर्णं गुणग्रहीत्रभावादित्यर्थः । पादत्रयस्य चतुर्थपादं प्रति हेतुत्वात्काव्यलिङ्गमलंकारः । अनुष्टुप् छन्दः ॥

अथ तृष्णादूषणम् ।

विषयानुरागस्य तृष्णामूलत्वात्तस्याश्च वैराग्यप्रतिबन्धकत्वात्तामेवादौ दूषयति ।

उत्खातं निधिशङ्कया क्षितितलं ध्माता गिरेर्धातवो
निस्तीर्णः सरितां पतिर्नृपतयो यत्नेन संतोषिताः ।

---

१ भासुरः. २ अज्ञानो. ३ अङ्गेषु भाषितम्.

मन्त्राराधनतत्परेण मनसा नीताः श्मशाने निशाः[1]
प्राप्तः[2] काणवराटकोऽपि न मया तृष्णेऽधुना मुञ्च माम् ॥ ३ ॥

निधेः निक्षेपस्य शंकया लभ्येतेत्याशया । ध्माताः सुवर्णभावं लप्स्यन्ते इति धिया विशिष्टौषध्यादीनां योगेनाग्नौ संस्कृताः । धातवः—सुवर्णरूप्यताम्राश्मद्दरितालमनः-शिलाः । गैरिकाञ्जनकाश्मीरलोहसीसाश्च हिंगुलाः । गन्धकाभ्रकमित्याद्या धातवो गिरिसंभवाः ॥ इत्युक्ताः । निस्तीर्णो द्वीपान्तरे वाणिज्येन धनलाभः स्यादिति हेतुनेत्यर्थः । मन्त्राराधने मन्त्रदेवताप्रीत्यै तत्साधने तत्परेण । श्मशाने तत्रस्थानां भूतपिशाचादीनां निध्यादिदर्शनोन्मुखीकरणायेति भावः । काणवराटकः कपर्दिक-शकलम् । कपर्दश्च वराटकः इति हलायुधः । शार्दूलवि० वृत्तम् ॥

भ्रान्तं[4] देशमनेकदुर्गविषमं प्राप्तं न किंचित्फलं
त्यक्त्वा जातिकुलाभिमानमुचितं सेवा कृता निष्फला ।
भुक्तं मानविवर्जितं परगृहेष्वाशङ्कया काकव-
त्तृष्णे जृम्भसि पापकर्मनिरते नाद्यापि संतुष्यसि ॥ ४ ॥

अनेकैः दुर्गैः पर्वततरुगहनादिभिर्विषमं दुःसंचारं । देशं भ्रान्तं देशे भ्रमणं कृतम् । 'गत्यर्था—' इति भावे क्तः । देशशब्दः क्वचिन्नपुंसकलिंगः । उचितं योग्यम् । मानेन विवर्जितं यथा स्यात्तथा । आशंकया निष्कासनभयेन । काकेन तुल्यं काकवत् । हे पापकर्मणि निरते सक्ते पापाचरणाय प्रवर्तयित्रि इत्यर्थः । न संतुष्यसि । अतःपरं कस्यामापदि पातयितुमिच्छसीति भावः । वृत्तं पूर्ववत् ॥

खलोल्लापाः[8] सोढाः कथमपि तदाराधनपरै-
र्निगृह्यान्तर्बाष्पं हसितमपि शून्येन मनसा ।
कृतश्चित्तस्तम्भः[9] प्रतिहत[10]धियामञ्जलिरपि
त्वमाशे मोघाशे किमपरमतो नर्तयसि माम् ॥ ५ ॥

खलानामुल्लापाः दुर्भाषितानि । तेषामाराधने सेवने पराः प्रसक्तास्तैरेवंभूतै-रस्माभिरिति शेषः । कथमपि महासंकटेन सोढा मर्षिताः । नैतदेव केवलं किंतु

---

१ क्षपाः. २ संप्राप्तश्च वराटकोऽपि. ३ सकामा भव. ४ भ्रान्त्वा. ५ शील. ६ दुर्मति, वैरिणि. ७ पिशुने ८ खलालापाः. ९ वितस्तम्भप्रति०. १० प्रहसित.

अन्तर्बाष्पं निरुद्धय शून्येन हास्यजनकभावशून्येन मनसा ते हसन्तीति हसितमपि । तेषां खलानां हसितमपि कार्याकार्यविचारशून्येन मनसा सोढमिति केषांचिद्व्याख्यानं न सहृदयानां प्रीतिकरम् । चित्तस्तंभोन्तर्गतभावगुप्तिः । अन्तर्वर्ती कोपि विकारो न प्रकटीकृत इत्यर्थः । तथा प्रतिहता धीर्येषां तेषां जडधियामित्यर्थः । वित्तस्तम्भेति पाठे वित्तेन यः स्तम्भो जडिमा तेन प्रतिहता विचारशून्येत्यर्थः । धीर्येषाम् । प्रहसितेति पाठे प्रहसिते परिहासे धीर्बुद्धिर्येषां तेषाम् । अञ्जलिर्नमस्कारोपि कृतः । मोघा निष्फला आशा यस्याः सा । हे आशे इत्थं कृतपूर्वान्नर्तनात्किमपरमन्यत् यतो हेतोः मां नर्तयसि नृत्यकृत्ये योजयसि । शिखरिणी वृत्तम् ॥

अथ तृष्णाभिभूतैरनुचितमप्यस्माभिराचरितमित्याह—

अमीषां प्राणानां तुलितबिसिनीपत्रपयसां
कृते किं नास्माभिर्विगलितविवेकैर्व्यवसितम् ।
यदाढ्यानामग्रे[1] द्रविणमदनिःसंज्ञमनसां[2]
कृतं वीतव्रीडैर्निजगुणकथापातकमपि[3] ॥ ६ ॥

तुलितं तुलां प्रापितं बिसिन्याः कमलिन्याः पत्रेषु यत्पयः तद्येषाम् । तद्वत्तरलान्। प्राणानां कृते रक्षणार्थम् । अर्थे कृते शब्दौ द्वौ तादर्थ्येऽव्ययसंज्ञितौ । विगलितः विवेकः येषां तैरस्माभिः ।

तृष्णाकुलैः क्लेशादिकं सोढं किंतु न किमपि फलं लब्धमित्याह—

क्षान्तं न क्षमया गृहोचितसुखं त्यक्तं न संतोषतः
सोढो[5] दुःसहशीतवाततपनक्लेशो न तप्तं तपः ।
ध्यातं वित्तमहर्निशं नियमितप्राणैर्न शम्भोः पदं
तत्तत्कर्म कृतं यदेव मुनिभिस्तैस्तैः फलैर्वञ्चिताः[6] ॥ ७ ॥

परदत्तदुःखादि क्षमया हेतुभूतया न सोढं किंतु भयहेतुनाऽशक्त्या वा । गृहोचितं स्वाद्वन्नभार्यापुत्रसमागमादि सुखं संतोषतः हेतोः न त्यक्तं किंतु परतंत्रत्वादनिच्छया । दुःसहशीतादिक्लेशः सोढः किंतु तपो न तप्तम् । नियमितप्राणैः निरुद्धप्राणवृत्त्या

---

१ यदज्ञा०. २ निःशंक. ३ म्लान. ४ कथाख्यानक. ५ सोढा—क्लेशाः,—तपनाः क्लेशात्. ६ वञ्चितम्.

अहर्निशं सततं वित्तं ध्यातं न शंभोः पदम् । एवं च यद्यदेव मुनिभिः । ईश्वरमनना-न्मुनिः । तैः क्षान्तिसुखत्यागादि कर्म कृतं तत्तदस्माभिरपि कृतम् । किंतु तत्तत्कर्म-फलेन वयं वञ्चिताः । मुनिभिः प्राप्यमाणं फलं न लब्धमिति भावः । विशेषोलंकारः । शार्दूलविक्रीडितं वृत्तम् ॥

अथ त्रिभिर्जीर्णेपि देहे तृष्णा न शाम्यत्येवेत्याह—

भोगा न भुक्ता वयमेव भुक्ता-
स्तपो न तप्तं वयमेव तप्ताः ।
कालो न यातो वयमेव याता-
स्तृष्णा न जीर्णा वयमेव जीर्णाः ॥ ८ ॥

भुज्यन्ते इति भोगाः इन्द्रियार्थाः । वयमेव भुक्ताः सर्वभक्षकेण कालराक्षसेन इति शेषः । तप्ता आध्यात्मिकादितापत्रयेण । याता अकृतकार्या अन्तिमामव-स्थामित्यर्थः । एतेन स्वजन्मवैफल्यं द्योतितम् । विषमोलंकारः । उपजातिर्वृत्तम् ॥

वलिभिर्मुखमाक्रान्तं पलितैरङ्कितं शिरः
गात्राणि शिथिलायन्ते तृष्णैका तरुणायते ॥ ९ ॥

वलिभिर्जराश्लथचर्मरेखाभिः । आक्रान्तं व्याप्तम् । पलितैः शुभ्रकेशैः । अंकितं चिह्नितम् । गात्राणि इन्द्रियगोलकानि शिथिलीभवान्ति । किंतु एका तृष्णा तरु-णायते । कर्तुः क्यङ् सलोपश्चेति (३-१-११) क्यङ् । अकृत्सार्वधातुकयो-दीर्घः (७-४-२५) इति दीर्घः । देहेन्द्रियादिसामर्थ्यनाशेऽपि तृष्णाविरामः कदाचिदपि न भवतीति मथितार्थः । अनुष्टुप् छन्दः ।

निवृत्ता भोगेच्छा पुरुषबहुमानो विगलितः
समानाः स्वर्याताः सपदि सुहृदो जीवितसमाः ।
शनैर्यष्ट्युत्थानं घनतिमिररुद्धे च नयने
अहो धृष्टः कायस्तदपि मरणापायचकितः ॥ १० ॥

भोगेच्छा विषयभोगेच्छा निवृत्ता । असामर्थ्यात् । न तु तृष्णाया निर्मूलनात् । पुरुष इति भावप्रधानो निर्देशः । पौरुषोत्पन्न इत्यर्थः । बहुमानः गलितः तत्कारण-पौरुषापायात् । सुहृदः सखायः । प्रत्युपकारनिरपेक्ष उपकारकर्ता सुहृदिति भाष्य-

१ पलितेना. २ मानोपि. ३ तमाः. ५ यष्टु, अभ्यु. ५ मूढः, दुष्टः.

कृदादिभिः पूज्यैर्व्याख्यातोर्थं । जीवितेन समाः समानाः स्वसमानवयसः सपदि तत्कालं स्वर्याताः स्वर्गं गताः । परलोकवासिनः संवृत्ताः । न त्वहं मन्दभाग्यः । शनैः मन्दं मन्दं यष्ट्युत्थानं सहायभूतया यष्ट्या उत्थानं । घनं सान्द्रं यत्तिमिरं पाटलाख्यनेत्ररोगविशेषः तेन रुद्धे । स्वार्थग्रहणासमर्थे जाते । पञ्चम्या अपक्षयलक्षणया भावविक्रियया आपादितत्वात् । तदपि ईदृशीं कष्टावस्थां प्राप्तोऽपि कायः मरणरूपापायाच्चकितो भीतो भवति । कष्टतरावस्थया क्लिश्यमानोपि जन्तुर्न देहसंबन्धि ममत्वाभिमानं त्यजतीति भावः । अतिकष्टास्वप्यवस्थासु जीवितनिरपेक्षा न भवन्ति खलु प्राणिनां प्रवृत्तय इत्यनुरूपो भावः कादम्बर्याम् । शिखरिणी वृत्तम् ॥

अथ तृष्णायाः प्राकृतजनदुस्तरत्वं द्योतयितुं तां महानदीत्वेन रूपयति—

आशा नाम नदी मनोरथजला तृष्णातरङ्गाकुला
रागग्राहवती वितर्कविहगा धैर्यद्रुमध्वंसिनी ।
मोहावर्तसुदुस्तरातिगहना प्रोत्तुङ्गचिन्तातटी
तस्याः पारगता विशुद्धमनसो नन्दन्ति योगीश्वराः ॥११॥

आशात्यायता तृष्णा । आशा तृष्णापि चायता । इत्यमरः । नामेति प्राकाश्ये । मनोरथाः कामा एव जलानि यस्याम् । तृष्णास्तत्तदर्थप्रप्त्याभिलाषा एव तरङ्गास्तैराकुला । रागाः प्रीतिविशेषाः । ते एव ग्राहा मकराः सन्त्यस्याम् । वितर्काः संकल्पविकल्पात्मकवृत्तयो विहगाः पक्षिणो यस्याम् । धैर्यं धीरता एव द्रुमस्तं ध्वंसयतीति तथा । मोहा अज्ञानवृत्तय एव आवर्ताः तैः सुदुस्तरा । अत्यन्तदुःखेन तरणं यस्याः सा । प्रोत्तुङ्गा प्रकर्षेणोत्तुङ्गोन्नता चिन्ता सैव तटी यस्याः सा । विशुद्धं निर्मलं मनो येषाम् । योगोऽस्ति एषां ते योगिनः तेषामीश्वराः । एवंविधाया नद्याः पारंगताः । ज्ञानप्लवेनेति शेषः । सिद्धा निरतिशयानन्दभाजो भवन्ति । अन्ये कलुषितान्तःकरणा अस्यां निमज्जन्तः क्लिश्यन्त इति तात्पर्यम् । अत्राविच्छिन्नप्रवाहरूपत्वादाशाया नदीसाम्यम् । सर्वत्र संचलनसंभ्रमत्वादिसादृश्यान्मनोरथानां जलत्वेनरूपणम् । उत्पत्तिविलयसातत्यात्तृष्णासु तरङ्गत्वारोपणम् । एवमन्यत्राप्यूह्यम् । समस्तवस्तुवर्तिसावयवरूपकालंकारः । शार्दूलवि० वृत्तम् ॥

---

१ धर्म. २ अवटी.

अथ विषयपरित्यागविडम्बना—

आशानद्याः पारंगता निर्मलमनसो योगीश्वरा एव नन्दन्तीत्युक्तम् । तच्चान्तरेण विषत्ययागं न संभवतीत्यधुना विषयविडम्बनोच्यते—

न संसारोत्पन्नं चरितमनुपश्यामि कुशलं
विपाकः पुण्यानां जनयति भयं मे विमृशतः ।
महद्भिः पुण्यौघैश्चिरपरिगृहीता हि विषया
महान्तो जायन्ते व्यसनमिव दातुं विषयिणाम् ॥ १२ ॥

संसारोत्पन्नं चरितं जीवयात्रायामुत्पन्नान् भावान् । सुखकरमपीति शेषः । अनुपश्यामि विचार्य सुखपरिणामं न पश्यामि । कुत एतदित्याह विमृशतः परमार्थतः सुखोदर्को वा नेति विचारयतः । मम भयमुत्पादयति । तत्र हेतुमाह महद्भिः इति । महद्भिः पुण्यसंग्रहैर्लब्धा इति शेषः । विषयाः चिरपरिगृहीताः चिरं सेव्यत्वेनाङ्गीकृताः विषयिणाम् । न तु विवेकिनाम् । व्यसनं संसृतिरूपं दातुमिव । महान्तः स्फीता अधिकाधिकसुखदत्वात् । जायन्ते । अयं भावः । पुण्यपरिपाकस्य संपत्प्राप्तिद्वारा विषयोपभोगः फलम् । ते च विषया यथा यथा भुज्यन्ते तथा तथा पुण्यक्षयो भवति आपद्रूपत्वेन पर्यवस्यन्ति च । तदुक्तं श्रीहर्षेण—पूर्वपुण्यविभवव्ययलब्धाः संपदो विपद एव विमृष्टाः । अथ च यज्ञादिसत्कर्मणां विपाकः स्वर्गे विषयोपभोगः सोपि नियतकाल एव । 'ते तं भुक्त्वा स्वर्गलोकं विशालं क्षीणे पुण्ये मर्त्यलोकं विशन्ति' इति स्मृतेः । एवमेते विषया आपाततः सुखोदर्का इव विषयिणां न तु विवेकिनां भासमाना अन्ते तान् संसृतावेव पातयन्ति । इदमेव भयकारणम् । एवं चैहिकामुष्मिकभोगानामनिष्टानुबन्धित्वात्तत्याग एव श्रेयानिति भावः । शिखरिणी वृत्तम् ॥

विषया हि गमनशीला एवातः सर्वथा त्यक्तव्या इत्याह—

अवश्यं यातारश्चिरतरमुषित्वापि विषया
वियोगे को भेदस्त्यजति न जनो यत्स्वयममून् ।
व्रजन्तः स्वातन्त्र्यादतुलपरितापाय मनसः
स्वयं त्यक्ता ह्येते शमसुखमनन्तं विदधति ॥ १३ ॥

विषयाः शब्दादयः । चिरतरं बहुकालमुषित्वापि स्थित्वापि । चिरपरिचयमनादृत्यापि । अवश्यं निश्चयेन यातारः गन्तारः । ते हि अनित्याः खलु इति

१ ताश्च. २ त्वेते.

निश्चिते सति तेषां मनःपूर्वकत्यागे स्वयं गमने वा को भेदः । न कोपीति आक्षेपपूरणम् । यद्यतः हेतोः जनः स्वयममून्न त्यजति । वियोगे स्वरूपतो भेदाभावेपि फलतो भेदं दर्शयति । एते स्वातन्त्र्याद् व्रजन्तो गच्छन्तो मनसोऽतुलपरितापाय भवन्ति । स्वयं त्यक्तास्तु तेषां बुद्धिपूर्वकहाने अनन्तं निःसीमं शमसुखं समाधानलक्षणं विदधति कुर्वन्ति । विषयाणां स्वतः वियोगो दुःखहेतुस्तेषामनर्थकरत्वालोचनेन बुद्धया हानं तु निरतिशयानन्ददायि तस्मात्पुरुषेण अवश्यं तेषां हानं कर्तव्यमिति भावः । तदुक्तम्—यच्च कामसुखं लोके यच्च दिव्यं महत्सुखम् । तृष्णाशमसुखस्यैते नार्हतः षोडशीं कलाम् ॥ वृत्तं पूर्वोक्तम् ॥

क इमं दुष्करं विषयत्यागं कर्तुं समर्था इत्याकांक्षायामाह—

ब्रह्मज्ञानविवेक[1]निर्मलधियः कुर्वन्त्यहो दुष्करं
यन्मुञ्चन्त्युपभोगभा[2]ञ्ज्यपि धनान्येकान्ततो निस्पृहाः ।
न प्राप्तानि पुरा न संप्रति न च प्राप्तौ दृढप्रत्ययो
वाञ्छामात्रपरिग्रहाण्यपि परं त्यक्तुं न शक्ता[3] वयम् ॥ १४ ॥

ब्रह्मज्ञानीविवेकेन ब्रह्मविषयं ज्ञानं तस्माद्विवेकः तत्वविचारस्तेन निर्मला धीः येषाम् । शुद्धान्तःकरणाः । दुष्करं कुर्वन्ति । अहो इत्याश्चर्ये । किं तदित्याह । यद् उपभोगभाञ्जि उपभोगवन्त्यपि धनानि मुञ्चन्ति । एकान्ततः निश्चयेन निःस्पृहाः निर्गतेच्छाः । पुरा भुतकाले संप्रति वर्तमाने वा न प्राप्तानि न वा तेषां प्राप्तौ प्राप्तिविषये दृढप्रत्ययः दृढविश्वासः । तथापि वाञ्छा एव वाञ्छामात्रं तेन परिग्रहो येषां तान्यपि वयं प्राकृता जनाः परं अत्यन्तं यथा स्यात्तथा त्यक्तुं न शक्ताः । अतस्तृष्णां विजित्य ब्रह्मज्ञानं सम्पाद्य विषयत्यागोवश्यं कर्तव्य इत्यर्थः । शार्दूलविक्रीडितं वृत्तम् ॥

धन्यानां गिरिक[4]न्दरे निवसतां ज्योतिः परं ध्यायता-
मानन्दाश्रुजलं पिबन्ति शकुना निःशङ्कमङ्कशयाः ।
अस्माकं तु मनोर[6]थोपरचितप्रासादवापीतट-
क्रीडाकाननकेलिकौतुकजुषामायुः प[7]रिक्षीयते ॥ १५ ॥

गिरिकन्दरे पर्वतविवरे । विजने इत्यर्थः । विविक्तसेवी लघ्वाशी (गी. १८–५२) इति भगवद्वचनात् । परं ज्योतिः स्वप्रकाशं परं ब्रह्म ध्यायतां ध्या-

---

१ विवेकिनोमल. २ काञ्चनध०. ३ तानि क्षमाः. ४ कन्दरेषु व. ५ कणात्. ६ मनोरथैः परिचित. ७ परं.

नेनानुभवतां धन्यानां कृतकृत्यानां पुरुषाणां आनन्दाश्रुजलं निःशंकं यथा स्यात्तथा निर्भयं शकुनाः पक्षिणः तेषामङ्के उत्संगे शेरते इति. तदङ्कशयाः । अधिकरणे शेतेः । इत्यच्प्रत्ययः । पिबन्ति । तुशब्दः पक्षान्तरद्योती । मनोरथेन उपराचितः यः प्रासादः तस्य वाप्याः तटे यत् क्रीडार्थं काननं तत्र केल्याः कौतुकं जुषन्तीति ०कौतुकजुषः तेषाम् । यद्वा मनोरथोपरचितः प्रासादश्च वापीतटं च क्रीडाकाननं च तेषु इत्यादि योज्यम् । अस्माकं पूर्वोक्तविपरीतवृत्तीनां तु आयुः आयुष्यं परिक्षीयते । पूर्वोक्तानां धन्यानां जीवितं सफलमस्माकं तु व्यर्थमित्यर्थः । शार्दूल० वृत्तम् ॥

भोगाभावेपि विषयत्यागे प्रवृत्तिर्न भवतीत्याह—

भिक्षाशनं तदपि नीरसमेकवारं
शय्या च भूः परिजनो निजदेहमात्रम् ।
वस्त्रं सुजीर्णशतखण्डमयी च कन्था
हा हा तथापि विषयान्न जहाति चेतः ॥ १६ ॥

भिक्षाशनं भैक्षभोजनं । तदपि नीरसं मधुरादिरसवर्जितमेकवारं च । परिजनः सेवकवर्गः स्वस्य देह एव स्वदेहमात्रं न तु तद्व्यतिरिक्तः कश्चिद्भार्यापुत्रादिः । सुतरां जीर्णानि शतं खण्डानि तेषां विकारः । तन्निर्मितेत्यर्थः । तत्प्रचुरा वा । कन्था च वस्त्रम् । हाहेति खेददर्शको निपातः । तथापि एवं वैराग्यहेतौ निकृष्टावस्थायामपि पुरुषं विषिण्वन्ति पुरुषपशुं बध्नन्तीति विषयास्तान् । मोक्षे धीर्न क्रियत इत्यर्थः । अत्र सत्स्वपि विषयपरित्यागकारणेषु तत्फलानुदयाद्विशेषोक्तिरलंकारः । वसन्ततिलका वृ० ।

अथ विषयासक्तौ कामिन्याः प्रधानहेतुत्वात्तद्रूपमेव दूषयति—

स्तनौ मांसग्रन्थी कनककलशावित्युपमितौ
मुखं श्लेष्मागारं तदपि च शशाङ्केन तुलितम् ।
स्रवन्मूत्रक्लिन्नं करिवरशिरःस्पर्धि जघन-
महो निन्द्यं रूपं कविजनविशेषैर्गुरु कृतम् ॥ १७ ॥

स्तनौ अन्नपरिणामस्य मांसस्य ग्रन्थी तथापि कनकघटोपमानेन वर्णितौ । मुखं श्लेष्मणः स्थानम् । किंतु तदपि शशाङ्केन चन्द्रेण तुलितं तत्तुल्यत्वेन वर्णितम् । स्रवन्मूत्रेण क्लिन्नमार्द्रमपि जघनं स्त्रीकटीपुरोभागः तत्करिश्रेष्ठस्य शिरःस्पर्धि ।

१ च जी०; जीर्णशत–शीर्णपट. २ विषयाः, विषयान्–न परित्यजन्ति.

ताच्छील्ये णिनिः । इति वर्णितम् । अहो निन्द्यं निन्दायोग्यं रूपं स्त्रीलावण्यं कविजनविशेषैः कैश्चित् कामिजनरञ्जनतत्परैः कविभिर्गुरु कृतम् । महत्त्वमारोपितमित्यर्थः । वृत्तं शिखरिणी ॥

एकः परमेश्वर एवैकान्ततोनुरक्तोननुरक्तश्च शेषः सर्वोऽपि जनो स्मरमार्गणपरवशः क्लिश्यत एव इत्याह—

एको रागिषु राजते प्रियतमादेहार्धहारी[1] हरो
नीरागेषु जनो विमुक्तललनासङ्गो न यस्मात्परः ।
दुर्वारस्मरबाणपन्नगविषव्याविद्धमुग्धो जनः
शेषः कामविडम्बितान्न विषयान्भोक्तुं न मोक्तुं क्षमः ॥ १८ ॥

रागः अनुरागः अस्त्येषामिति रागिणः कामुकास्तेषु । प्रियतमाया देहार्धं हरतीति तच्छीलः । अर्धं नपुंसकम् । इति समासः । निर्गतः रागः येषां तेषु । विमुक्तः ललनायामासङ्गः येन सः । यस्मात् हरात् परः श्रेष्ठोऽन्यो वा न । दुर्वारा ये स्मरः कामः तस्य बाणा एव पन्नगाः सर्पाः तेषां विषेण व्याविद्धः अत एव मुग्धः शेषो जनः कामेन विडम्बितान् विषयान् भोक्तुं मोक्तुं च न क्षमः समर्थः । उभयमपि कर्तुमसमर्थः क्लेशभाग्भवतीत्यर्थः । बाणपन्नगेत्यत्र रूपकालंकारः । शार्दूलवि० वृत्तम् ॥

सत्यपि विषयोपभोगदोषज्ञाने यद्विषयाः परित्यक्तुं न शक्यन्ते तत्र मोहमहिमैव हेतुरिति निर्दिशति—

अजानन्माहात्म्यं[2] पततु शलभो दीपदहने
स मीनोप्यज्ञानाद्बडिशयुतमश्नातु पिशितम् ।
विजानन्तोप्येते वयमिह विपज्जालजटिला-
न्न मुञ्चामः कामानहह गहनो मोहमहिमा ॥ १९ ॥

शलभः कीटविशेषः । माहात्म्यं दाहशक्तिमजानन्दीपस्य दहने ज्वालायां पततु नाम । न स तस्यापराधः । अज्ञानोपहतत्वात् । दाहात्म्यमिति पाठे दह्यतेऽनेनेति दाहस्तस्यात्मा स्वभावस्तस्य भावो दाहात्म्यम् । मीनोऽपि अज्ञानात् बडिशयुतं मत्स्यवेधनेन युतं सम्बद्धं पिशितं मांसमश्नातु कामं भक्षयतु । आमिषलोभाद्भक्षक-

१ वामार्धधारी. २ दाहात्म्यं, दाहार्तिम्. ३ तीव्र.

ष्टकक्षतगलो म्रियतामित्यर्थः । परंतु वयं इह संसारे विशेषेण जानन्तः । सदसद्विवेकवन्तोऽपि विपज्जालैः आपत्समूहैः । जटिलान् ग्रथितान् कामान् न मुञ्चामः । एवं चेद्वयमेवात्रापराध्यामः । नैवं यतः । अहहेति खेदे । मोहस्य महिमा गहनो दुर्विज्ञेयः खलु । प्रबलतरमोह एवात्रकारणमित्यर्थः । शिखरिणी वृत्तम् ॥

अज्ञानोपहतो नरः परमार्थतः सुखाभावेप्यन्नादिविषयेषु सुखबुद्धिं करोतीत्याह—

तृषा[1] शुष्यत्यास्ये पिबति सलिलं स्वादु[2] सुरभि
क्षुधार्तः सञ्छालीन्[3]कवलयति शाकादिवलितान् ।
प्रदीप्ते रागाग्नौ[4] सुदृढतरमाश्लिष्यति[5] वधूं
प्रतीकारो व्याधेः सुखमिति विपर्यस्यति जनः ॥ २० ॥

तृषा जलाभिलाषेण आस्ये मुखे शुष्यति शोषं प्राप्नोति सति । शाकादिवलितान् शालीन् शाकादिव्यञ्जनयुक्तमोदनमित्यर्थः । कवलयति भक्षयति । राग एव अग्निः तस्मिन्प्रदीप्ते सति सुदृढतरं अत्यन्तगाढं यथा स्यात्तथा वधूं स्त्रियमाश्लिष्यति । एवं व्याधेः पीडायाः प्रतीकारः सुखमिति जनः । जातावेकवचनम् । विपर्यस्यति विपर्ययेण जानाति । अतस्मिंस्तद्बुद्धिर्विपर्यासः । मधुरजलशाल्योदनादि तृषादिवृद्धिहेत्वपि तच्छान्तिकरं मन्यत इत्यर्थः । वृत्तं पूर्वोक्तम् ॥

अधुना गृहपुत्रादिषु नश्वरेष्वपि ममत्वबुध्या भ्रान्तो नरो बद्धो भवति ज्ञानी तु सर्वसङ्गं परित्यज्य सुखी भवतीति निगमयति—

तुङ्गं वेश्म सुताः सतामभिमताः संख्यातिगाः संपदः
कल्याणी दयिता वयश्च नवमित्यज्ञानमूढो जनः ।
मत्वा विश्वमनश्वरं निविशते संसारकारागृहे
संदृश्य क्षणभङ्गुरं तदखिलं धन्यस्तु संन्यस्यति ॥ २१ ॥

तुङ्गं उच्छ्रितं वेश्म गृहं सतां सज्जनानां अभिमताः । मतिबुद्धीत्यादिना वर्तमानार्थे क्तः । सुताः पुत्राः । संख्यामतिक्रम्य गच्छन्तीति संख्यातिगाः संपदः संपत्तयः । कल्याणी शुभावहगुणोपेता दयिता स्त्री । नवं च वयः । इत्याकारकेण अज्ञानेन मूढो जन इदं विश्वं अनश्वरं नित्यं मत्वा संसाररूपकारागृहे बन्दिवासे निविशते । 'नेर्विशः' इति आत्मनेपदम् । परंतु कश्चिद्धन्योऽपरः । ज्ञानी-

१ तृषार्तः सन्प्राणी. २ शीतमधुरं–सुरभि. ३ शाल्यन्नं. ४ कामाग्नौ. ५ आलिङ्गति.

त्यर्थः । तदखिलं सर्वं जगत् क्षणभङ्गुरं त्रिक्षणावस्थायि संदृश्य संन्यस्यति परि- व्रजति । सर्वसंगपरित्यागं कुर्वाणः पुरुषः क्वचित्कश्चिदेव आश्चर्यवत् दृश्यत इति एकवचनप्रयोगेण सूचितम् । शार्दूलविक्रीडितं वृत्तम् ॥

अथ याच्ञादैन्यदूषणम् ॥

दीना दीनमुखैः सदैव शिशुकैराकृष्टजीर्णाम्बरा
क्रोशद्भिः क्षुधितैर्निरन्नविधुरा दृश्या न चेद्गेहिनी ।
याच्ञाभङ्गभयेन गद्गदगलत्रुट्यद्विलीनाक्षरं
को देहीति वदेत्स्वदग्धजठरस्यार्थे मनस्वी पुमान् ॥ १२ ॥

दीनानि मुखानि येषां तैः । क्षुधा एषां संजाता इति क्षुधितानि तैः क्षुधितैः । तदस्य संजातं तारकादिभ्य इतच् । इति इतच्प्रत्ययः । क्षुत्पीडितैः । अत एव क्रोशद्भिराक्रोशं कुर्वाणैः शिशुकैः बालकैः । अनुकम्पायां कन् । आकृष्टं जीर्णमम्बरं वस्त्रं यस्याः सा । विधुरा अन्नाद्यभावाद्विकला गेहिनी भार्या न दृश्या न दृश्येत चेत् । याच्ञायाः भङ्गः तस्य भयेन स्वदग्धजठरार्थे स्वस्य यद्दग्धं तुच्छं जठरं तस्यार्थे को मनस्वी जनः गद्गदः यः गलः तत्र त्रुट्यन्ति विलीनानि च अक्षराणि यथा स्युः तथा ' देहि ' इति वदेत् । न कोपीत्यर्थः । ' अभ्यर्थनाभङ्गभयेन भीरुर्माध्यस्थ्यमिष्टेप्यवलम्बतेर्थे ' । इति न्यायात् । वृत्तंशा० ।

अथ जठरमेव सकलदैन्यमूलकारणमिति तदेव निन्दति—

अभिमतमहामानग्रन्थिप्रभेदपटीयसी
गुरुतरगुणग्रामाम्भोजस्फुटोज्ज्वलचन्द्रिका ।
विपुलविलसल्लज्जावल्लीविदारकुठारिका ।
जठरपिठरी दुष्पूरेयं करोति विडम्बनम् ॥ १३ ॥

अभिमतः यः महामानः तस्य ग्रन्थिः तस्य प्रभेदः विश्लेषः तस्मिन्नतिशयेन पटुः । गुरुतरः यः गुणानां गाम्भीर्यधैर्यादीनां समूहः स एव अम्भोजानि तेषां स्फुटा चासौ उज्ज्वला च चन्द्रिका पूर्णिमाकौमुदी । तत्संकोचहेतुरित्यर्थः । विपुलं यथा तथा विलसन्ती या लज्जारूपा वल्ली तस्याः विदारे छेदे कुठारिका परशुः । जठरपिठरी उदरकुण्डी इयं दुष्पूरा विडम्बनं करोति । उदरपूरणार्थं सर्वोपि जनः अकार्यकरणं अवाच्यवचनं अहेयहानं च करोतीत्यर्थः । तदुक्तं सुरेश्वरा-

---

१ स्वकीय. २ नरैर्न...दृश्येत. ३ त्रुच्छद्वि;. ४ जनः. ५ वितान.

चार्यैः—अस्य दग्धोदरस्यार्थे किं न कुर्वन्त्यसाम्प्रतम्। इति। रूपकालंकारः। हरिणीवृत्तम् ॥

वरं मानिनो भिक्षया प्राणधारणं न तु स्वबन्धुमध्ये याच्ञादैन्यमित्याह—

पुण्ये ग्रामे वने वा महति सितपटच्छन्नपालीं कपाली-
मादाय न्यायगर्भद्विजहुतहुतभुग्धूमधूम्रोपकण्ठम्।
द्वारं द्वारं प्रवृत्तो वरमुदरदरीपूरणाय क्षुधार्तो
मानी प्राणी स धन्यो न पुनरनुदिनं तुल्यकुल्येषु दीनः ॥२४॥

सितेन शुभ्रेण पटेन छन्ना आच्छादिता अन्यदृष्टिपरिहरणार्थमिति भावः। पाली प्रान्तप्रदेशो यस्याः तां कपालीं भिक्षाखर्परमादाय नीयन्ते अर्था एभिरिति न्याया वेदशास्त्राणि ते गर्भे कुक्षौ येषां तथाभूता अधीतवेदादिविद्या इत्यर्थः। ये द्विजाः तैः। यद्वा न्यायाः स्वरा उदात्तादयः। यथास्वरं यन्त्रान्पठाद्भिरित्यर्थः। हुतो यो हुतभुग् अग्निः तस्य धूमेन धूम्रं उपकण्ठं यस्य तत् पवित्रमित्यर्थः। द्वारं द्वारं प्रतिद्वारं प्रवृत्तः। उदरमेव दरी कंदरः तस्य पूरणाय पूर्त्यर्थम्। क्षुधया आर्तो व्याकुलः क्षुधार्तः मानी प्राणी स धन्यः। न पुनः अनुदिनं प्रतिदिवसम्। तुल्याश्च ते कुले भवाः कुल्याश्च। यद्वा तुल्यकुले साधवः तेषु स्वसमानजातीयेषु दीनवत् आचरणं कुर्वाणः। तदुक्तं—न बन्धुमध्ये धनहीनजीवितम्। स्रग्धरावृत्तम्।

एवं चेत्किं कर्तव्यमित्यत आह—

गङ्गातरङ्गहिमशीकरशीतलानि
विद्याधराध्युषितचारुशिलातलानि।
स्थानानि किं हिमवतः प्रलयं गतानि
यत्सावमानपरपिण्डरता मनुष्याः ॥ २५ ॥

गङ्गायाः तरङ्गाः तेषां ये हिमशीकराः शीततुषाराः तैः शीतलानि। विद्याधरैरध्युषितानि सेवितानि चारूणि शिलातलानि येषां तानि। हिमवतः हिमालयस्य स्थानानि किं प्रलयं गतानि। किंशब्दो वितर्के प्रश्ने वा। कुत्साप्रश्नावितर्केषु क्षेपे किंशब्द इष्यते। इति शाश्वतः। यत् यस्माद्धेतोः मनुष्या अवमानेन स-

---

१ पुण्यग्रामे. २ ज्ञान; न्यायगत्या. ३ कण्ठे. ४ प्रविष्टः. ५ प्राणैः सनाथः. ६ स्वदेशे. ७ कण, घन.

हिताः । सतिरस्कारं दत्ता इत्यर्थः । ये परेषां पिण्डा अन्नग्रासाः तेषु रता आसक्ताः स्युः । दुर्जनयाच्ञां त्यक्त्वा हिमवत्परिसरेषु सुखेन वर्तितव्यमितिभावः । वसन्ततिलका वृत्तम् ॥

इदानीं श्रेयांसं जीवनोपायं विहाय दुर्जनाश्रयिणां जनानां चेष्टितं वितर्कद्वारा दूषयति—

किं कन्दाः कन्दरेभ्यः प्रलयमुपगता निर्झरा वा गिरिभ्यः
प्रध्वस्ता वा तरुभ्यः सरसफलभृतो वल्कलिन्यश्च शाखाः ।
वीक्ष्यन्ते यन्मुखानि प्रसभमपगतप्रश्रयाणां खलानां
दुःखोपात्तालपवित्तस्मयपवनवशानर्तितभ्रूलतानि ॥ २६ ॥

कन्दरेभ्यः पर्वतविवरेभ्यः कन्दाः सस्यमूलानि जीवनहेतुभूतानि प्रलयं विनाशम् । उपरमामित्यर्थः । जुगुप्साविरामेत्यादिना पञ्चमी । उपगता नष्टाः किम् । अथवा गिरिभ्यो निर्झरा उदकप्रवाहा नष्टाः किमिति अग्रेऽपि अनुकर्षः । तरुभ्यः सरसानि रसवान्ति फलानि बिभ्रति ताः वल्कलिन्यः वल्कलवत्यश्च शाखा वा प्रध्वस्ताः किम् । कुत एवं वितर्क्यत इतिचेत् । यद्यतः प्रसभं हठात् यथा स्यात्तथा अपगतः प्रश्रयः विनयो येभ्यः तेषामविनीतानां खलानां दुःखेन उपात्तं यदल्पं वित्तं तस्माद्यः स्मयो गर्वः स एव पवनस्तस्य वशेन आनर्तिता भ्रूः एव लता येषु तानि मुखानि वीक्ष्यन्तेऽवलोक्यन्ते । याच याचकैर्जीवनहेतोरिति शेषः । उक्तं च श्रीभागवते—चीराणि किं पथि न सन्ति दिशन्ति भिक्षां नो वाङ्घ्रिपाः परभृतः सरितोप्यशुष्यन् । शुद्धा गुहाः किमु न सन्ति महानुभावा यस्माद्व्रजन्ति यतयो धनदुर्मदान्धान् ॥ स्रग्धरा छन्दः ॥

धनोन्मत्तदुर्वचोनिर्विण्णस्य कस्याप्युक्तिमाह—

पुण्यैर्मूलफलैः प्रियैः प्रणयिनीं वृत्तिं कुरुष्वाधुना
भूशय्यानववल्कलैरकृपणैरुत्तिष्ठ यावो वनम् ।
क्षुद्राणामविवेकमूढमनसां यत्रेश्वराणां सदा
वित्तव्याधिविकारविह्वलगिरां नामापि न श्रूयते ॥ २७ ॥

---

१ पादपाः किं विशीर्णाः । किंवा शोषं गतास्ते गिरिकुहरगता निर्झरा वारिपूर्णाः । २ दुःखाप्तस्वल्प. ३ प्रिये प्रणयिनि, प्रियप्रणायिनीं; प्रियैश्च सलिलैः. ४ भूशय्यां नवपल्लवैः कुरु तृणैः. ५ अकरणैः, अकरुणैः. ६ यामः. ७ वने. गूढ. ९ वि-चित्तव्याध्यविवेक.

हे प्रिय सखे पुण्यैः शोभनैः मूलफलैः । अकृपणैर्विपुलैः । अकरुणैरिति पाठ याच्ञावर्जितैरित्यर्थः । भूशय्या च नवानि वल्कलानि च तैः । प्रणयिनीं यत्र तव प्रणयः प्रीतिस्ताम् । वृत्तिं वर्तनं । यत्र यस्मिन्वने क्षुद्राणां नीचपुरुषाणां अविवेकेन मूढानि विचारशून्यानि मनांसि येषां तेषामीश्वराणां स्वामिनां धनिनां वा । वित्तमेव व्याधिः तस्माद्विकाराः तैः विह्वला गीर्येषां तेषाम् । धनमदमूढानां मर्मभेदकवाक्यश्रवणाद्वरं गहनवने मूलफलैर्वृत्तिकरणमिती भावः । शार्दूल० वृत्तम् ॥

सत्यामपि सुलभायां फलादिजीवनसामग्र्यां केचिद्धनिनां द्वारि अवमाननासंतापं सहन्त इत्यहो तेषां मौढ्यमित्याह—

फलं स्वेच्छालभ्यं प्रतिवनमखेदं क्षितिरुहां
पयः स्थाने स्थाने शिशिरमधुरं पुण्यसरिताम् ।
मृदुस्पर्शा शय्या सुललितलतापल्लवमयी
सहन्ते संतापं तदपि धनिनां द्वारि कृपणाः ॥ १८ ॥

स्वेच्छया लभ्यम् । वने वने प्रतिवनम् । अव्ययं विभक्ति- (२. १. ६.) इत्यादिनाव्ययीभावः । क्षितिरुहां वृक्षाणाम् । न विद्यते खेदो यस्मिन्कर्मणि तद्यथा तथा अखेदं निरायासमित्यर्थः । शिशिरं च तन्मधुरं च । पुण्याश्च ताः सरितः गङ्गाद्याः तासाम् । स्नानपानाभ्यां बाह्याभ्यन्तरमलप्रक्षालनात्पुण्यत्वम् । मृदुः स्पर्शो यस्याः सा तथा शय्या । सुललिताः लतानां पल्लवाः तेषां विकारः तत्प्रचुरा वा तन्मयी । तदपि एवं सत्यपि धनिनां श्रीमतां द्वारि कृपणाः कृपणमतयो धनलिप्सवः पुरुषाः संतापं सहन्ते । आश्चर्यमेतत् । कर्तव्याकर्तव्यं जानन्नरो याच्ञादैन्यं विहाय वनवासमेवाङ्गीकुर्यादित्यभिसन्धिः । शिखरिणी वृत्तम् ॥

अधुना स्वकर्तव्यं निर्दिशति—

ये वर्धन्ते[1] धनपतिपुरःप्रार्थनादुःखभाजो
ये चाल्पत्वं दधति विषयाक्षेपपर्यस्तबुद्धेः[3] ।
तेषामन्तःस्फुरितहसितं वासराणां स्मरेयं
ध्यानच्छेदे शिखरिकुहरग्रावशय्यानिषण्णः ॥ १९ ॥

---

१ वर्तन्ते. २ दीर्घा. ३ पर्याप्त.

धनपतेः पुरः प्रार्थना याच्ञा तस्या दुःखं भजतीति दुःखभाक् तस्य । वर्षन्ते दीर्घा भवन्ति । विषयैराक्षेपः आकर्षणं तेन पर्यस्ता व्याकुला बुद्धिर्यस्य तस्य ह्रस्वा भवन्ति । तेषां दीनानाम् । ध्यानच्छेदे व्युत्थानानन्तरम् । अन्तः स्फुरितं यथा स्यात्तथा स्मरेयम् । अधीगर्थदयेशां कर्मणि इति कर्मणि षष्ठी । शिखरिणः पर्वतस्य कुहरे विवरे यो ग्रावा पाषाणः स एव शय्या शयनं तस्यां निषण्णः उपविष्टः सन् । याच्ञादुःखविषयाक्षेपरहितः परमेश्वरध्यानपरः कालं क्षपयेयमित्याशंसा । मन्दाक्रान्ता वृत्तम् ॥

ये संतोषनिरन्तरप्रमुदितास्तेषां न भिन्ना मुदो
ये त्वन्ये धनलोभसंकुलधियस्तेषां न तृष्णा हता ।
इत्थं कस्य कृते कृतः स विधिना तादृक्पदं संपदां
स्वात्मन्येव समाप्तहेममहिमा मेरुर्न मे रोचते ॥ ३० ॥

ये संतोषेण यथालाभतृप्त्या निरन्तरं प्रमुदितास्तेषां मुदः मेरुसंपद्दर्शनेन भिन्ना भेदं प्राप्ता न । ते मेरुनिष्ठसंपन्निरपेक्षा इत्यर्थः । धनलोभेन संकुला व्याप्ता धीर्येषां । तेषां तृष्णा न हता न शाम्यति किंतु वर्धते एव । एवं मेरुगता संपन्न कस्मैचिदपि प्रयोजनायेत्यर्थः । शार्दूलवि० वृत्तम् ॥

एवं चेत्किं कर्तव्यमित्याकांक्षायां जीवनोपायं दर्शयन्नुपसंहरति—

भिक्षाहारमदैन्यमप्रातिसुखं भीतिच्छिदं सर्वदा
दुर्मात्सर्यमदाभिमानमथनं दुःखौघविध्वंसनम् ।
सर्वत्रान्वहमप्रयत्नसुलभं साधुप्रियं पावनं
शम्भोः सत्रमवायमक्षयनिधिं शंसन्ति योगीश्वराः ॥ ३१ ॥

भिक्षाया भिक्षान्नस्याहारः यस्मिन् तत् । अदैन्यं याच्ञादैन्यवर्जितम् । अविद्यमानं प्रतिसुखं यस्य । निरतिशयसुखमित्यर्थः । सर्वदा भीतिच्छिदं भयनाशकम् । दुष्टाश्च ते मात्सर्यं च मदश्चाभिमानश्च मात्सर्य० नाः असहिष्णुत्वमदाहंकारास्तेषां मथनं नाशनं दुःखौघस्य विध्वंसनं सर्वत्र अन्वहं प्रतिदिनं अप्रयत्नेन सुलभं सुप्राप्यं साधूनां प्रियं पावनं पवित्रं शम्भोः सीदन्त्यत्रेति सत्रं शिवमार्गानुसरणं पूजनं वा योगिनामीश्वराः अक्षयो नित्यो निधिः तं शंसन्ति कथयन्ति । अतः शुभेच्छुभिः सर्वगुणोपेतं तदेवाश्रयणीयमिति भावः । वृत्तं शार्दूल० ॥

अथ भोगास्थैर्यपद्धतिः ।

अथ भोगास्थैर्यदर्शने नरो याञ्चादैन्यं स्वयमेव परिहरेदिति मन्वानो भोगास्थैर्यमेव वर्णयति—

भोगे रोगभयं कुले च्युतिभयं वित्ते नृपालाद्भयं
माने दैन्यभयं बले रिपुभयं रूपे जराया भयम् ।
शास्त्रे वादभयं गुणे खलभयं काये कृतान्ताद्भयं
सर्वं वस्तु भयान्वितं भुवि नृणां वैराग्यमेवाभयम् ॥ ३१ ॥

भोगे विषयाणां भोगे रोगाद्भयम् । 'पञ्चमी भयेन' इति पञ्चमीतत्पुरुषः । विषयभोगो रोगभयान्वित इत्यर्थः । कुले सद्वंशे च्युतेर्भयम् । उत्तमकुलप्रसूतस्य केनापि प्रकारेण मम कुलाचारभ्रंशः स्यादिति भीतिः वर्तते । वित्ते द्रव्ये नृपालाद्भयम् । राजा कदाचिद् द्रव्यं हरिष्यतीति । दैन्यभयं दीनस्य भावो दैन्यं तस्मात् । बले अङ्गबले सैन्ये वा । खलभयं दुष्टपुरुषेभ्यो भयम् । सज्जनगुणासहनमेव खलानां कुलव्रतम् । काये देहधारणे कृतान्तात् यमाद्भयम् । यज्जन्यं तन्मर्त्यमिति न्यायात् । स्पष्टमन्यत् । शार्दूल०वृत्तम् ॥

अथ सर्वमेवैहिकं वस्तु तद्विनाशकेनान्येनाक्रान्तमतो भोगेभ्यः स्पृहा न कर्तव्येत्याह—

आक्रान्तं[1] मरणेन जन्म जरया चात्युज्ज्वलं[2] यौवनं
संतोषो धनलिप्सया शमसुखं प्रौढाङ्गनाविभ्रमैः ।
लोकैर्मत्सरिभिर्गुणा वनभुवो व्यालैर्नृपा दुर्जनै-
रस्थैर्येण विभूतयोऽप्युपहता[3] ग्रस्तं न किं केन वा ॥ ३२ ॥

मरणेन जन्म आक्रान्तं व्याप्तम् । तदुक्तं—जातस्य हि ध्रुवो मृत्युरिति । अस्योत्तरत्राप्यनुकर्षः । अत्युज्ज्वलमतिरमणीयम् । विद्युच्चलमिति पाठे विद्युद्वच्चलं चञ्चलम् । धनलिप्सया धनप्राप्तीच्छया । शमसुखं निरुद्धान्तःकरणजन्यं सुखं प्रौढा या अङ्गनाः तासां विभ्रमैः विलासैः आक्रान्तम् । मत्सरिभिः परगुणासहिष्णुभिः । वनभुवः वनस्थलानि । नृपा दुर्जनैः दुष्टमान्त्रिभिः । तद्बुद्धिविपर्यासकारिभिरित्यर्थः । आक्रान्ताः । विभूतयः अस्थैर्येण अस्थिरभावेन उपहताः । अतः किं केन वा न ग्रस्तं सर्वमपि ग्रस्तम् । अतः बुद्धिमता पुरुषेण सर्वमनित्यं

---

१ आघ्रातं. २ विद्युच्चलं. ३ विभूतिरप्युपहता, धृतिर्जगत्युपहता.

सदोषं च वस्तु विहाय नित्यवस्तुनि परमेश्वरे अन्तःकरणाभिनिवेशः कर्तव्य इत्यर्थः । वृत्तं शार्दू० ॥

पुनस्तदेव भङ्ग्यन्तरेण प्रतिपादयति—

आधिव्याधिशतैर्जनस्य विविधैरारोग्यमुन्मूल्यते
लक्ष्मीर्यत्र पतन्ति तत्र विवृतद्वारा इव व्यापदः ।
जातं जातमवश्यमाशु विवशं मृत्युः करोत्यात्मसा-
त्तत्किं नाम निरङ्कुशेन विधिना यन्निर्मितं सुस्थिरम् ॥ ३४ ॥

विविधैः बहुप्रकारैः आधिर्मानसी व्यथा व्याधिः शरीररोगः तेषां शतैः जनस्य पुरुषस्यारोगं शरीरस्वास्थ्यमुन्मूल्यते । तथा यत्र लक्ष्मीः ऐश्वर्यं तत्र व्यापदः विविधाः आपदः संकटानि विवृतद्वारा विवृतं द्वारमाभ्य इति ता इव पतन्ति । मृत्युः कालः जातं जातं जातमात्रं विवशमाशु त्वरितमवश्यं नियमेन आत्मसात्करोति साकल्येन स्ववशं नयति । तदधीनवचने इति सातिप्रत्ययः । तत्किं नाम वस्तु यन्निरङ्कुशेन अप्रतिबन्धेन विधिना दैवेन प्रजापतिना वा सुस्थिरं निर्मितम् । न किंचिदपीत्यर्थः । शार्दूलविक्रीडितम् ॥

एवं चेत्किं कर्तव्यमित्याकांक्षायां कर्तव्यं निर्दिशति त्रिभिः—

भोगास्तुङ्गतरङ्गभङ्गचपलाः प्राणाः क्षणध्वंसिन-
स्तोकान्येव दिनानि यौवनसुखं प्रीतिः प्रियेष्वस्थिरा ।
तत्संसारमसारमेव निखिलं बुद्ध्वा बुधा बोधका
लोकानुग्रहपेशलेन मनसा यत्नः समाधीयताम् ॥ ३५ ॥

भोगाः तुङ्गतरंगाणां भङ्गवच्चपलाः चञ्चलाः । क्षणध्वंसिनः क्षणिका इति यावत् । स्तोकानि अल्पानि एव दिनानि कतिपयदिनपर्यन्तस्थायि यौवनसुखम् । प्रियेषु प्रीतिरस्थिरा । निखिलं संसारं असारमेव अनित्यमेव । बुद्ध्वा हे बुधा बोधका उपदेशका लोकानुग्रहे पेशलं चारु दक्षं वा तेन मनसा यत्नः समाधीयतां क्रियताम् । सर्वमनित्यमिति परिचिन्त्य सर्वेषामपि सुज्ञानां स्वाचरणेन लोकोपकारकरणमेव उचितमिति तात्पर्यम् । तदुक्तं भगवद्गीतायां—
यद्यदाचरति श्रेष्ठस्तत्तदेवेतरो जनः । स यत्प्रमाणं कुरुते लोकस्तदनुवर्तते ॥ इति ॥ शार्दूल० वृत्तम् ॥

---

१ ह्यापदः. २ आयुर्यातम्. ३ तेन. ४ सुस्थितम्. ५ भोग, तुल्य, तरलाः. ६ सुखस्फूर्तिः प्रियासु स्थिता; स्फूर्तिः क्रियासु स्थिरा. ७ मत्वा. ८ यौवने.

उक्तार्थ एवोपायं दर्शयति—

भोगा मेघवितानमध्यविलसत्सौदामिनीचञ्चला
आयुर्वायुविघट्टिताभ्रपटलीलीनाम्बुवद्भङ्गुरम् ।
लोला यौवनलालना तनुभृतामित्याकलय्य द्रुतम्
योगे धैर्यसमाधिसिद्धिसुलभे बुद्धिं विधद्ध्वं बुधाः ॥ ३६ ॥

भोगाः सुखदुःखादयः । मेघानां वितानं मण्डलं तन्मध्ये विलसन्ती या सौदामिनी विद्युत्तद्वत् चञ्चला अस्थिराः । आयुः वायुना विघट्टिता विक्षिप्ता या अभ्रपटली मेघमंडलं तस्यां लीनं यदम्बु जलं तद्वत् भङ्गुरं क्षणिकं विनाशि । 'भञ्जभासमिदो घुरच्' इति घुरच् । तनुभृतां देहवतां यौवनस्य लालना पोषणं लोला अस्थिरा । यौवनलालसा इति पाठे यौवनसम्बन्धिनोत्युत्कटा भोगाभिलाषाः । कामोभिलाषस्तर्षश्च सोत्यर्थं लालसा द्वयोः । इत्यमरः । इति पूर्वोक्तमाकलय्य निश्चयेन ज्ञात्वा । हे बुधा धैर्येण यो समाधिः चित्तसमाधानं तस्य सिद्धया सुलभे योगे असंप्रज्ञातसमाधौ बुद्धिं विधद्ध्वं कुरुध्वम् । वृत्तं पूर्वोक्तम् ।

आयुः कल्लोललोलं कतिपयदिवसस्थायिनी यौवनश्री-
रर्थाः संकल्पकल्पा घनसमयतडिद्विभ्रमा भोगपूगाः ।
कण्ठाश्लेषोपगूढं तदपि च न चिरं यत्प्रियाभिः प्रणीतं
ब्रह्मण्यासक्तचित्ता भवत भवभयाम्भोधिपारं तरीतुम् ॥ ३७ ॥

कल्लोलवल्लोलं चञ्चलं । कतिपयदिवसान् तिष्ठतीति तच्छीला । यौवनश्रीः यौवनसंपत्तिः । अर्था विषयाः संकल्पेभ्यः ईषन्न्यूनाः संकल्पकल्पाः क्षणावस्थायिनः । ईषदसमाप्तौ कल्पप्देश्यदेशीयरः इति कल्पप्प्रत्ययः । घनसमये या तडित् तस्या इव विभ्रमा विलासा येषां ते भोगपूगाः भोगसमूहाः । तथा यत्प्रियाभिः प्रणीतं दत्तं कण्ठस्याश्लेषो यस्मिन् कण्ठश्लेषेण वा उपगूढमालिङ्गनं तदपि न चिरं स्थायि । अतः भवात् संसारात् यद्भयं तदेव अम्भोधिः । तस्य पारं तरीतुं तरणार्थं ब्रह्मणि विषये आसक्तचित्ता नितरां सक्तचित्ता भवत । सर्वस्यानित्यत्वात्र ब्रह्मव्यतिरिक्तं संसारतरण इष्टतमं साधनमित्यर्थः । एवं त्रिभिः श्लोकैः कल्याणपर्यवसायि ब्रह्मध्याननिष्ठोपादिष्टा । काव्यालिङ्गमलंकारः । स्रग्धरा वृत्तम् ।

---

१ भञ्ज. २ लालसा. ३ जलरयाचे. ४ पूराः.

अथ विचार्यमाणे संसारः कष्टमय एव न तस्मात्सुखप्राप्त्याशा इति प्रश्नद्वाराह—

क्रुच्छ्रेणामेध्यमध्ये नियमिततनुभिः स्थीयते गर्भवासे
कान्ताविश्लेषदुःखव्यतिकरविषमो यौवने चोपभोगः ।
नारीणामप्यवज्ञा विलसति नियतं वृद्धभावोप्यसाधुः
संसारे रे मनुष्या वदत यदि सुखं स्वल्पमप्यस्ति किंचित् ॥ ३८॥

अमेध्यमध्ये कुत्सितमूत्रादिमध्ये । वसत्यस्मिन्निति वासः । गर्भवासे गर्भाशये नियमिततनुभिः मर्यादितदेहैः स्थीयते । यौवने कान्ताया विश्लेषः वियोगः तेन यत् दुःखं तस्य व्यतिकरेण सम्बन्धेन विषमः कठिनः उपभोगः । यस्मिन्नियतं निश्चयेन नारीणां स्त्रीकर्तृका अवज्ञा अवमानना विलसति सः । वृद्धभावोऽपि असाधुः । अतः रे मनुष्या यदि संसारे किंचित् स्वल्पमपि सुखं अस्ति वदत । न किञ्चिदपि सुखमस्तीत्यर्थः । अतः संसारान्निवृत्य नित्यनिरतिशयानन्दप्राप्तिहेतौ ब्रह्मण्येव मनो निधत्तेति भावः । स्रग्धरा वृत्तम् ॥

विद्यमाने जराभये प्रतिदिनं क्षीयमाणे चायुषि नराः स्वहितं नाचरन्तीति चित्रमित्याह—

व्याघ्रीव तिष्ठति जरा परितर्जयन्ती
रोगाश्च शत्रव इव प्रहरन्ति देहम् ।
आयुः परिस्रवति भिन्नघटादिवाम्भो
लोकस्तथाप्यहितमाचरतीति चित्रम् ॥ ३९ ॥

जरा परितर्जयन्ती भीषयमाणा सती व्याघ्रीव अग्रे तिष्ठति । रोगाश्च शूलादयः शत्रवः प्रतिपक्षियोद्धार इव देहं प्रहरन्ति अनेकप्रकारैः प्रहारान् कुर्वन्ति । भिन्नघटात् सच्छिद्रघटाद्यथा अम्भः जलं तथा आयुः परिस्रवति प्रतिक्षणं क्षरति । एवमपि लोकः प्राकृतो जनः अहितमकल्याणमाचरतीति चित्रमाश्चर्यम् । आगाम्यनर्थालोचनेनापि न स्वहितेऽभिनिवेशं कुरुत इत्याश्चर्यमित्यर्थः । उपमालंकारः । वसन्ततिलका ॥

---

१ मध्ये. २ विषमं यौवने विप्रयोगः. ३ वामाक्षीणामवज्ञाविहसितवसतिर्वृ०.

अथास्मद्वचो यदि प्रमाणं तर्हि आत्मन्येव चेतः समाधेयमित्युपदिशति—

भोगा भङ्गुरवृत्तयो बहुविधास्तैरेव चायं भव-
स्तत्कस्येह कृते परिभ्रमत रे लोकाः कृतं चेष्टितैः ।
आशापाशशतोपशान्तिविशदं चेतः समाधीयतां
कामोच्छित्तिवशे स्वधामनि यदि श्रद्धेयमस्मद्वचः ॥ ४० ॥

बहुविधा बहुप्रकारा भोगा भङ्गुरा भङ्गशीला वृत्तिर्येषां ते भङ्गुरवृत्तयः क्षणस्थायिनः । तैरेव भोगैः अयं भवः संसारः । कारणगुणाः कार्येऽनुवर्तन्त इति न्यायेन संसारोऽपि विनाशीत्यर्थः । तस्माद्धे लोका इह लोके कस्य कृते कस्यार्थे यूयं परिभ्रमत भ्रमणं कुरुत । कृतं चेष्टितैः अलं व्यापारैः । ते न कर्तव्या इत्यर्थः । कृतमिति निवारणातिनिषेधयोः इति गणव्याख्याने । आशायाः पाशाः तेषां शतानि तेषामुपशान्त्या विशदं निर्मलं चेतः अन्तःकरणम् । यदि अस्मद्वचः वचनं श्रद्धेयं श्रद्धायोग्यं तर्हि । कामानामुच्छित्या उच्छेदेन वशं स्वाधीनं तस्मिन् । स्वधामनि स्वाधिष्ठाने समाधीयतां स्थिरीक्रियताम् । बाह्यविषयेभ्यो निवर्त्यान्तरात्माभिमुखं कृत्वेतिशेषः । अत्र हितोपदेष्टा गुरुः श्रद्धेयवचन एवेति सूचितम् । तेन च तस्मिन् श्रद्धया भक्त्या च तदुपदेशानुसारेणानन्यासक्तं मनो ब्रह्मणि नियुज्य श्रेयः सम्पादनीयमिति तात्पर्यम् । शार्दूल वि० ॥

सर्वथा भोग एव इष्यते चेत्क्षुद्रभोगान्विहाय निरतिशयेऽनिर्वाच्ये ब्रह्मानन्दभोगे रतिं कुरु इत्युपदिशति—

ब्रह्मेन्द्रादिमरुद्गणांस्तृणकणान्यत्र स्थितो मन्यते
यत्स्वादाद्विरसा भवन्ति विभवास्त्रैलोक्यराज्यादयः
भोगः कोऽपि स एक एव परमो नित्योदितो जृम्भते
भो साधो क्षणभङ्गुरे तदितरे भोगे रतिं मा कृथा ॥ ४१ ॥

---

१ कस्यैव. २ भ्रमथ. ३ कामोत्पत्तिवशं-शात्. ४ अयं श्लोकोन्यथा पठ्यते कैश्चिद्यथा-त्रैलोक्याधिपतित्वमेव विरसं यस्मिन्महाशासने तल्लब्ध्वाशनवस्त्रमानघटने भोगे रतिं मा कृथाः । भोगः(बोधः)कोऽपि... यत्स्वादाद्वि... विषया... इति द्वितीयतृतीयपादौ व्यत्यासेन । पादद्वयस्य टीका—यस्मिन् महाशासने शास्यत इति शासनम् । उपनिषत्प्रतिपाद्यब्रह्मज्ञाने ब्रह्मणि वा अधिगते सति त्रैलोक्यस्य अधिपतित्वं विरसमेव नीरसमेव । तत प्राप्य अशनं च मानश्च तैः घटना यस्य तेषां वा घटना युक्तिर्यस्मिन् तस्मिन्भोगे रतिं प्रीतिं मा कृथाः ।

यत्र यस्मिन्भोगे स्थितः । पुरुष इति शेषः । ब्रह्मेन्द्रावादी येषां ते मरुद्गणा देवसंघास्तानपि । का कथेतरेषाम् । तृणलवानिव तुच्छान्मन्यते । मन्यकर्मण्यनादरे विभाषाऽप्राणिषु । (२-३-१७) इति विकल्पाद् द्वितीया । यस्यास्वादाद्गुच्यनुभवात् । त्रयो लोकास्त्रैलोक्यम् । ब्राह्मणादित्वात्ष्यञ् । तत्र यद्राज्यं तदादि येषां ते विभवा विरसा रुचिहीना भवन्ति । एतस्यैवानन्दस्यान्यानि भूतानि मात्रामुपजीवन्तीति श्रुतेः । स तादृशः कोप्यनिर्वाच्यः परमः सर्वोत्कृष्टः एक एव भोगो नित्योदितः सर्वदा प्रकाशरूपः । अभिनवरस इत्यर्थः । जृम्भते उन्मिषति । हे साधो सत्पुरुष । उपदेशार्हेति यावत् । तस्मादितरे क्षणभङ्गुरे विषयादिभोगे रतिं रागमासक्तिमित्यर्थः । मा कृथा मा कार्षीः । लुङि न माङ्योगे इत्यडागमनिषेधः । वृत्तं पूर्वोक्तम् ॥

अथ कालमहिमावर्णनम् ।

अथ सर्वस्य कालवशत्वात्तन्माहिमानं वर्णयति । तत्रादौ कालः कलयतामहम् इति भगवद्वचनात्कालः परमेश्वर एवेति मनसि कृत्वा तस्य सर्वनियामकत्वं च दर्शयन् तं नमस्करोति—

सा[1] रम्या नगरी महान्स नृपतिः सामन्तचक्रं च तत्-
पार्श्वे तस्य च सा[2] विदग्धपरिषत्ताश्चन्द्रबिम्बाननाः ।
उत्सिक्तः[3] स च राजपुत्रनिवहस्ते बन्दिनस्ताः कथाः
सर्वं यस्य वशादगात्स्मृतिपथं[4] कालाय तस्मै नमः ॥ ४२ ॥

सा प्रसिद्धा पूर्वानुभूता वा । अत्र सर्वत्र तच्छब्दः प्रसिद्धार्थः पूर्वानुभूतविषयो वा । अतो न यच्छब्दापेक्षा । तदुक्तं काव्यप्रकाशे-प्रसिद्धानुभूतार्थगोचरस्तच्छब्दो न यच्छब्दमपेक्षते । इति । महान् साम्राज्यभारोद्वहनसमर्थः । तद्वशवर्ति तत् । सम्यगन्तः समन्तः तस्मिन्समन्ते भवः सामन्तः । माण्डलिक इति यावत् । तत्र भवः इति अण् । तेषां चक्रं समूहः । विदग्धानां विदुषां कर्तव्यार्थचतुराणां वा । परिषत् सभा । चन्द्रबिम्बवदाननं यासां ताः । उत्सिक्तो गर्विष्ठः । उद्वृत्त इति पाठे उन्मार्गगामीत्यर्थः । स राजपुत्राणां निवहः समूहः । बन्दिनः स्तुतिपाठकाः । तस्य नृपतेः । का कथेतरेषाम् ।

---

१ रम्या सा; भ्रातः कष्टमहो. २ साऽपि राजपरिषत्; सा विदग्धवनिता. ३ उद्रिक्तः; उन्मत्तः; उद्वृत्तः. ४ पदम्.

इदं सर्वमपि यस्य कालस्य पलघटिकाप्रहरदिवसपक्षमासर्त्वयनसंवत्सरादिलक्षणस्य मृत्योर्वा वशाद् वशवर्तित्वात् स्मृतिपथं स्मरणपदवीम् । ऋक्पू-इत्यादिना समासान्तोऽच् प्रत्ययः । अगात् । अनुभवयोग्यताविरहाद्बुद्धेर्द्वितीयावस्थापन्नं संवृत्तमित्यर्थः । तस्मै नमः । शार्दूलवि० वृत्तम् ।

आदावक्षक्रीडासाम्येन कालचेष्टितं वर्णयति—

यत्रानेके क्वचिदपि गृहे तत्र तिष्ठत्यथैको
यत्राप्येकस्तदनु बहवस्तत्र नैकोपि चान्ते ।
इत्थं चेमौ रजनिदिवसौ दोलयन्द्वाविवाक्षौ
कालः कल्या भुवनफलके क्रीडति प्राणिशारैः ॥ ४३ ॥

गृहे सद्मनि फलककोष्ठे च । अनेके प्राणिनः शाराश्च । इत्थं उक्तप्रकारेण इमौ रजनिदिवसौ रात्रिदिवसौ द्वौ अक्षौ पाशकाविव दोलयन् प्रक्षिपन् कालः कल्या स्वशक्त्या सह । भुवनमेव फलकं तस्मिन् । प्राणिन एव शाराः काष्ठनिर्मितद्यूतोपकरणानि । सोंगट्या इति प्राकृते प्रसिद्धिः । तैः क्रीडति । एकदेशवर्तिरूपकमुपमयाङ्गेन संसृष्टमलंकारः । उपमायामेव केवलायां भुवनं फलकमिव प्राणिनः शारा इव इत्युपमितसमासौ । मन्दाक्रान्ता ।

एवं कालकृतां हानिं दृष्ट्वापि मोहमापन्ना लोकाः स्वकर्तव्यं न जानन्तीत्याह—

आदित्यस्य गतागतैरहरहः संक्षीयते जीवितं
व्यापारैर्बहुकार्यभारगुरुभिः कालो न विज्ञायते ।
दृष्ट्वा जन्मजराविपत्तिमरणं त्रासश्च नोत्पद्यते ।
पीत्वा मोहमयीं प्रमादमदिरामुन्मत्तभूतं जगत् ॥ ४४ ॥

गतागतैरस्तोदयरूपैः । अहरहः प्रत्यहं । जीवितमायुः । संक्षीयते क्षीणं क्षीणं भवति । बहवः कार्यभाराः । कार्यातिशया इति यावत् । तैर्गुरुभिर्व्यापारैः कियत्परिमाणः कालो गत इति न विशेषेण ज्ञायते । जन्म च जरा च विपत्तिश्च मरणं च दृष्ट्वा त्रासो जन्मादिजं भयं नोत्पद्यते । क्लेशपूर्णोऽयं जन्मादिकलापः । तत्र सुखलवाभावेऽपि सुखप्राचुर्यं प्रतीयते मूढैः । अत एव ते तद्धेत्वविद्याकामकर्मसु विरतिं न कुर्वन्तीति भावः । एवं जगत् मोहमयीं मोहप्रचु-

१ अनेकः, २ चान्ते न चैकः, ३ नेयैः, ४ लोल०. ५ कल्यः. ६ सह बहुकलः. ७ कालोपि. ८ वियोग.

रां । प्राचुर्यार्थे मयट् टित्वात् ङिष् । प्रमाद एव मदिरा तां पीत्वा प्राश्य उन्मत्तभूतं कर्तव्याकर्तव्यविचारशून्यं जातमिति भावः । एतदादिश्लोकपञ्चकस्य शार्दूल० वृत्तम् ।

उक्तमेवार्थं प्रकारान्तरेण वर्णयति—

रात्रिः सैव पुनः स एव दिवसो मत्वाबुधा जन्तवो
धावन्त्युद्यमिनस्तथैव निभृतप्रारब्धतत्तत्क्रियाः ।
व्यापारैः पुनरुक्त[2]भुक्तविषयैरेवंविधे[3]नामुना
संसारेण कदर्थिताः कथ[4]महो मोहान्न लज्जा[5]महे ॥ ४५ ॥

अबुधा इति च्छेदः । अबुधा मूर्खा जन्तवः प्राणिनः । रात्रिदिवसौ तावेवेति मत्वा । न तु आयुर्हरत्वेन दृष्ट्वेत्यर्थः । उद्यमिनः उद्योगवन्तः । तथैव पूर्ववदेव निभृतं निगूढं यथा स्यात्तथा प्रारब्धाः तास्ताः क्रिया इष्टार्थसाधककर्माणि यैः तथाभूताः । पुनरुक्तं यथा स्यात्तथा भुक्ता विषया येषु तैः व्यापारैश्चेष्टाभिः । अमुना एवंविधेन निर्वेदहेतुना संसारेण कदर्थिता दुःखिताः । कुत्सितार्थः कदर्थः । कोः कत्तत्पुरुषेऽचि । इति कु शब्दस्य कदादेशः । कदर्थवन्तः कृताः । कदर्थशब्दात्तत्करोति इति ण्यन्तात्कर्मणि क्तः । णाविष्टवद्भावे विन्मतोर्लुक् । कथं न लज्जामहे लज्जास्थानेऽपि न लज्जामहे इति आश्चर्यम् ॥

धर्मार्थकाममोक्षाणां पुरुषार्थानां साधनेषु परमेश्वराराधनधर्मानुष्ठानविद्योपार्जनार्थावाप्त्यङ्गनालिङ्गनादिष्वेकमपि नास्माकं सिद्धमिति शोचतां मनोवृत्तीर्वर्णयति त्रिभिः—

न ध्यातं पदमीश्वरस्य विधिवत्संसारविच्छित्तये
स्वर्गद्वारकपा[6]टपाटनपटुर्धर्मोऽपि नोपार्जितः ।
ना[7]रीपीनपयोधरोरुयुगलं स्वप्नेऽपि नालिङ्गितं
मातुः केवलमेव यौवनवनच्छेदे कुठारा वयम् ॥ ४६ ॥

विधिवत् विध्यर्हम् । शास्त्रोक्तरीत्येत्यर्थः । तदर्हम् इति वतिप्रत्ययः । संसारविच्छित्तयेऽपुनर्भवायेश्वरस्य जगन्नियामकस्य पदं न ध्यातमेकाग्रमनसा चिन्तितम् । अनेन मुमुक्षाभावः सूचितः । ईश्वरस्य शंकरस्य वा । कवेः शंकरे दृढानुरागत्वात् ।

---

१ मुधा. २ मुक्त, ०भूत. ३ इत्थंवि०. ४ वयम्. ५ जानीमहे. ६ कवाट. ७ नारी.

तदुक्तं ब्रह्माण्डपुराणे—स्वराडाख्यस्य देवस्य हृदयाम्भोजमध्यमे । उमासहायो भगवान्नीलकंठस्त्रिलोचनः ॥ यो नृत्यत्यसौ नित्यं परमानन्दचिद्घनः । तं दृष्ट्वा मनुजः सर्वो विमुक्तो भवतीति हि ॥ इति । अथ ज्योतिष्टोमेन स्वर्गकामो यजेत इत्यादि श्रुतेः धर्मस्य ज्योतिष्टोमादेः साक्षात्परम्परया च स्वर्गापवर्गसाधनत्वमुक्तं मीमांसायां तत्र द्वितीयं पक्षमाश्रित्याह—स्वर्गस्य द्वारं तस्य कपाटस्य पाटने उद्घाटने पटुः कुशलः समर्थो वा धर्मः । धर्मानुष्ठानजन्यं पुण्यमिति यावत् । नोपार्जितः । एतेन स्वस्य आमुष्मिकसुखानर्हत्वं दर्शितम् । रामाया वरस्त्रियाः पीनौ यौ पयोधरौ तयोरूर्वोश्च युगुलं युग्मं स्वप्नेऽपि नालिङ्गितम् । एतेन कामपुरुषार्थोऽपि न संपादित इति सूचितम् । ततश्चैहिकसुखाभावोपि निदर्शितः । किंतु केवलं मातुर्जन्मदात्र्याः यौवनवनच्छेदनविषये वयं कुठाराः छेदनहेतवः संवृत्ताः । निरर्थकमेवास्माकं जन्मेति भावः ॥

नाभ्यस्ता भुवि वादिवृन्ददमनी विद्या विनीतोचिता
खड्गाग्रैः करिकुम्भपीठदलनैर्नाकं न नीतं यशः ।
कान्ताकोमलपल्लवाधररसः[2] पीतो न चन्द्रोदये
तारुण्यं गतमेव निष्फलमहो शून्यालये दीपवत् ॥ ४७ ॥

भुवि इहलोके । वादिनां वृन्दं समूहं । [1]प्रतिवादिपाण्डित्यगर्वमित्यर्थः । दमयतीति तथा । कृत्यल्युटो बहुलमिति कर्मकर्तरि ल्युट् । टित्वात् ङीष् । विनीतानां सुशिक्षितानां उचिता योग्या विद्या नाम नरस्येत्यादिदर्शितगुणवतीत्यर्थः । खड्गानामग्रैः । करिणामरिगजानां यानि कुम्भपीठानि तेषां दलनैः विदारणैः । दलविदलने इति धातोः पूर्ववत् ल्युट् । नाकं स्वर्गम् । यशः कीर्तिः । कीर्तिं स्वर्गफलमाहुरासंसारं विपश्चितः । इह-किंजन्म कीर्तिं विना । इत्यादि वचनैः दर्शितमाहात्म्यमित्यर्थः । कान्तायाः कोमलपल्लववद्यः अधरः तस्य रसः । अधरामृतमित्यर्थः । शून्यालये शून्यगृहे । अहो इति खेदे । गृहस्थावस्थायोग्यं न किञ्चिदपि मया कृतं धिक् मामिति तात्पर्यम् । तद्धितगा उपमा ॥

उक्तमेव पुनः स्पष्टयति—

विद्या नाधिगता कलङ्करहिता वित्तं च नोपार्जितं
शुश्रूषापि समाहितेन मनसा पित्रोर्न संपादिता ।

१ प्रतिवादि. २ सुधा पीता.

आलोलायतलोचना युवतयः स्वप्नेऽपि नालिङ्गिताः
कालोऽयं परपिण्डलोलुपतया काकैरिव प्रेरितः ॥ ४८ ॥

कलङ्करहिता निर्मला । वेदादिप्रतिपाद्यार्थोपपन्नेत्यर्थः । वित्तं भूयिष्ठार्थसाधनमपि । नोपार्जितं न संपादितम् । शुश्रूषा सेवा । समाहितेन मनसा शान्तान्तःकरणेन । मातापितृसमं दैवं सर्वेषां न हि विद्यते । तस्मात्समर्चयेन्नित्यं पितरौ देवरूपिणौ ॥ इत्यादिवचनात्सेव्ययोरपि । आलोले चञ्चले आयते दीर्घे च लोचने नयते यासां ताः । परपिण्डे परदत्तान्ने या लोलुपता आसक्तिः तया । प्रेरितः नीत इति यावत् । अत्र श्लोकत्रयेऽभिमतस्तृतीयपुरुषार्थः धर्माविरुद्ध एव ज्ञेयः । अन्यस्य वैराग्यविषये वक्तुमनर्हत्वात् । उक्तंच गीतायां—धर्माविरुद्धो भूतेषु कामोऽस्मि भरतर्षभ ॥ इति ॥

अथ कालकृतां दुरवस्थामाह—

वयं येभ्यो जाताश्चिरपरिगता[3] एव खलु ते
समं ये संवृद्धाः[4] स्मृतिविषयतां[5] तेऽपि गमिताः ।
इदानीमेते स्मः प्रतिदिवसमासन्नपतना
गतास्तुल्यावस्थां सिकतिलनदीतीरतरुभिः ॥ ४९ ॥

येभ्यः पितृपितामहादिभ्यः । ते परिगता मृताः खलु । खलुशब्दो निश्चये वाक्यालंकारे वा । स्मृतिविषयतां स्मृतिगोचरतां गमिताः प्रापिताः । कालेनेति शेषः । गमेर्ण्यन्तात्कर्मणि क्तः । इदानीं वार्धक्यावस्थायाम् । आसन्नमुपस्थितं पतनं येषां ते । सिकताः सन्त्यस्मिन्देशे इति सिकतिलः । 'देशे लुबिलचौ च' इति इलच् प्रत्ययः । एवंविधं यन्नद्यास्तीरं तत्र तरवस्तैः कूलस्थवृक्षैः सह तुल्यावस्थां समदशां गताः । यथा तरङ्गैः सिकतापनये तेषां पात आकस्मिकस्तथास्माकमपीति भावः । शिखरिणी ॥

अथ नराणामायुषः कष्टमयत्वं शोचति—

आयुर्वर्षशतं नृणां परिमितं रात्रौ तदर्धं गतं
तस्यार्धस्य परस्य चार्धमपरं बालत्ववृद्धत्वयोः ।
शेषं व्याधिवियोगदुःखसहितं सेवादिभिर्नीयते
जीवे वारितरङ्गचञ्चलतरे सौख्यं कुतः प्राणिनाम् ॥ ५० ॥

---

१ प्रियतमाः. २ प्रेर्यते. ३ चिरमपगताः; चिरपरिचिताः. ४ संवृत्ताः. ५ स्मरणपदवीम्. ६ विदेशः. ७ बुद्बुदसम.

तस्यार्धस्य पञ्चविंशातिसंख्याकस्यार्धं सार्धद्वादशसंख्याकं बाल्ये परस्यार्धस्य चापरमर्धं सार्धद्वादशवर्षाणि वृद्धत्वे इत्यर्थः । शेषं अवशिष्टं पञ्चविंशातिवर्षसंख्याकमायुः व्याधिश्च वियोगश्च तयोः दुःखेन सहितं सेवादिभिश्च नीयते । तस्मात् प्राणिनां वारितरङ्गवत् चञ्चलतरे अतिचञ्चले जीवे आयुषि सौख्यं कुतः । नास्ति सुखगन्धोऽपीत्यर्थः । शार्दूल वि० ॥

अथ बाल्याद्यवस्थाक्रमेण नरो मृत्युवशं गच्छतीत्याह—

क्षणं बालो भूत्वा क्षणमपि युवा कामरसिकः
क्षणं वित्तैर्हीनः क्षणमपि च संपूर्णविभवः ।
जराजीर्णैरङ्गैर्नट इव वलीमण्डिततनु-
र्नरः संसारान्ते विशति यमधानीजवनिकाम् ॥ ५१ ॥

क्षणमिति परिच्छिन्नकालवाचकः । कंचित्कालमित्यर्थः । काम्यन्तेऽभिलष्यन्ते इति कामा विषयास्तेषु रसिकः अभिज्ञः । संपूर्णः विभवो धनं यस्य सः । जरया जीर्णानि अङ्गानि तैः । नट इव नटवत् । वलीभिः श्लथचर्मभङ्गीभिर्मण्डिता भूषिता तनुः देहः यस्य स नरः संसारान्ते मरणानन्तरं यमस्य मृत्योः धानी नगरी सैव जवनिका तिरस्करिणी । 'पडदा' इति भाषायां । तां विशति । मनुष्यस्य कुशलनटवदिह संसारे आचरणं भवतीत्यर्थः । शिखरिणी ॥

अथ यतिनृपतिसंवादः ।

इदानीमैहिकवैभवस्य तुच्छत्वं वैराग्यस्य च महत्वं दर्शयितुं यतिनृपसंवादं प्रस्तौति ।

त्वं राजा वयमप्युपासितगुरुप्रज्ञाभिमानोन्नताः
ख्यातस्त्वं विभवैर्यशांसि कवयो दिक्षु प्रतन्वन्ति नः ।
इत्थं मानद[1] नातिदूरमुभयोरप्यावयोरन्तरं
यद्यस्मासु पराङ्मुखोऽसि वयमप्येकान्ततो निस्पृहाः ॥ ५२ ॥

रञ्जयतीतिराजा । उपासितः सेवितो यो गुरुस्तस्माल्लब्धा या प्रज्ञा कार्याकार्यविवेकविषया बुद्धिस्तस्या अभिमानेनोन्नता लब्धोत्कर्षा वयम् । त्वं विभवैः ऐश्वर्यैः ख्यातः । नोऽस्माकं यशांसि एते आचार्यकृपया लब्धपरमार्थज्ञानमहामान-

---

१ मानधनाति०.

सम्पत्योन्नता इत्येवंरूपाणि कवयः काव्यकारा दिक्षु दशसु प्रतन्वन्ति प्रकर्षेण विस्तारं प्रापयन्ति । एवंप्रकारेण हे मानद शत्रूणां मानं यति खण्डयतीति तत्संबुद्धिः । आवयोरुभयोरप्यन्तरं भेदः नातिदूरं अतिशयेन न विद्यते । यदि त्वमस्मासु पराङ्मुख आदरवर्जितस्तर्हि वयमपि । त्वयीतिशेषः । एकान्ततः निस्पृहाः । अत्यन्तनिस्पृहत्वान्नादरापेक्षा अस्माकम् । शार्दूल० ॥

उक्तमेवार्थं विशदीकरोति--

अर्थानामीशिषे त्वं वयमपि च गिरामीश्महे यावदर्थं
शूरस्त्वं वादिदर्पज्वरशमनविधावक्षयं पाटवं नः ।
सेवन्ते त्वां धनाढ्या मतिमलहतये मामपि श्रोतुकामा
मय्यप्यास्था न तत्त्वयि मम सुतरामेष राजन्गतोस्मि ॥ ५३ ॥

हे राजन् त्वं द्रव्यस्येश्वरोसि वयमपि च गिरामीश्वराः स्मः । यावदर्थं यावानर्थस्तावत् । वादिनां दर्पः गर्व एव ज्वरस्तस्य शमनविधौ नः अस्माकं अक्षयमखण्डितं पाटवं पटुता । धनाढ्या धनिनः । धनान्धा इति पाठे धनेन धनार्थं वा अन्धा धनान्धाः । धनप्राप्त्या धनप्राप्त्यर्थं वा कार्याकार्यविचारनिरपेक्षा इत्यर्थः । मतेः मलः मतिमलो बुद्धिमान्द्यमित्यर्थः । तस्य हतये क्षयार्थम् । श्रोतुकामाः श्रवणेच्छावन्तः । तुंकाममनसोरपि इति तुमुनो मकारलोपः । मय्यास्था न चेत्सा त्वय्यपि मम सुतरां नास्त्येव गतोऽस्मि इदानीम् । यतः निःस्पृहत्वात्तृणीकृतसर्वसारः । स्रग्धरा ॥

तृष्णोपरमात्सुसंतुष्टान्तःकरणा वयमेव सर्वत्र सुखसंचारा इत्याह--

वयमिह परितुष्टा वल्कलैस्त्वं दुकूलैः
सम इह परितोषो निर्विशेषो विशेषः ।
स तु भवतु दरिद्रो यस्य तृष्णा विशाला
मनसि च परितुष्टे कोर्थवान्को दरिद्रः ॥ ५४ ॥

इह अस्मिन् लोके । दुकूलैः क्षौमैः । उभयोर्मध्ये निर्विशेषः निर्गतो विशेषो भेदो यस्मात् स तथा विशेषः उत्कर्षः । उभावपि समं संतुष्टाविति यावत् । वि-

---

१ विन्महे. २ दित्थम्. ३ वाग्मि. ४ व्युप. ५ मदान्धा; धनान्धा. ६ ह्यतिविमलधियः. ७ न चेत्सा त्वयि; न ते चेत्त्वयि मम नितरामेव राजन्ननास्था. ८ च लक्ष्म्या. ९ इव; परितोषो जायते को. १० भवति.

शाला विपुला । मनसि परितुष्टे सति न कोपि दरिद्रः न कोऽपि धनवान् । मनःसंतोषभावाभावाभ्यामर्थवत्त्वदरिद्रत्वादिव्यपदेशा भवन्तीत्यर्थः । मालिनी ॥

अतएव प्राणयात्रार्थे विद्यमानान्यसाधना न दुर्जनानामविनयं सहामहे इत्याह—

फलमलमशनाय स्वादु पानाय तोयं
शयनमवनिपृष्ठं वल्कले वाससी च ।
नवधनमधुपानभ्रान्तसर्वेन्द्रियाणा-
मविनयमनुमन्तुं नोत्सहे दुर्जनानाम् ॥ ५५ ॥

फलमशनाय शरीरधारणप्रयोजनभोजनार्थमलं पर्याप्तम् । पानाय तृषाशान्त्यर्थे स्वादु निर्झरनिस्यान्दि तोयं जलम् । अलमिति उत्तरत्राप्यनुकर्षणीयम् । अवनिपृष्ठं भूतलं शयनं वल्कले च वाससी व्यावहारिकलज्जास्थानाच्छादने । नवं च तद्धनं च तदेव मधु मद्यं तस्य प्राशनेन भ्रान्तानि सर्वेन्द्रियाणि येषां तेषां दुर्जनानामविनयमौद्धत्यमनुमन्तुं नोत्सहे मालिनी ॥

उक्तमेवार्थं प्रकारान्तरेणाह—

अशीमहि वयं भिक्षामाशावासो वसीमहि
शयीमहि महीपृष्ठे कुर्वीमहि किमीश्वरैः ॥ ५६ ॥

वयं भिक्षां अशीमहि अद्मः । आशा दिश एव वासः अम्बरम् । मह्याः पृष्ठे भूतले । ईश्वरैः धनाढ्यैः । नास्त्यस्माकं तैः किंचिदपि प्रयोजनम् ॥

अथ किं राजदर्शनेन । न तदभिमतः कोपि गुणोस्माकमित्याह—

न नटा न विटा न गायका न परद्रोहनिबद्धबुद्धयः ।
नृपसद्मनि नाम के वयं कुचभारानमिता न योषितः ॥ ५७ ॥

नृपस्य सद्म तस्मिन् वयं के नाम । न केपीत्यर्थः । येनास्माकं तत्र प्रवेशो भवेत् । वयं न नटाः वेषधारिणो नाट्यकर्मकुशलाः । न विटा एकविद्या नायकानुचरभेदाः । तदुक्तं—किंचिदूनः पीठमर्द एकविद्यो विटः स्मृतः । संधानकुशलश्चेटो हास्यप्रायो विदूषकः ॥ इति । गायन्तीति गायकाः संगीतकुशलाः । गायना इति पाठे ण्युट् च इति साधुः । परेषां द्रोहः परद्रोहः तस्मिन्निबद्धा

---

१ क्षितिरपि शयनार्थं वाससे वल्कलं च. २ अश्नीमहि. ३ गायनाः. ४ न च मत्येतरपक्षपातिनः; सभ्येतरवादचुञ्चवः. ५ संसदि; नृपमी–नृपवी–क्षितुमत्र.

बुद्धियैंस्ते । यतस्त एव राज्ञां प्रियाः । सभ्येतरेति पाठे सभायां साधवः सभ्याः । तत्र साधुरिति यत्प्रत्ययः । तेभ्य इतरे साधारणजनमनोरञ्जनमात्रकुशला इत्यर्थः । न तु शास्त्रार्थवादिनः । तेषां वादैर्वित्ताश्चुञ्चवः । तेन वित्तश्चुञ्चुप्चणपौ । इति चुञ्चुप् प्रत्ययः । कुचभारेण नमिता योषितोऽपि न । नटत्वादिविशेषगुणविशिष्टत्वाभावाद-स्मादृशानां राजद्वारि प्रवेशोपि दुर्लभः । वैतालीयाख्यं वृत्तम् ॥

विपुलहृदयैर्धन्यैः कैश्चिज्जगज्जनितं पुरा
विधृतमपरैर्दत्तं चान्यैर्विजित्य तृणं यथा ।
इह हि भुवनान्यन्ये धीराश्चतुर्दश भुञ्जते
कतिपयपुरस्वाम्ये पुंसां क एष मदज्वरः ॥ ५८ ॥

विपुलं उदारं हृदयं अन्तःकरणं येषां तैः उदारबुद्धिभिः कैश्चित् धन्यपुरुषैः प्रजापतिभिः पुरा सृष्ट्युत्पत्तिकाले जगज्जनितमुत्पादितम् । अपरैर्विष्ण्वादिपालयितृभिः विधृतं पालितम् । अन्यैः परशुरामादिभिर्विजित्य तृणं यथा तृणमिव द्विजादिभ्यो दत्तम् । अन्ये बलिसदृशा धीराः । इह हि इदानीमपि चतुर्दश भुवनानि भूरादीनि । तथापि कतिपयानां परिच्छिन्नसंख्याकानां पुराणां स्वाम्ये स्वामित्वे क एष मदज्वरः दर्पः । तेषामयं महान् दर्पोऽप्रयोजक इत्यर्थः । तैरुद्धतैर्न भवितव्य मित्यर्थः । हरिणी वृत्तम् ।

अभुक्तायां यस्यां क्षणमपि न यातं नृपशतै-
र्भुवस्तस्या लाभे क इव बहुमानः क्षितिभुजाम् ।
तदंशस्याप्यंशे तदवयवलेशेपि पतयो
विषादे कर्तव्ये विदधति जडाः प्रत्युत मुदम् ॥ ५९ ॥

नृपाणां शतैः यस्यां क्षणं क्षणपरिमाणं कालमपि अभुक्तायां सत्यां न यातं किंतु असंख्या नृपतयः यां भुक्त्वैव गताः । तस्या लाभे राज्ञां क इव को नाम बहुमानः स्यान्नकोपीत्यर्थः । सर्वसाधारण्यात् । किंतु तस्याः अंशस्यापि अंशे तथा तस्यांशस्याप्यवयवलेशे वयं पतयः इति विषादे कर्तव्ये । अन्योपभुक्तस्य तत्रापि तुच्छस्य तस्य गर्ह्यत्वात् । जडा अविवेकिनः प्रत्युत विपर्ययेण मुदं विदधति । अहो एषां विचारमूढता । शिखरिणी ॥

---

१ मतिभि; यैरीशैः. २ वीराः. ३ जातम्. ४ क्षितिभृताम्. ५ लेशाधिपतयः

आस्तां तावत्क्षुद्रनृपाभिमानः । तथाश्चापरास्त्वतीव गर्वा इत्याह—

मृत्पिण्डो जलरेखया वलयितः सर्वोऽप्ययं नन्वणुः
स्वांशीकृत्य स एव संयुगशतै राज्ञां गणैर्भुज्यते ।
नो दद्युर्ददतेऽथवा किमपि ते क्षुद्रा दरिद्रा भृशं
धिग्धिक्तान्पुरुषाधमान्धणकणान्वाञ्छन्ति तेभ्योऽपि ये ॥६०॥

सर्वोऽप्ययं मृत्पिण्डो पृथ्व्याख्यः जलरेखया समुद्रेण वलयितः ननु अणुर्लघुः परिच्छिन्नः । यथापि स एव राज्ञां गणैः समूहैः संयुगशतैः हिंसाप्रचुरयुद्धशतैः स्वांशीकृत्य स्वत्वापादनेन भुज्यते । ते पृथ्व्येकदेशप्राप्त्यर्थमनेकप्राणिघातका राजानः किमपि नो दद्युः पूर्वमधुना वा न किंचिद्ददते । यद्वा नो दद्युः किंचिदत्यल्पं ददते वा । अत एव क्षुद्रा नीचा दरिद्राश्च सन्ति । तथापि तेभ्योऽपि ये धनकणान् । बहुदातृत्वाभावात् । वाञ्छन्ति तान्पुरुषाधमान् धिक् धिक् । तुच्छताद्योतिका वीप्सा । धिङ्निर्भर्त्सननिन्दयोरित्यमरः । उभसर्वतसोः कार्या धिगुपर्यादिषु त्रिषु । द्वितीया— इत्यादिना द्वितीया । शार्दूल० ॥

किंबहुना । तस्यैव जन्म सफलमन्ये वृथाभिमानहता इति निगमयति—

स जातः कोप्यासीन्मदनरिपुणा मूर्ध्नि धवलं
कपालं यस्योच्चैर्विनिहितमलंकारविधये ।
नृभिः प्राणत्राणप्रवणमतिभिः कैश्चिदधुना
नमद्भिः कः पुंसामयमतुलदर्पज्वरभरः ॥ ६१ ॥

कोप्यनिर्वचनीयमहिमा । मदनरिपुणा शंकरेण । यस्य कपालं शिरोऽस्थि । अलंकारविधये अलंकारविधानार्थे शिरसि निहितम् । तस्य सफलं जन्म इति भावः । प्राणत्राणे जीवितरक्षणे प्रवणा नम्रा पटुर्वा बुद्धिर्येषां तैः नमद्भिः कैश्चित्पुरुषैः हेतुना कोऽयं पुंसां गर्वः । अत्यन्तमयोग्य इत्यर्थः । मरणानन्तरमपि यस्य कपालं भगवता शिवेन शिरसि निहितं स एव धन्योन्ये निष्फलजन्मानो क्षुद्रा एवेति भावः । शिखरिणी वृत्तम् ॥

---

१ परिवृत्तः. २ अङ्गीकृत्य, भागीकृत्य; तमेव संगरशतै राज्ञां गणा भुञ्जते. ३ तद्दद्युर्ददतेऽथवा न किमपि– किमपरं-क्षुद्रा. ४ सुजातः. ५ प्रबल.

अथ मनःसम्बोधनपद्धतिः ।

इदानीमन्येषां प्रसादनान्मनःप्रसादस्योत्कर्षं प्रतिपादयन्मनःसंबोधनपूर्वं तन्नियमनप्रकारमाह—

परेषां चेतांसि प्रतिदिवसमाराध्य बहुधा
प्रसादं किं नेतुं विशसि हृदयक्लेशकलिलम् ।
प्रसन्ने त्वय्यन्तःस्वयमुदितचिन्तामणिगुणे
विमुक्तः संकल्पः किमभिलषितं पुष्यति न ते ॥ ६१ ॥

हे हृदय । परेषां धनिनाम् । प्रत्यहं बहु अधिकप्रमाणेन आराध्य संसेव्य । हेति खेदे । प्रसादं नेतुं प्रसन्नानि कर्तुं क्लेशकलिलं क्लेशदुःखं किं विशसि । स्वयं स्वतंत्रतया उदिता उद्गताः चिंतामणेः गुणा यस्मिंस्तास्मिन् । त्वयि अन्तःप्रसन्ने । विमुक्तस्तृष्णाया निर्गतः संकल्पः । ते किमभिलषितं वाञ्छितं न पुष्यति संपादयति । सर्वमपि पुष्येदित्यर्थः । तस्मात् पुरुषेण प्रयत्नतः परप्रसादनकरणं विहाय स्वान्तःकरणप्रसादनार्थं प्रयतितव्यमिति भावः । शिखरिणी ॥

एवं मनःप्रसादफलमुक्त्वा तस्यैकत्र नियमनमाह--

परिभ्रमसि किं वृथा क्वचन चित्त विश्राम्यतां
स्वयं भवति यद्यथा भवति तत्तथा नान्यथा ।
अतीतमपि न स्मरन्नपि च भाव्यसंकल्पय-
न्नतर्कितगमागमाननुभवस्व भोगानिह ॥ ६२ ॥

हे चित्त किं वृथा व्यर्थं परितः भ्रमसि । क्वचन यत्र कुत्रापि । स्वस्थान एवेति-यावत् । विश्राम्यतां । तत्र हेतुः स्वयमित्यादि । स्वयं प्रकृतितः यद्यथा भवति तत्तथैव भवति न तु अन्यथा कदापि भवति । अतीतमपि न स्मरन्नपि च भावि असंकल्पयन्नचिन्तयन् । अतर्किताः गमागमाः येषां तान् अनिश्चितोत्पत्तिविलयानिति यावत् । भोगान् इह संसारे अनुभवस्व । हे चेतः यदृच्छालाभसंतुष्टं भव येनेश्वरप्रसादः स्यादित्यर्थः । तदुक्तं श्रीमद्गीतायां--यो न हृष्यति न द्वेष्टि न शोचति न कांक्षति । शुभाशुभपरित्यागी भक्तिमान्यः स मे प्रियः ॥ इति । पृथ्वी ॥

---

१ बहुधा. २ कलितम्, क्लेशमफलम्. ३ विविक्तः. ४ मुधा. ५ नमनतुस्मरन्. ६ अतर्कितसमागमाननुभवामि भोगानहम् ।

उक्तमेव स्पष्टार्थमाह--

एतस्माद्विरमेन्द्रियार्थगहनादायासकादाश्रय
श्रेयोमार्गमशेषदुःखशमनव्यापारदक्षं क्षणात् ।
शान्तं भावमुपैहि संत्यज निजां कल्लोललोलां गतिं
मा भूयो भज भङ्गुरां भवरतिं चेतः प्रसीदाधुना ॥ ६४ ॥

हे चेतः एतस्मात् सर्वानुभवसिद्धात् । आयासं त्रासं करोतीति आयासकं तस्मात् । इन्द्रियाणां ज्ञानकर्मेन्द्रियाणामर्थाः विषयाः शब्दस्पर्शादयः आदानग्रहणादयश्च त एव गहनं वनं तस्मात् विरम निवर्तस्व । विषयेषु अनर्थकारिषु मा प्रवृत्तं भूः इति भावः । क्षणात् सपदि अशेषाणि च तानि दुःखानि आध्यात्मिकादीनि तेषां शमनव्यापारे दक्षं चतुरं श्रेयोमार्गं मोक्षमार्गं आश्रय । तदेवाह--शान्त शमप्रधानं भावं वृत्तिविशेषमुपैहि प्राप्नुहि । समाहितं भवेत्यर्थः । कल्लोलवत् महातरंगवत् लोलां चञ्चलां गतिम् । भङ्गुरां विनाशशीलाम् । भवे संसारे रतिः आसक्तिस्तां मा भज सेवस्व । प्रसीद प्रसन्नं भव । प्रसादमन्तरेण श्रेयःप्राप्त्यसंभवादिति भावः । शार्दूल० ॥

अधुना कर्तव्यं निर्दिशति--

मोहं मार्जय तामुपार्जय रतिं चन्द्रार्धचूडामणौ
चेतः स्वर्गतरङ्गिणीतटभुवामासङ्गमङ्गीकुरु ।
को वा वीचिषु बुद्बुदेषु च तडिल्लेखासु च स्त्रीषु च
ज्वालाग्रेषु च पन्नगेषु च सरिद्वेगेषु च प्रत्ययः ॥ ६५ ॥

हे चेतः मोहं धनपुत्रादिष्वासक्तिरूपं दोषं मार्जय क्षालय । तां प्रसिद्धां परमसुखानन्ददायिनीमिति रामर्षिः । चन्द्रार्धः चंद्रकला चूडामणिः शिरोभूषणं यस्य तस्मिन् शिवे रतिं प्रीतिमुपार्जय संपादय । स्वर्गतरङ्गिण्याः गंगायाः तटसंबन्धिन्यो या भुवस्तासामासङ्गं समागमम् । वीचिषु जलतरङ्गेषु बुद्बुदेषु जलविकारेषु तडिल्लेखासु विद्युल्लतासु स्त्रीषु ज्वालाग्रेषु अग्निशिखाग्रेषु सर्पेषु नदीवेगेषु च को वा प्रत्ययः विश्वासः । न कोऽपीत्यर्थः । वृत्तं शार्दूलं० ॥

---

१ आयासकादाशु च. २ स्वात्मा. ३ मतिम्. ४ मार्जयताम् ५ तडिल्लोलासु च श्रीषु, तडिल्लेखामतल्लीषु च. ६ सुहृद्वर्गेषु.

पुनः प्रकारान्तरेण संबोधयति--

चेतश्चिन्तय मा रमां सकृदिमामस्थायिनीमास्थया
भूपालभ्रुकुटीकुटीविहरणव्यापारपण्याङ्गनाम् ।
कन्थाकञ्चुकिताः प्रविश्य भवनद्वाराणि वाराणसी-
रथ्यापङ्क्तिषु पाणिपात्रपतितां भिक्षामपेक्षामहे ॥ ६६ ॥

हे चेतः सकृदपि आस्थया आदरपूर्वकं इमां अस्थायिनीं क्षणभङ्गुरां रमां लक्ष्मीं मा चिन्तय । कथंभूता पुनः सा रमेत्यत आह भूपालेति । भूपालानां भ्रुकुटी एव कुटी गृहं तत्र विहरणमेव व्यापारः तत्र पण्याङ्गना ताम् । पण्याङ्गनारूपणेन विहारेऽनियन्त्रितत्वं द्योत्यते । कन्थाकञ्चुकिताः कन्थया कञ्चुकिताः संजातकञ्चुकाः । कन्थाकृतगात्रावरणा इत्यर्थः । सन्तः वयं वाराणस्यां या रथ्या मार्गाः तासां पङ्क्तिषु भवनद्वाराणि गृहद्वाराणि प्रविश्य पाणिः एव पात्रं तस्मिन् पतितां भिक्षां अपेक्षामहे इच्छाम इत्यर्थः । पाणिपात्र उदरमात्रपात्रे पतितमश्नीयादिति श्रुतेः । शार्दूल० ॥

संसारे वक्ष्यमाणा सामग्री स्याच्चेत्तत्राभिनिवेशो युक्तः । अन्यथा निर्विकल्पे समाधौ स श्रेयानित्याह—

अग्रे गीतं सरसकवयः पार्श्वतो दाक्षिणात्याः
पृष्ठे लीलावलयरणितं चामरग्राहिणीनाम् ।
यद्यस्त्येवं कुरु भवरसास्वादने लम्पटत्वं
नो चेच्चेतः प्रविश सहसा निर्विकल्पे समाधौ ॥ ६७ ॥

अग्रे संमुखे गीतं गायनम् । पार्श्वतः उभयतः दाक्षिणात्याः । दक्षिणदेशे भवाः । दक्षिणापश्चात्पुरसस्त्यक् (४-२-९८) इति त्यक्प्रत्ययः । सरसाः उत्तमाः रसिका वा कवयः । तेषामेव विचित्रवस्तुप्रबन्धनिर्माणपाटवादिति भावः । चामरग्राहिणीनां बालव्यजनवाहिनीनां लीलया वलयानां स्त्रीप्रकोष्ठभूषणानां रणितं क्वणितम् । वीजनव्यापारे इति शेषः । भवरसस्य संसाररसस्य आस्वादने । लम्पटत्वं लालसां कुरु । लोलुपो लोलुभो लोलो लालसो लम्पटश्च सः । इति यादवः । एवं न स्याच्चेत् सहसा संभ्रमेण निर्विकल्पे ध्येयरूपविकल्पवर्जिते असंप्रज्ञातसमाधौ । यत्र ध्येयस्फुरणमपि विलीयते स्वस्फुरणमात्रं चावशिष्यते । मन्दाक्रान्ता ॥

---

१ कुटीरविहरण्या. २ कञ्चुकिनः. ३ पार्श्वयोः. ४ पश्चात्.

अथ सम्पत्प्राप्त्यरिविजायाकिंचित्करमेव नास्ति तस्मात्परमार्थलाभ इत्याह—

प्राप्ताः श्रियः सकलकामदुघास्ततः किं
[1]दत्तं पदं शिरसि विद्विषतां ततः किम् ।
संमानिताः प्रणयिनो विभवैस्ततः किं
[2]कल्पं स्थितं तनुभृतां तनुभिस्ततः किम् ॥ ६८ ॥

सकलान् कामान् दुहन्तीति ताः श्रियः प्राप्ताः ततः किम् । न काचित्पुरुषार्थसिद्धिः । एवं सर्वत्र । विद्विषतां शत्रूणाम् । प्रणयिनः सेवकाः मित्राणि वा । विभवैः गजतुरगालंकारादिसंपत्तिभिः संमानिताः बहुमानिताः । तनुभृतां देहिनां तनुभिः शरीरैः । कल्पं ' कालाध्वनोरत्यन्तसंयोगे ' इति द्वितीया । स्थितं । निरतिशयानन्दपर्यन्तं सर्वस्य सातिशयत्वात् अवश्यविनाशित्वाच्च । इतः श्लोकचतुष्टयस्य वसन्ततिलका वृत्तम् ॥

तर्हि किं श्रेयः साधनमित्याह--

भक्तिर्भवे मरणजन्मभयं हृदिस्थं
स्नेहो न बन्धुषु न मन्मथजा विकाराः ।
संसर्गदोषरहिता विजना वनान्ता
वैराग्यमस्ति किमतः परमर्थनीयम् ॥ ६९ ॥

भवे शिवे । मरणं च जन्म च ताभ्यां भयं हृदयस्थं हृच्छयम् । बन्धुषु प्रणयिषु स्नेहः प्रेम । मन्मथजाः पुष्पधन्वनो जाता विकाराः चित्तदोषा अपि न । तेषां श्रेयःप्रतिबन्धकत्वात् । संसर्गाद्दोषः कालुष्यं तेन रहिताः । कामक्रोधादिदोषवर्जिता इत्यर्थः । विजनाः निर्जनाश्च । वनान्ताः वनमध्यस्थानानि । वैराग्यं विरक्तिः । अतः परं वैराग्यात्परं किमन्यदर्थनीयं प्रार्थनीयमस्ति । न किञ्चिदपि । तस्यैव श्रेयःपरमसाधनत्वात् ॥

अथ वैराग्यसम्पन्नेन ब्रह्मचिन्तनपरेण भवितव्यं यतो ब्रह्मैकध्यानपरस्य भुवनाधिपत्यादयो भोगास्तुच्छा एव प्रतिभान्तीत्याह—

तस्मादनन्तमजरं परमं विकासि
[3]तद्ब्रह्म चिन्तय किमेभिरसद्विकल्पैः ।

---

१ न्यस्तं. २ कल्पस्थिताः...तनवः । ३ तद्ब्रह्म वाञ्छत जना यदि चेतनस्थाः.

यस्यानुषाङ्गिण इमे भुवनाधिपत्य-
भोगादयः कृपणलोकमता भवन्ति ॥ ७० ॥

यत एवं ततः हे चेतः अनन्तं अन्तरहितं अनादित्वात् । अत एव अजरं जरारहितम् । यज्जायते तदेव अपक्षीयते ब्रह्म तु अजं अतः अजरमपि । परमं निरतिशयं विकासि प्रकाशरूपं सर्वव्यापि वा । विकासः सदा उदयः विद्यतेऽस्य नित्योदितमित्यर्थः । इति रामर्षिः । तत् अज्ञानात्परोक्षकल्पमपि ब्रह्म सर्वमहत् चिन्तय । एभिः प्रत्यक्षमनुभूयमानैरपि असद्विकल्पैः वंध्यासुतवन्मिथ्याभावैः किम् । एतेषां चिन्ता अनर्थकरीति भावः । यस्य ब्रह्मणः अनुषङ्गिणः अनुवर्तिनः इमे भुवनस्य आधिपत्यादिभोगाः । कृपणाः दीनाः । 'यो वा एतदक्षरं गार्ग्यविदित्वास्माल्लोकात्प्रैति स कृपणः' इति बृहदारण्यकश्रुतेः । 'कार्पण्यदोषोपहतः' इति च गीतायाम् । ते च ते लोकाश्च तेषां मता अभिमता भवन्ति । यथा कश्चित् मन्दोऽज्ञानात् राजानं विहाय राजपरतन्त्रमेव कंचित् सेवकं राजेति मत्वा तत्प्रसादनपरो भवति तथेति भावः । अत्र मतिबुद्धीत्यादिना वर्तमानार्थे क्तप्रत्यये क्तस्य च वर्तमाने इति षष्ठीसमासनिषेधात्समासश्चिन्त्यः ॥

अथ ब्रह्मोन्मुखीकरणाय मानसमुपदिशन्निगमयति—

पातालमाविशसि यासि नभो विलङ्घ्य
दिङ्मण्डलं भ्रमसि मानस चापलेन ।
भ्रान्त्यापि जातु विमलं कथमात्मनीनं
तद्ब्रह्म न स्मरसि निर्वृतिमेषि येन ॥ ७१ ॥

हे मानस पातालमाविशसि नभो विलङ्घ्य यासि चापलेन दिङ्मण्डलं भ्रमसि । दूरे अगम्ये देशेऽपि तव अप्रतिहतं गमनं भवति । परंतु जातु कदाचित् भ्रान्त्यापि भ्रमवशेनापि । आस्तां तावद्विवेकेनेत्यर्थः । विमलं मलरहितं आत्मनीनं आत्मने हितं । 'आत्मविश्वजन०' इति खः । स्वोपकारकं तद्ब्रह्म कथं न स्मरसि येन स्मरणेन कृतेन निर्वृतिं मोक्षाख्यां निरतिशयां तृप्तिम् एषि प्राप्नोषि ॥

---

१ भ्रान्त्वा. २ आत्मलीनम्. ३ न ब्रह्म संस्मरसि. ४ केन०.

अथ नित्यानित्यवस्तुविचारः ।

अथ केवलं वेदपठनस्मृतिपर्यालोचनशास्त्राध्ययनादिभिर्न कोपि लाभः । ब्रह्मप्राप्तिसाधनविचार एव श्रेयानित्याह—

किं वेदैः स्मृतिभिः पुराणपठनैः शास्त्रैर्महाविस्तरैः
स्वर्गग्रामकुटीनिवासफलदैः कर्मक्रियाविभ्रमैः ।
मुक्त्वैकं भवबन्धदुःखरचनाविध्वंसकालानलं
स्वात्मानन्दपदप्रवेशकलनं शेषा वणिग्वृत्तयः ॥ ७२ ॥

वेदैर्ज्ञानकाण्डवर्जितैः । तदध्ययनेनेति यावत् । महान् विस्तरो येषां तैः शास्त्रैः न्यायसांख्यमीमांसादिभिः । स्वर्ग एव ग्रामकुटी पर्णगृहं तस्मिन्निवास एव फलं तद्ददद्भिः । कर्म अग्निहोत्रादि तस्य क्रिया अनुष्ठानं तस्य विभ्रमा विलासाः तैः किम् । भवरूपबन्धः तेन यत् दुःखं तस्य रचना घटना तस्या विध्वंसे नाशे कालानलं प्रयलाग्नितुल्यं । स्वस्मिन्नात्मनि य आनंदः तस्य यत्पदं स्थानं तस्मिन् यः प्रवेशः तस्य कलनं संपादनमेवैकं कर्म मुक्त्वा विहाय शेषाः अन्ये सर्वव्यापाराः वणिग्वृत्तयः । अत्यंततुच्छार्थसाधका इत्यर्थः । अत उपानिषदुपादिष्टमार्गेण ब्रह्मप्राप्तिरेव कर्तव्येत्यर्थः । शार्दूल० वृत्तम् ॥

अतिमहतां मेर्वादीनामपि विनाशात्का कथा शरीरस्येत्याह—

यदा मेरुः श्रीमान्निपतति युगान्ताग्निनिहतः
समुद्राः शुष्यन्ति प्रचुरमकरग्राहनिलयाः ।
धरा गच्छत्यन्तं धरणिधरपादैरपि धृता
शरीरे का वार्ता करिकलभकर्णाग्रचपले ॥ ७३ ॥

यदा यस्मात् श्रीमान् महासमृद्धिमान् मेरुः पर्वतविशेषः युगान्ते यः अग्निः तेन निहतः निपतति । विलीनो भवति । प्रचुरा ये मकरा ग्राहाश्च तेषां निलया गृहाणि एवंविधाः समुद्राः । यदेत्यनुकर्षणीयम् । शुष्यन्ति शुष्कीभवन्ति । धरणिधराणां पादैः धृता या धरा पृथ्वी सापि यदा अन्तं गच्छति । नश्यतीति यावत् । तदा तस्मात्कारणात् करिणो हस्तिनः कलभस्य शिशोः यत्कर्णाग्रं तद्वच्चपले । क्षणिके इति यावत् । शरीरे का वार्ता । तस्य तु अत्यन्तपरिच्छिन्नत्वात् सुतरां नाशः सिद्ध एवेति तात्पर्यम् । करिकलभेत्यत्र करिशब्दस्य विशेषप्रतिपत्तिहेतोर्वैशेष्यप्रतीत्यर्थत्वादपौनसक्त्यम् । शिखरिणी ॥

१ दुःखभार. २ शेषैर्वणिग्वृत्तिभिः. ३ यतो. ४ वि०;-दलितः. ५ निकर.

अथ जराकृतां दुरवस्थामाह द्वाभ्याम्—

गात्रं संकुचितं गतिर्विगलिता भ्रष्टा च दन्तावलि-
र्दृष्टिर्नश्यति वर्धते बधिरता वक्त्रं च लालायते ।
वाक्यं नाद्रियते च बान्धवजनो भार्या न शुश्रूषते
हा कष्टं पुरुषस्य जीर्णवयसः पुत्रोऽप्यमित्रायते ॥ ७४ ॥

गात्रं इन्द्रियं संकुचितं भुग्नम् । स्वविषयग्रहणासमर्थं जातमित्यर्थः । गतिः गमनशक्तिः । दन्तानां आवलिः पङ्क्तिः । दृष्टिः नेत्रेन्द्रियशक्तिः । वक्त्रं च लालायते लालाप्रचुरं वर्तते । दन्ताभावात् । बान्धवानां संबन्धिनां जनः समुदायः वाक्यं नाद्रियते । शब्दानादरं करोति । भार्या सहधर्मचारिणी पत्न्यपि न शुश्रूषते न सेवते । जीर्णं वयः यस्य स जर्णवयाः तस्य । अमित्रवदाचरति । लालायते इत्यत्र कर्तुः क्यङ् सलोपश्च इति क्यङ् । अत्र तु उपमानादाचारे इति । उभयत्रापि अकृत्सार्वधातुकयोर्दीर्घः । इति दीर्घः । यावत् शरीरस्वास्थ्यं तावत्सर्वेपि सादरा भवन्ति । स्वदेहशक्तिक्षये तु न कोऽपि शब्दमात्रेणापि पृच्छतीति तात्पर्यम् । शार्दूलवि० वृत्तम् ।।

वर्णं सितं शिरसि वीक्ष्य शिरोरुहाणां
स्थानं जरापरिभवस्य यदेव पुंसाम् ।
आरोपितास्थिशकलं परिहृत्य यान्ति ।
चण्डालकूपमिव दूरतरं तरुण्यः॥ ७५ ॥

यदेव पुंसां पुरुषाणां जरया कृतः परिभवः तस्य स्थानं तं शिरसि शिरोरुहाणां केशानां सितं शुभ्रं वर्णं पलितमिति यावत् । वीक्ष्य दृष्ट्वा तरुण्यः स्त्रियः । वयसि प्रथमे इति ङीप् । आरोपितं अस्थिशकलं यत्र तं चण्डालकूपमिव ताम् वृद्धान् परिहृत्य त्यक्त्वा दूरतरं अधिकदूरं यान्ति । इत्यहो कष्टं जरापरिभूतस्य जीवनम् । वसन्तति० ॥

अतो यावच्छरीरं क्षीणं न भवति तावदेव श्रेयःसम्पादनार्थं यत्नः कार्य इति सदृष्टान्तमाह—

यावत्स्वस्थमिदं शरीरमरुजं यावच्च दूरे जरा
यावच्चेन्द्रियशक्तिरप्रतिहता यावत्क्षयो नायुषः ।

---

१ झटिति. २ तथैव तद०, तदा पुमांसम्. ३ शतकम्. ४ कलेवरगृहं. ५ यावज्जरा दूरतः.

आत्मश्रेयसि तावदेव विदुषा कार्यः प्रयत्नो महा

न्प्रोद्दीप्ते भवने तु कूपखननं प्रत्युद्यमः कीदृशः ॥ ७६ ॥

स्वस्थं क्लेशरहितम् । अविद्यमाना रुजा यस्य तदारोग्ययुक्तमित्यर्थः । इन्द्रियाणां शक्तिः स्वविषयग्रहणसामर्थ्यम् । अप्रतिहता अप्रतिबद्धा । अक्षीणेति यावत् । तावदेव । वेत्तीति विद्वान् । विदेः शतुर्वसुः इति वसुप्रत्ययः । तेन कर्तव्यं जानता पुरुषेण । आत्मनः श्रेयसि स्वकल्याणे निःश्रेयसावाप्तिलक्षणे । ननु चरमावस्थायां प्रयत्नं कर्तुं कः प्रत्यवाय इत्याकांक्षायां तस्याशक्यत्वमाह व्यतिरेकदृष्टान्तेन प्रोद्दीप्त इति । प्रोद्दीप्तेऽग्निना परीते । कीदृशः आकिंचित्कर इत्यर्थः । यावद्रोगजनितासह्यपीडया शरीरस्वास्थ्यं न प्रतिहतं तावदेव विवेकवता पुरुषेण निःश्रेयसार्थे प्रयतितव्यमिति भावार्थः । शार्दूलवि० ॥

अथ चञ्चले जीविते किं सुखहेत्विति विकल्पमानस्य तप एव श्रेयोहेतुतयाचरितव्यमिति निश्चयमाह द्वाभ्याम्—

तपस्यन्तः सन्तः किमधिनिवसामः सुरनदीं

गुणोदारान्दारानुत परिचरामः सविनयम् ।

पिबामः शास्त्रौघानुत विविधकाव्यामृतरसा-

न्न विद्मः किं कुर्मः कतिपयनिमेषायुषि जने ॥ ७७ ॥

तपस्यन्तः तपश्चरन्तः । सन्तः । कर्मणो रोमन्थतपोभ्यां वर्तिचरोः (३. १. १५.) इति क्यप्रत्ययः । तपसः परस्मैपदं च । सुरनदीं भागीरथीमधिनिवसामः तत्र वासं कुर्मः । 'उपान्वध्याङ्वसः' इति द्वितीया । किम् । उत अथवा गुणैः सौभाग्यसुशीलत्वादिभिः उदारान् रमणीयान् दारान् स्त्रीः सविनयं विनयेन सह यथा स्यात्तथा परिचरामः गृहधर्मेण भजामः । शास्त्राणामोघाः समूहास्तान् । उत विविधानि काव्यानि रामायणादीनि तेषु ये अमृतरसास्तान् पिबामः इति । जने । जातौ एकवचनम् । कतिपये निमेषा आयुर्यस्य तस्मिन् सति । अल्पायुःष्वस्मास्वित्यर्थः । किं कुर्म इति न विद्मः न जानीमः । शिखरिणी ॥

तत्र निश्चयमाह—

दुराराध्याश्चामी तुरगचलचित्ताः क्षितिभुजो

वयं च स्थूलेच्छा महति च पदे बद्धमनसः ।

---

१ संदी०. २ सविनयान्. ३ शास्त्रार्थान्. ४ दुराराध्यः स्वामी. ५ क्षितिभृतः. ६ तु. ७ सुमहति. ८ दत्त.

जरा देहं मृत्युर्हरति दयितं जीवितमिदं
सखे नान्यच्छ्रेयो जगति विदुषोऽन्यत्र तपसः ॥ ७८ ॥

दुःखेन आराध्याः । तुरगवत् अश्ववत् चलं चंचलं चित्तं येषां ते । क्षितिभुजः राजानः । स्थूला महती । दूराधिरोहिणीत्यर्थः । इच्छा येषां ते । महति पदे स्थाने बद्धं नितरां अर्पितं मनो येषाम् । जरा वार्धक्यं देहं हरति क्षिणोति । मृत्युः काल इदं दयितमिष्टतमं जीवितआयुश्च हरति । अतः हे सखे अस्मिन् जगति विदुषस्तपसः सर्वसाधकादन्यत्र तपोपहाय अन्यत् श्रेयः हरं कल्याणं नास्ति । अतः सर्वथा तदेव सम्पादनीयमिति भावः । शिखरिणी ॥

अथ दुःखबहुले संसारे श्रेयोर्थे तपआचरणाय किं योग्यं स्थानमित्याकांक्षायामाह—

माने म्लायति खण्डिते च वसुनि व्यर्थं प्रयातेऽर्थिनि
क्षीणे बन्धुजने गते परिजने नष्टे शनैर्यौवने ।
युक्तं केवलमेतदेव सुधियां यज्जह्नुकन्यापयः-
पूतग्रावगिरीन्द्रकन्दरदरीकुञ्जे निवासः क्वचित् ॥ ७९ ॥

माने जातिकुलाद्यभिमाने म्लायति गलिते सति । खण्डिते नष्टे सति । अर्थिनि अर्थोऽस्यास्तीति तस्मिन् याचके व्यर्थं विगतः अर्थः यथा स्यात्तथा । काममनवाप्येत्यर्थः । प्रयाते प्रकर्षेण गते सति । क्षीणे कृशतां गते नष्टे वा । यौवने यूनः भावः तस्मिन् । सुधियां बुद्धिमतामेतदेव युक्तम् । किं तदित्याह जह्नोः कन्या गंगा तस्याः पयसा पूताः पुनीताः ग्रावाणो यस्मिन्नेवंविधस्य गिरीन्द्रस्य हिमवतः कन्दरस्य तटी तस्यां यः कुञ्जो लतामण्डपस्तस्मिन् । क्वचित् यत्र कुत्रापि निवास इति यत्तद्योग्यमिति सम्बन्धः । एवंविधायां कष्टावस्थायां सर्वसंगपरित्यागं कृत्वेदृशे स्थाने तपश्चरितव्यमिति तात्पर्यम् । शार्दूल० ॥

अथ जाते नित्यानित्यवस्तुविवेके सर्वमैहिकं रम्यं वस्त्वनित्यत्वेनोपहतमरम्यं प्रतिभातीत्याह—

रम्याश्चन्द्रमरीचयस्तृणवती रम्या वनान्तस्थली
रम्यं[1] साधुसुहृत्समागम[2]सुखं काव्येषु रम्याः कथाः ।
कोपोपाहितबाष्पबिन्दुतरलं रम्यं प्रियाया मुखं
सर्वं[3] रम्यमनित्यतामुपगते चित्ते न किंचित्पुनः ॥ ८० ॥

---

१ सकलम्. २ व्यर्थे. ३ रम्यः साधुसमागमः शमसुखम्. ४ साधुसमागमोद्भव—गमागत

चन्द्रस्य मरीचयः मयूखाः । तृणमस्या अस्तीति तृणवती हरिततृणच्छन्ना वनान्तस्थली वनमध्यभूमिः । साधूनां सज्जनानां सुहृदां च समागमास्तस्य सुखं च रम्यम् । कोपेन प्रणयकलहादिषु उपाहिता उत्पन्ना ये बाष्पबिन्दवः तैः तरलं भास्वरम् । बाष्पबिन्दवो यत्र तत्कोपो...न्दु च तत्तरलं चेति वा । एतत्सर्वं रम्यम् । चित्ते पुनः तु अनित्यतामुपगते सर्वमेतदनित्यमिति विवेकतां गते न किञ्चिद्रम्यं भाति ब्रह्मानन्दं विनेति शेषः । वृत्तं शार्दूल० ॥

अधुना सद्भिरङ्गीकृता पदव्येवानुसर्तव्येति सूचयन्नुपसंहरति—

रम्यं हर्म्यतलं न किं वसतये श्रव्यं न गेयादिकं
किं वा प्राणसमासमागमसुखं नैवाधिकं प्रीतये ।
किं तूद्भ्रान्तपतत्पतङ्गपवनव्यालोलदीपाङ्कुर-
च्छायाचञ्चलमाकलय्य सकलं सन्तो वनान्तं गताः ॥ ८१ ॥

रम्यं रमणीयं हर्म्यतलं सौधोपरिभागो वसतये वसत्यर्थं रम्यं न किम् । अपि तु रम्यमेव । गेयादिकं गानादिकं । भव्यगेय—इत्यादिना कर्तरि निपातः । श्रवणयोग्यं श्रुतिसुखावहमित्यर्थः । न किम् अथवा प्राणैः समा प्राणतुल्या प्रिया तस्याः समागमजन्यं सुखं प्रीतये अधिक नैव किम् । सर्वमपि अस्ति । किंतु सन्तः सदसद्विवेकवन्तः उद्भ्रान्ताः भ्रममाणाः पतन्तश्च पतङ्गाः शलभास्तत्संबन्धी यः पवनः तेन व्यालोलः चञ्चलः दीपाङ्कुरः दीपकालिका तस्य च्छाया तद्वच्चञ्चलं अस्थिरं सकलमिति आकलय्य निश्चित्य वनमध्यं गताः । शाश्वतब्रह्मानन्दप्राप्त्यर्थं तपश्चरणायेति भावः । वृत्तं पूर्ववत् ॥

अथ शिवार्चनपद्धतिः ।

श्रेयःप्राप्त्यर्थं तपस आवश्यकत्वमुक्तम् । तत्किंप्रकारमित्याकांक्षायामाभ्यन्तरं शिवार्चनमेवेष्टसिद्ध्यै प्रशस्यतरमित्युपदिशति । तत्रादौ दुर्लभो मनोनिग्रहकारीत्याह—

आसंसारं[१] त्रिभुवनमिदं[२] चिन्वतां तात तादृ-
ङ्नैवास्माकं नयनपदवीं श्रोत्रवर्त्मागतो[३] वा ।
योऽयं धत्ते विषयकरिणीगाढगूढाभिमान-
क्षीबस्यान्तःकरणकरिणः संयमालानलालीम्[४] ॥ ८२ ॥

---

१ समं. २ सारात्. ३ मार्गा—मार्गम्. ४ मानाय.

तातेति आदरद्योतकम् । आसंसारे संसारमभिव्याप्य इदं त्रिभुवनं चिन्वता-मालोकयतामस्माकं नयनयोः पदवीं मार्गं श्रोत्रयोः श्रवणयोर्वर्त्म मार्गं वा तादृक् तथाविधः पुमान् नागतः। न दृष्टो न श्रुतो वेति यावत् । यो विषया एव क-रिणी हस्तिनी तस्यां गाढः अत्यन्तः गूढः निभृतः योऽभिमानस्तेन क्षीबस्य मत्तस्य । क्षीवु मदे इत्यस्य धातोः अनुपसर्गात्फुल्लक्षीबकृशोल्लाघाः (८–२–५५) इति निष्ठान्तो निपातः । मत्ते शौण्डोत्कटक्षीबाः । इत्यमरः । अन्तःकरणमेव करी हस्ती तस्य संयमः निग्रह एव आलानं गजबन्धनं तस्य लीलाम् । आनाय इति पाठे आनायस्य रज्जुनिर्मितबन्धनस्य लीलाम् । आनायः पुंसि जालं स्यात् इत्य-मरः । विषयैः बलवदाकृष्यमाणस्य दुर्दमस्यान्तःकरणस्य निग्रहे समर्थ इत्यर्थः । 'अत्रेदृक्पुरुषस्य नयनश्रोत्रपथविषयसंबध्येऽप्यसंबन्धोक्त्या संबन्धे असंबन्धरूपा-तिशयोक्तिः । तया च मनोनियमनस्यात्यन्ताशक्यत्वरूपं वस्तु व्यज्यते । इत्य-लंकारेण वस्तुध्वनिः । तथा च केनचिद्योगेन मनो नियम्य तत्र ब्रह्मानन्दसा-धनभूतान्तरङ्गशिवार्चनतपोऽवश्यं कर्तव्यमिति गूढोऽयमभिप्रायः । तथा अन्य-धर्मस्यान्यत्र संबन्धासंभवादानायलीलामिव लीलामित्यौपम्यपर्यवसनसंभवद्वस्तु-संबन्धरूपो निदर्शनालंकारः । स चोक्तरूपकेणाङ्गाङ्गिभावेन संकीर्यते' । इति रामचन्द्रबुधेन्द्रः । मन्दाक्रान्ता वृत्तम् ॥

तपःफलप्रकारमाह—

यदेतत्स्वच्छन्दं विहरणमकार्पण्यमशनं
सहार्यैः संवासः श्रुतमुपशमैकव्रतफलम् ।
मनो मन्दस्पन्दं बहिरपि चिरस्यापि विमृश-
न्न जाने कस्यैषा परिणतिरुदारस्य तपसः ॥ ८३ ॥

स्वच्छन्दं यथा स्यात्तथा स्वैरवृत्या विहरणं विहारः । स्वच्छन्दं स्वाधीनं वा । अकार्पण्यं कृपणस्य भावः कार्पण्यं याच्ञादि दैन्यं । अविद्यमानं कार्पण्यं यस्मिंस्तथा अशनं भोजनम् । आर्यैः श्रेष्ठैः सह संवासः वसतिः । उपशमः शान्तिरेव एकं व्रतफलं यस्मिंस्तादृक् श्रुतं श्रवणम् । बहिः बहिर्विषयेषु । मनोपि मन्दः स्पन्दः स्पन्दनं यस्य तत् मन्दस्पन्दम् । अन्तर्मुखत्वात् । कीदृशस्य उदारस्य उत्कृष्टस्य तपसः एषा परिणतिः फलं परिणामो वा न जाने न वेद्मि । चिरस्य चिरकालं विमृशन्नपि । तच्च तपः शिवाराधनमेवेति भावः । शिखरिणी ॥

अथ किं कर्तव्यमिति विचार उपस्थिते स्मृत्वेव हरचरणाराधनमेव शरणमित्याह—

जीर्णा एव मनोरथाः स्वहृदये यातं च तद्यौवनं
हन्ताङ्गेषु गुणाश्च वन्ध्यफलतां याता गुणज्ञैर्विना ।
किं युक्तं सहसाभ्युपैति बलवान्कालः कृतान्तोऽक्षमी
हा ज्ञातं स्मरशासनाङ्घ्रियुगलं मुक्त्वास्ति नान्या गतिः ८४

मनोरथाः संकल्पाः स्वहृदये एव जीर्णा नष्टाः । तत्तत्प्राप्तिहेतुविरहात् । तत् प्रसिद्धमुपभोगक्षमम् । हन्तेति खेदे । गुणज्ञैः गुणपरीक्षकैर्विना गुणाः विद्वत्वादयः वन्ध्यफलतां निष्फलत्वं याताः । बलवान् दुर्जयः कालः मृत्युः कृतोऽन्तो येन स कृतान्तः अक्षमी क्षमारहितः च सहसा वेगादभ्युपैति । एवं स्थिते किं युक्तमुचितमाचरितुम् । स्मरणमभिनीयाह—हेति । ज्ञातमवगतम् । स्मरशासनः शंकरः तस्य अङ्घ्रियुगलं चरणयुग्मं मुक्त्वा विहाय अन्या गतिः शरणं नास्ति । शार्दूलवि० ॥

ननु शिवाय विष्णुरूपायेत्यादिवाक्येभ्यो हरिहरयोर्वस्तुत एकस्वरूपयोरपि रुचिवैचित्र्यात्पार्थक्येनोपास्यत्वं प्रतिपाद्यते । त्वयाप्युक्तमन्यत्र एको देवः केशवो वा शिवो वेति । एवं सति किमेतत्प्रलपितं शिवचरणयुगलं विहाय नान्या गतिरस्तीति इति चेद्वस्तुतस्तयोर्भेदो नास्ति । भक्त्यतिशयात्केवलं मया तथोक्तमित्याह—

महेश्वरे वा जगतामधीश्वरे
जनार्दने वा जगदन्तरात्मनि ।
न वस्तुभेदप्रतिपत्तिरस्ति मे
तथापि भक्तिस्तरुणेन्दुशेखरे ॥ ८५ ॥

जगतामधीश्वरे जगन्नियामके महेश्वरे । जगदन्तरात्मनि जीवात्मस्वरूपेण वर्तमाने जगद्व्यापिनि वा जनार्दने । मे वस्तुभेदप्रतिपत्तिः । अयं महेश्वरोऽयं जनार्दन इति स्वरूपभेदज्ञानं नास्ति । तथापि मे मम भक्तिः तरुणश्चासौ इन्दुश्च स शेखरे यस्य तस्मिञ्शंकरे अतिशयेन वर्तते । अत एवमुक्तमिति भावः । वंशस्थं वृत्तम् ॥

---

१ जरां. २ हि सर्वाङ्गकृत्. ३ मदनान्तका०, मधुसूदना०. ४ मुक्तेस्तु. ५ तयोर्न भेद०; न भेदहेतुप्रति.

अथ शिव उत्पन्नानुरक्तेः शमस्योदयवशादाविर्भवतः निर्वेदस्थायिनः शान्तरसस्य व्यञ्जकानि वाक्यान्याह पञ्चभिः—

स्फुरत्स्फारज्योत्स्नाधवलिततले क्वापि पुलिने
सुखासीनाः शान्तध्वनिषु रजनीषु द्युसरितः ।
भवाभोगोद्विग्नाः शिव शिव शिवेत्युच्चवचसः
कदा स्यामानन्दोद्गतबहुलबाष्पाप्लुतदृशः ॥ ८६ ॥

शान्ता ध्वनयः पक्षिमृगादिशब्दा यासु तासु रजनीषु रात्रिषु । एतेनान्तःकरणविक्षेपहेतुराहित्यं सूचितम् । स्फुरन्ती या स्फारा बहुला जोत्स्ना कौमुदी तया धवलितं तलं यस्य तास्मिन् । द्युसरितः स्वर्धुन्याः क्वापि पुलिने सैकते । सुखेनासीनाः उपविष्टाः । भवस्य संसारस्य भवानां जन्मनां वा आभोगः विस्तारस्तेन उद्विग्ना उद्वेगं प्राप्ताः । शिव शिव शिवेति उच्चं वचो येषां ते । आनन्देन उद्गता ये बहुला बाष्पाः तैः आप्लुताः दृशः येषां ते । कदा कस्मिन्काले स्याम भवेम । येन कृतकृत्याः स्म इति भावः । शिखरिणी ॥

वितीर्णे सर्वस्वे तरुणकरुणापूर्णहृदयाः
स्मरन्तः संसारे विगुणपरिणामा विधिगतीः ।
वयं पुण्यारण्ये परिणतशरच्चन्द्रकिरणाँ-
स्त्रियामा नेष्यामो हरचरणचिन्तैकशरणाः ॥ ८७ ॥

सर्वं च तत्स्वं धनं च तास्मिन् । वितीर्णे धर्मबुद्ध्या दत्ते । तरुणा प्रत्यग्रा या करुणा तया पूर्णं हृदयं येषाम् । विगुणः निर्गुणः । अनिष्ट इति यावत् । परिणामः परिपाको यासां ता विधिगतीः दैवविलसितानि । परिणता उपचिताः शरत्संबन्धिचन्द्रस्य परिणतस्य शरच्चन्द्रस्य वा किरणा अंशवः यासु ताः त्रियामाः क्षपाः । हरस्य चरणयोः या चिन्ता ध्यानं सैव एकं शरणं आश्रयः येषां ते । 'शरणं गृहरक्षित्रोः' इत्यमरः । शिख० ॥

कदा वाराणस्याममरतटिनीरोधसि वस-
न्वसानः कौपीनं शिरसि निदधानोऽञ्जलिपुटम् ।

---

१ समा. २ आत्त, आर्त; वचसा. ३ यास्यामोऽन्तर्गतबहुलबाष्पाकुलदशाम्. ४ आकुल. ५ णामां, विसरपरिणामां, ०गतिम्; विगुणपरिणामावधिगतीम्. ६ कदा. ७ किरणैः किरणे; किरणां त्रियामां. ८ चित्तैक.

अये गौरीनाथ त्रिपुरहर शम्भो त्रिनयन
प्रसीदेत्याक्रोशन्निमिषमिव नेष्यामि दिवसान् ॥ ८८ ॥

वाराणस्यां काश्याममरतटिन्याः भागीरथ्याः रोधसि तटे वसन् । कौपीनं चीरखण्डं वसानो धारयन् । वस आच्छादन इति धातोः शानच् । शिरसि अञ्जलिरेव पुटं निदधानः । अये गौरीनाथ त्रिपुरहर शम्भो त्रिनयन ते प्रसीद इत्याक्रोशन् आक्रोशं कुर्वन् निमिषमिव दिवसान् कदा नेष्यामि । अत्यन्तोत्सुकोऽपि अस्या अवस्थायाः न जाने कदाहं पूर्णमनोरथो भविष्यामीत्यर्थः । शिखरिणी ॥

स्नात्वा गाङ्गैः पयोभिः शुचिकुसुमफलैरर्चयित्वा विभो त्वां
ध्येये ध्यानं नियोज्य क्षितिधरकुहरग्रावपर्यङ्कमूले ।
आत्मारामः फलाशी गुरुवचनरतस्त्वत्प्रसादात्स्मरारे
दुःखं मोक्ष्ये कदाहं समकरचरणे पुंसि सेवासमुत्थम् ॥ ८९ ॥

गङ्गाया इमानि गाङ्गानि तैः । हे विभो शम्भो शुचीनि कुसुमानि फलानि च तैः त्वां अर्चयित्वा पूजयित्वा । ध्येये ध्यानाश्रये । त्वच्चरणकमले इत्यर्थः । ध्यानं चित्तैकतानतां नियोज्य समाधाय । क्षितिं धारयतीति क्षितिधरः । तस्य कुहरं गुहा तत्र यः ग्रावा स एव पर्यङ्कः तस्य मूले । आत्मनि आरमतीति आत्मनि आरामो वा यस्य स आत्मारामः । निवृत्तेच्छः । स्वात्मन्येव रममाण इत्यर्थः । फलानामशनं तच्छीलः । फलैर्वृत्तिं कुर्वन्नित्यर्थः । गुरुवचने गुरूपदेशे रतः आचार्योपदिष्टकर्मानुष्ठानपर इत्यर्थः । इत्थंभूतः सन्नहम् । हे स्मरारे शंकर । समौ समानौ करौ चरणौ च यस्य तस्मिन् समकरचरणे पुंसि सेवायाः समुत्थं उत्पन्नं दुःखं कदा मोक्ष्ये । स्वसमानधर्मवत्पुरुषदत्तदुःखात्कदाहं मुक्तो भविष्यामीति तात्पर्यम् । 'मकरेण मकराकाररेखया सह वर्तते इति समकरश्चरणो यस्य तस्मिन् तथोक्ते पुंसि महाभाग्यसम्पन्ने पुरुषे । राज्ञि इत्यर्थः । समकरचरणस्य महाभाग्यसम्पन्नत्वमुक्तं सामुद्रिके—मकरो मत्स्यरेखा च पद्मशंखाकृतिः पदे । महाधनी महाभोगी दाता दीर्घायुरेव च ॥ इति रामचन्द्रबुधेन्द्रः । स्रग्धरा ॥

एकाकी निस्पृहः शान्तः पाणिमात्रो दिगम्बरः ।
कदा शम्भो भविष्यामि कर्मनिर्मूलनक्षमः ॥ ९० ॥

---

१ ति क्रो. २ निवेश्य. ३ शय्यानिषण्णः. ४ दुःखान्मोक्ष्येकदाहं तव चरणरतो ध्यानमार्गैकप्रश्नः ।

हे शम्भो शंकर । एकाकी असहायः । सङ्गरहित इत्यर्थः । संगात्संजायते काम इत्यादिवचनात्तस्यानर्थहेतुत्वात । एकादाकिनिच्चासहाये इत्याकिनिच्प्रत्ययः। निःस्पृहः निस्तृष्णः । शान्त उपरतेन्द्रियः । रागाद्यनुपहतचित्त इत्यर्थः । शान्तो दान्त उपरतस्तितिक्षुः समाहितो (श्रद्धावित्तो) भूत्वेत्यादिश्रुतेः । पाणिः एव पात्रं यस्य सः । दिश एव अम्बरं वस्त्रं यस्य । संन्यासी त्यक्तसर्वपरिग्रहश्चेत्यर्थः । कर्मणां संचितप्रारब्धानां निर्मूलने नाशे क्षमः समर्थः । कदा कस्मिन्काले भविष्यामि । एवंविधावस्थालालसोहमस्मि इदानीं संवृत्तः । तथा च भगवद्वचने गीतायाम्—एकाकी यतचित्तात्मा त्यक्तसर्वपरिग्रहः। शारीरं केवलं कर्म कुर्वन्नाप्नोति किल्बिषम् ॥ भिद्यते हृदयग्रन्थिश्छिद्यन्ते सर्वसंशयाः । क्षीयन्ते चास्य कर्माणि तस्मिन्दृष्टे परावरे ॥ इति । अनुष्टुप् ॥

एतदवस्थापन्नानां शिवप्रसादान्मोक्षमार्गः सुलभ एवेति निगमयति—

पाणिं पात्रयतां निसर्गशुचिना भैक्षेण संतुष्यतां
यत्र क्वापि निषीदतां बहुतृणं विश्वं मुहुः पश्यताम् ।
अत्यागेऽपि तनोरखण्डपरमानन्दावबोधस्पृशा-
मध्वा कोऽपि शिवप्रसादसुलभः संपत्स्यते योगिनाम् ॥ ९१ ॥

पाणिं पात्रयतां पात्रवदुपयुञ्जानानां । पात्रशब्दात् तत्करोति—इति ण्यन्ताल्लटः शत्रादेशः । निसर्गतः स्वभावतः शुचि तेन । भैक्षं भिक्ष्यत इति तेन भिक्षाकदम्बकेन । भिक्षादिभ्योऽण् । विश्वं प्रपञ्चं ईषदसमाप्तं तृणं बहुतृणम् । तृणवदिति यावत् । विभाषा सुपो बहुच्पुरस्तात्तु इति बहुच् प्रत्ययः प्रकृतेः पुरस्ताद्भवति । स्यादीषदसमाप्तौ तु बहुच्प्रकृतिलिङ्गकः इति वचनात्प्रकृतिलिङ्गता । पश्यताम् । अखण्डः अपरिच्छिन्नः यः परमानन्दस्तस्य अवबोधः प्रतिपत्तिः तं स्पृशन्तीति तेषाम् । जीवद्दशायामेव ब्रह्मानन्दमनुभवतामित्यर्थः । स्पृशोऽनुदके क्विन् इति क्विन्प्रत्ययः । योगिनाम् । तनोः शरीरस्य अत्यागे । देहसम्बन्धे विद्यमानेपीत्यर्थः । शिवप्रसादेन सुलभः कोप्यध्वा मोक्षमार्गः इति यावत् । संपन्नो भवति । स्पृहा मर्त्यैः इत्यादि पाठे कोपि भाग्यवान्मर्त्यः ब्रह्मानन्दावबोधाय स्पृहां संपत्स्यते प्राप्नोति । आश्चर्यमेतदेव कश्चिद्धीरो यो योगिगम्यां स्पृहां लभत इत्यर्थः । शार्दूलवि० ॥

---

१ स्पृहां मर्त्यैः...सुलभां.

अथ अवधूतचर्या—

अवधूतो नाम ब्रह्मात्मैक्यानुसंधानपरो जीवन्मुक्तस्तस्य चर्याचारः ।

कौपीनं शतखण्डजर्जरतरं कन्था पुनस्तादृशी
नैश्चिन्त्यं निरपेक्षभैक्षमशनं निद्रा श्मशाने वने ।
मित्रामित्रसमानतातिविमलाचिन्ताऽथ शून्यालये
ध्वस्ताशेषमदप्रमादमुदितो योगी सुखं तिष्ठति ॥ ९२ ॥

शतं खण्डानि शकलानि तैः जर्जरतरं अधिकर्जर्जरं कौपीनं आच्छादनम् । पुनः कन्था तादृशी तथैव इति यावत् । नैश्चिन्त्यं चिन्ताराहित्यम् । निरपेक्षमपेक्षारहितं च तद्भैक्षं च । 'भिक्षादिभ्योऽण्' इति अण् । श्मशाने शवा शेरते ऽस्मिन्निति श्मशानं तस्मिन् प्रेतभूमौ वने वा निद्रा शयनम् । मित्रामित्रयोः मित्रशत्र्वोः समानता समभावः । तुल्यो मित्रारिपक्षयोरिति भगवद्वचनात् । अथ शून्यालये निर्जनस्थाने अतिविमला अत्यन्तशुद्धा चिन्ता समाधिः । ध्वस्तो अशेषः मदः प्रमादश्च ताभ्यां मुदितः । ध्वस्ता ये अशेषा मदजनिताः प्रमादाः तैः मुदित इति वा । ध्वस्ताशेषप्रमाद अत एव मुदित इति वा । सर्वोपद्रवरहितः सन्योगी सुखं तिष्ठतीत्यर्थः । शार्दूलवि० ॥

एवंविस्य योगिनश्चित्तं ब्रह्माण्डमप्याक्रष्टुं नालमित्याह—

ब्रह्माण्डमण्डलीमात्रं किं लोभाय मनस्विनः ॥
शफरीस्फुरितेनाब्धेः क्षुब्धता जातु जायते ॥ ९३ ॥

मनस्विनः धीरस्यात्मज्ञानिनः । ब्रह्माण्डानां मण्डली समूहः सैव तन्मात्रं लोभाय चित्तप्रलोभनाय किं नेत्यर्थः । शफर्या मत्स्यविशेषस्य स्फुरितेन स्फुरणेन अब्धेः समुद्रस्य क्षुब्धता जातु कदाचिज्जायते किं नैव जायत इत्यार्थिकम् ॥

अथ वैराग्यप्रकारमाह—

मातर्लक्ष्मि भजस्व कंचिदपरं मत्काङ्क्षिणी मा स्म भू·
र्भोगेभ्यः स्पृहयालवो न हि वयं का निस्पृहाणामसि ।
सद्यःस्यूतपलाशपत्रपुटिकापात्रे पवित्रीकृते
भिक्षासक्तुभिरेव संप्रति वयं वृत्तिं समीहामहे ॥ ९४ ॥

---

१ निश्चिन्तं सुखसाध्य. २ शय्या. ३ तिष्ठ०. ४ तमःप्रमोद; स्वात्मानन्दमदप्रमोद. ५ तृतीयचतुर्थचरणयोः पाठान्तरम्—स्वातन्त्र्येण निरङ्कुशं विहरणं स्वान्तं प्रशान्तं सदा स्थैर्यं योगमहोत्सवेपि च यदि त्रैलोक्यराज्येन किम् ॥ ६ ण्डं. ७ नाब्धिः क्षुब्धो न खलु जायते. ८ न तु. ९ भोगेषु स्पृहयालवस्तव वशे. १० पूत. ११ कृतैः. १२ वस्तुभिः.

मातः लक्ष्मि । इत्यनेन रत्यभावो द्योतितः । भजस्व सेवस्व । मत्कांक्षिणी मय्यभिलाषिणी मा स्म भूः । स्मोत्तरे लङ् च इति चकारादाशीरर्थे लुङ् । न माङ् योगे इत्यडागमनिषेधः । तत्र हेतुमाह भोगेभ्य इति । वयं भोगेभ्यः । 'स्पृहेरीप्सितः' इति चतुर्थी । स्पृहयालवः कामिनः न 'स्पृहिगृहि॰' इति आलुच् । निःस्पृहाणामस्माकं त्वं कासि । न कापि त्वय्यास्थेत्यर्थः । यतः वयं सद्यः तत्कालं स्यूता निर्मिता । कर्मणि क्तः । च्छ्वोः शूडनुनासिके च इति ऊठि यणादेशः । पलाशपत्राणां पुटिका । द्रोण इति प्राकृते प्रसिद्धा । सैव पात्रं तस्मिन् । अपवित्रं पवित्रं संपद्यमानं कृतं तास्मिन् । भिक्षया लब्धाः सक्तवः । भिक्षासक्तवस्तैः । संप्रति इदानीम् । वृत्तिमुपजीविकाम् । समीहामहे इच्छामः । विक्षेपाद्युपाधिरहितं भैक्षमेव ममेष्टं न पुनः श्रीप्रयुक्ता दुःखपरिणामा भोगा इति तात्पर्यम् । शार्दूलवि॰ ॥

अथ योगिन ऐश्वर्यसम्पन्नेन नृपेण साम्यमाह—

मही[1] रम्या शय्या विपुलमुपधानं भुजलता
वितानं चाकाशं व्यजनमनुकूलोयमनिलः ।
स्फुरद्दीप[3]श्चन्द्रो विरतिवनितासङ्गमुदितः
सुखं[4] शान्तः शेते मुनिरतनुभूतिर्नृप इव ॥ ९५ ॥

भुजलता बाहुलता । विपुलं विस्तृतम् । उपधीयते शिरोऽत्र इति उपधानं उपबर्हः । 'उशी' इति भाषायाम् । वितानम् उल्लोचः 'चांदवा' इति प्राकृते । आकाशम् । अयमनुकूलोऽनिलः वायुः व्यजनं तालवृन्तकम् । 'पंखा' इति भाषाप्रसिद्धिः । चन्द्रः स्फुरन् दीपः । विरतिः शान्तिरेव वनिता स्त्री तस्याः संगेन समागमेन मुदितः प्रीतः तृप्तो वा । न तनुः अतनुः भूतिरैश्वर्यं यस्य स मुनिः । निवृत्तः सर्वतत्वज्ञः कामक्रोधविवर्जितः । ध्यानस्थो निष्क्रियो दान्तस्तुल्यमृत्काञ्चनो मुनिः ॥ इत्युक्तलक्षणः । विपुलसंपत्तिर्नृप इव शेते निद्राति । रूपकसंकीर्णोयमुपमालंकारः । तथा उपमानान्नृपादुपमेयस्य मुनेरपरिच्छिन्नशय्यादिसम्पन्नत्वेनाधिक्यप्रतीतेर्व्यतिरेको व्यज्यते इत्यलंकारेणालंकारध्वनिरिति रामचन्द्रबुधेन्द्रः । वृत्तं शिखरिणी ॥

---

१ महाशय्या पृथ्वी. २ मृद्वी. ३ शरच्चन्द्रोदीपः. ४ सुखी.

अथ योगिस्वरूपमाह द्वाभ्याम्—

भिक्षाशी जनमध्यसंगरहितः स्वायत्तचेष्टः सदा
दानादानविरक्तमार्गनिरतः कश्चित्तपस्वी स्थितः ।
रथ्याकीर्णविशीर्णजीर्णवसनैरास्यूतकन्थाधरो
निर्मानो निरहंकृतिः शमसुखाभोगैकबद्धस्पृहः ॥ ९६ ॥

भिक्षामश्नातीति भिक्षाशी । जनमध्ये यः संगः प्रीतिस्तेन रहितः । स्वस्य आयत्ता अधीनाः चेष्टा इन्द्रियव्यापारा यस्य सः । दानं च आदानं प्रतिग्रहकरणं च ताभ्यां विरक्त उदासीनो यो मार्गः तस्मिन्निरतः । रथ्यायां यानि कीर्णानि विशीर्णानि च जीर्णानि वसनानि तैः आस्यूता कृता या कन्था तां धारयतीति तथा । मानरहितः निर्मानः निरहंकृतिः निरहंकारः शमसुखस्य आभोगोतिशयः स एव एकस्तास्मिन् बद्धा स्पृहा येन सः । उक्तलक्षणः पुरुषः कश्चित्क्वचिदेव दृश्यते इत्यर्थः । स्वभावोक्तिरलंकारः । शार्दूल० ॥

चाण्डालः किमयं द्विजातिरथवा शूद्रोथ किं तापसः
किं वा तत्त्वविवेकपेशलमतिर्योगीश्वरः कोपि किम् ।
इत्युत्पन्नविकल्पजल्पमुखरैः संभाष्यमाणा जनै-
र्न क्रुद्धाः पथि नैव तुष्टमनसो यान्ति स्वयं योगिनः ॥ ९७ ॥

द्विजातिः त्रैवर्णिकः । तत्त्वस्य विवेके पेशला पटुः मतिर्यस्य । उत्पन्ना ये विकल्पाः तेषां जल्पैः जल्पनैर्मुखरा वाचालास्तैः । एवंविधानि वाक्यान्युदाहरद्भिरित्यर्थः । तुष्टं प्रीतं मनो येषाम् । यान्ति ब्रह्मनिष्ठत्वात्तूष्णीं गच्छन्ति । तदुक्तं गीतायां—न प्रहृष्येत्प्रियं प्राप्य नोद्विजेत्प्राप्य चाप्रियम् । स्थिरबुद्धिरसंमूढो ब्रह्मविद्ब्रह्मणि स्थितः । शीतोष्णसुखदुःखेषु तथा मानावमानयोः ॥ इत्यादि । ' अनाविष्कुर्वन्नन्वयात् ' इति उत्तरमीमांसान्यायेन ' पाण्डित्यं निर्विद्याथ बाल्येन तिष्ठासेत् ' इति बृहदारण्यकश्रुत्या ' अद्वैतं ' समनुप्राप्य जडवल्लोकमाचरेत ' इति च गौडपादीयकारिकाया आहितमर्यादामनुल्लङ्घ्य वर्तनं करोतीति तात्पर्यम् । शार्दूलवि० ॥

---

१ दाना. २ क्षीण. ३ वसनः. ४ संप्रीत०; संप्रातकन्थासखः—सनः ५ तत्त्वानिवेश. ६ संभाष्य०, संभाव्यमाना.

अथ योगिनां हिंसादिराहित्यवृत्तिमाह—

हिंसाशून्यमयत्नलभ्यमशनं धात्रा मरुत्कल्पितं
व्यालानां पशवस्तृणाङ्कुरभुजः सृष्टाः स्थलीशायिनः ।
संसारार्णवलङ्घनक्षमधियां वृत्तिः कृता सा नृणां
यामन्वेषयतां प्रयान्ति सततं सर्वे समाप्तिं गुणाः ॥ ९८ ॥

हिंसया शून्यं रहितम् । अयत्नलभ्यं अनायासेन प्राप्यम् । व्यालानां सर्पाणामशनं खाद्यं धात्रा विधिना मरुद्रूपं कृतम् । तेनैव स्थल्यामकृत्रिमभूमौ शेरते तच्छीलाः पशवः तृणानामङ्कुरान् भुञ्जते इति तृणाङ्कुरभुजः सृष्टाः । संसार एवार्णवस्तस्य लंघने क्षमा समर्था धीर्बुद्धिर्येषां तेषां नृणां सा वृत्तिः जीविका कृता यां सततमन्वेषयतां मार्गयतां सर्वे गुणाः विद्वत्ववैचक्षण्यादयः समाप्तिं प्रयान्ति । अतो योगिनो यदृच्छालाभेन संतुष्टा हिंसाराहित्येन वृत्तिं कुर्वन्तीति भावः । शार्दूल० ॥

अथ निश्चलवृत्तित्वमाह—

गङ्गातीरे हिमगिरिशिलाबद्धपद्मासनस्य
ब्रह्मध्यानाभ्यसनविधिना योगनिद्रां गतस्य ।
किं तैर्भाव्यं मम सुदिवसैर्यत्र ते निर्विशङ्काः
कण्डूयन्ते जरठहरिणाः स्वाङ्गमङ्गे मदीये ॥ ९९ ॥

गङ्गायास्तीरे हिमगिरेः शिलायां बद्धं पद्मासनम् । ऊरुमूले वामपादं पुनस्तु दक्षिणं पदं । वामोरौ स्थापयित्वा तु पद्मासनमिति स्मृतम् ॥ इत्युक्तलक्षणं येन तस्य । ब्रह्मणः ध्यानं । 'तत्रप्रत्ययैकतानता ध्यानम्' इति योगसूत्रलक्षितं ध्येयैकप्रत्ययस्य तैलधारावदविच्छिन्नवृत्तित्वम् । तस्य अभ्यसनं अभ्यासः पुनः पुनरनुष्ठानम् । 'अभ्यासो नाम चित्तभूमौ कस्यांचित्समानप्रत्ययावृत्तिश्चित्तस्य' इति आचार्योक्तिः । तस्य विधिना करणेन योगनिद्रां संप्रज्ञातसमाधिं गतस्य प्राप्तस्य मम तैः सुदिवसैः पुण्यदिवसैः भाव्यं किम् । एवंविधान् पुण्यदिवसानहं पश्यामि किमिति यावत् । यत्र दिवसेषु । जरठाः वृद्धा हरिणाः निर्विशङ्काः निर्भयाः सन्तः । कण्डूयन्ते । डित्थपाषाणमिव चेतनरहितं जडपदार्थं मां ज्ञात्वेति पूरणम् । एकन्तवासी 'यस्मान्नोद्विजते लोको

---

१ वायुः कृतो वेधसा. २ तुष्टाः. ३ ताम्. ४ सहसा. ५ येषु. ६ शृङ्गमङ्गे, संप्राप्स्यन्ते जरठहरिणाः शृङ्गकण्डूविनोदम्.

लोकान्नोद्विजते च यः ' इति सर्वसाम्यावस्थः बहिर्विषयविज्ञानरहितश्च कदा भविष्यामीति चिन्ता द्योतितास्मिन्पद्ये । मन्दाक्रान्ता ॥

अथात्यन्तवैराग्येण कर्मनिर्मूलनप्रकारमाह—

पाणिः पात्रं पवित्रं भ्रमणपरिगतं भैक्षमक्षय्यमन्नं
विस्तीर्णं वस्त्रमाशादशकमपमलं तल्पमस्वल्पमुर्वी ।
येषां निःसङ्गताङ्गीकरणपरिणतिः स्वात्मसंतोषिणस्ते
धन्याः संन्यस्तदैन्यव्यतिकरनिकराः कर्म निर्मूलयन्ति १००

पाणिः हस्तः । लक्षणया हस्तपुटकः । पात्रं भाण्डम् । भ्रमणेन परिगतं लब्धं भैक्षं भिक्षायाः समूहः । 'तस्य समूहः ' इति अण् । अक्षय्यं अशक्यक्षयं । क्षय्यजय्यौ शक्यार्थे इति यान्तादेशः । अन्नं भक्तादि । विस्तीर्णं विपुलमाशानां दिशां दशकं दशानां समूहः तदेव अपगतः मलः यस्मात् तदपमलं वस्त्रम् । उर्वी पृथ्वी अस्वल्पं महत्तल्पं शयनीयम् । एवं येषां निसंगतायाः अनासक्त्या अङ्गीकरणं स्वीकरणमेव परिणतिः । स्वात्मनि एव संतोषो विद्यत एषां ते स्वात्मसंतोषिणः । संन्यस्ताः त्यक्ताः दैन्यप्रयुक्ता ये व्यतिकराः व्यसनानि व्यतिषङ्गा वा तेषां निकराः यैः । 'अथ व्यतिकराः पुंसि व्यसनव्यतिषङ्गयोः' इति मेदिनी । स्रग्धरा ॥

अथ पञ्च भूतानि संबोध्याह—

मातर्मेदिनि तात मारुत सखे तेजः सुबन्धो जल-
भ्रातर्व्योम निबद्ध एष भवतामन्त्यः प्रणामाञ्जलिः ।
युष्मत्संगवशोपजातसुकृतोद्रेकस्फुरन्निर्मल-
ज्ञानापास्तसमस्तमोहमहिमा लीये परे ब्रह्मणि ॥ १०१ ॥

हे मातः मेदिनि स्थूलशरीरस्य पृथ्वीद्रव्यत्वात् । तात पितः मारुत । वायोः पोषकत्वात्सुखदत्वाद्वा । सुबन्धो उत्तमबन्धो । व्योम आकाशम् । अन्त्यः चरमः । पुनर्भवायोगात् । प्रणामस्य अञ्जलिः । युष्माकं संगः तद्वशेन उपजातं यत्सुकृतं तस्य उद्रेकेणातिशयेन स्फुरत् निर्मलं शुद्धं च ज्ञानं तेन अपास्तः अपगतः समस्तः मोहस्य महिमा यस्य तथाभूतः अहं परे ब्रह्मणि सच्चिदानन्दस्वरूपे लीये लीनो भवामि । कृतसर्वसङ्गपरित्यागश्चिदानन्दस्वरूपो जीवन्मुक्तः सन्नहं वर्तेयेत्याशयः । शार्दूलवि० ॥

इति श्रीभर्तृहरिविरचितं वैराग्यशतकं समाप्तम् ।

---

१ एब. २ एष., अग्रे. ३ तस्फार. ४ ज्वाला. ५ महायोगीश्वरभर्तृ०.

संकीर्णश्लोकाः ।

येनैवाम्बरखण्डेन संवीतो निशि चन्द्रमाः ।
तेनैव च दिवा भानुरहो दौर्गत्यमेतयोः ॥ १ ॥

येनैव अंबरखंडेन वस्त्रैकदेशेन । पक्षे नभोभागेन । संवीतः आच्छादितः । तेनैव दिवसे भानुः सूर्यो वेष्टितः । पक्षे संचारतः । अहो इत्याश्चर्ये । एतयोस्तेजस्विनोर्दौर्गत्यं दुर्गतस्य भावः दैन्यं । समर्थयोरपि दैन्यं अस्मिन्हतसंसारे दृश्यते चेत् का कथा अस्मादृशानां मर्त्यानामसमर्थानां चेति भावः ॥

विवेकव्याकोशे विकसति शमे शाम्यति तृषा-
परिष्वङ्गे तुङ्गे प्रसरतितरां सा परिणतिः ।
जराजीर्णैश्वर्यग्रसनगहनाक्षेपकृपणः
कृपापात्रं यस्यां भवति मरुतामप्यधिपतिः ॥ २ ॥

विवेकस्य व्याकोशः उन्मीलनं यस्मिंस्तस्मिन् । शमो नाम श्रवणादिव्यतिरिक्तविषयेभ्यो मनसो निग्रहः । इत्युक्तलक्षणे शमे । व्यधिकरणोऽयं बहुव्रीहिः । यद्वा विवेकेन व्याकोशः स्फुटः । विकसति सति । तुङ्गे उच्छ्रिते । अतिदृढे इति यावत् । तृषायाः परिष्वङ्गे आश्लेषे शाम्यति सति सा परिणतिः सुखातिशयरूपा प्रसरतितरामतिशयेन विस्तृता भवति । जरया जीर्णं यदैश्वर्यं तस्य ग्रसनेनोपभोगेन कृतो गहनो य आक्षेपः चित्तव्याकुलता निन्दा वा तेन कृपणो दीनः मरुतां पतिरिन्द्रोऽपि यस्यां परिणतौ कृपापात्रमनुकम्पास्पदं भवति । तृषापात्रमिति पाठे एतस्मिन्सुखे सतृष्णो भवति । सान्तस्य स्वर्गसुखस्य तुच्छत्वादिति भावः । इतः श्लोकपञ्चकस्य वृत्तं शिखरिणी ॥

पुरा विद्वत्तासीदुपशमवतां क्लेशहतये
गता कालेनासौ विषयसुखसिद्धयै विषयिणाम् ।
इदानीं तु प्रेक्ष्य क्षितितलभुजः शास्त्रविमुखा-
नहो कष्टं सापि प्रतिदिनमधोधः प्रविशति ॥ ३ ॥

पुरा प्राचीनकाले विद्वत्ता उपशमवतां शांतिपराणां क्लेशहतये दुःखक्षयार्थमासीत् । कालेन दीर्घकालेनासौ विषयिपुरुषाणां विषयसुखसिद्धयै वैषयिकसुखप्राप्त्यर्थं गता । इदानीं तु क्षितितलभुजः भूभुजः शास्त्रविमुखान् शास्त्रपरा-

---

१ पश्य. २ शनैः. ३ महदा. ४ तृषां. ५ दमलिनधिया. ६ लव.

ङ्मुखान्प्रेक्ष्य सापि विद्रुत्ता प्रतिदिनमधोधो गच्छति । एवं समुचिताश्रयाभावादधिकाधिकं नीचावस्थापन्ना भवतीत्यहो कष्टम् ॥

अतिक्रान्तः कालो लटभललनाभोगसुभगो
भ्रमन्तः श्रान्ताः स्मः सुचिरमिह संसारसरणौ ।
इदानीं स्वःसिन्धोस्तटभुवि समाक्रन्दनगिरः
सुतारैः फुत्कारैः शिव शिव शिवेति प्रतनुमः ॥ ४ ॥

लटभा मनोज्ञा या ललनाः स्त्रियस्तासां भोगेन उपभोगेन सुभगो रमणीयः । इहास्यां । अथवा अस्मिन्मर्त्यलोके । संसार एव सरणिर्मार्गस्तस्यां सुचिरं दीर्घकालं भ्रमन्तः श्रान्ताः श्रमपूर्णाः स्मः । इदानीं स्वःसिन्धोः स्वर्धुन्या गंगायाः तटसंबन्धिनी या भूस्तस्यां सुतारैः दीर्घैः फूत्कारैः फूत् इति शब्दैः । खेददर्शकोऽयं ध्वनिः । सह शिव शिव शिव इति समाक्रन्दनस्य गिरः प्रतनुमः उदाहरामः ॥

महादेवो देवः सरिदपि च सैवामरसरि-
द्गुहा एवागारं वसनमपि ता एव हरितः ।
सुहृद्वा कालोयं व्रतमिदमदैन्यव्रतमिति
कियद्वा वक्ष्यामो वटविटप एवास्तु दयिता ॥ ५ ॥

महादेव एव देवः । अमरसरित् देवनदी एव सरित् । अगारं गृहम् । हरितो दिशः । वसनमाच्छादनम् । कालो मृत्युः । न विद्यते दैन्यरूपं याच्ञारूपं व्रतं यस्मिन् तददैन्यव्रतमेव व्रतम् । वटविटपो न्यग्रोधवृक्ष एव दयिता स्त्रीस्थाने इत्यर्थः ॥

अहो धन्याः केचित्त्रुटितभवबन्धव्यतिकरा
वनान्तेऽचिन्वन्तो विषमविषयाशीविषगतिम् ।
शरच्चन्द्रज्योत्स्नाधवलगगनाभोगसुभगां
नयन्ते ये रात्रिं सुकृतचयचिन्तैकशरणाः ॥ ६ ॥

अहो आश्चर्ये । त्रुटितः छिन्नो भव एव बन्धः तस्य व्यतिकरः संबन्धो येषां ते । वनान्ते वनमध्ये विषमाः कठिणा ये विषया इन्द्रियार्थाः ते एव आशीविषाः सर्पाः । आश्यां विषमस्यास्तीति आशीविषः । तेषां गतिं मार्गमचिन्वन्तः अमृगयमाणाः । विषमेति गतिविशेषणं वा । शरदि यः चन्द्रः तस्य जोत्स्ना चन्द्रिका तया धवलो यो गगनस्य आभोगः परिपूर्णता । विस्तीर्ण-

१ ललित. २ सुखदा. ३ सखे. ४ चित्तान्तीविषमाविषयाशीविषगताः. ५ चित्तैक.

प्रदेश इति यावत् । तेन सुभगा ताम् । सुकृतस्य चयः वृद्धिः तद्विषया या चिन्ता सैव एकं शरणं आश्रयो येषां ते । अन्यत्सर्वे विहाय केवलं पुण्योपचयाचिन्तापरा भूत्वा रात्रिं यापयन्ति ते धन्या इत्यर्थः ।

यूयं वयं वयं यूयमित्यासीन्मतिरावयोः ।
किं जातमधुना येने यूयं यूयं वयं वयम् ॥ ७ ॥

पुरा आवयोरुभयोर्मध्ये यूयं वयं इति भेदो नासीत् । तुल्यावस्थत्वात् । इदानीं तव संपन्नावस्थायाम् । किं कारणं जातं येन हे मित्र तव मम च मध्ये यूयं यूयमेव वयं वयमेव इति भेदो जातः ॥

जीर्णा कन्था ततः किं सितममलपटं पट्टवस्त्रं ततः कि-
मेका भार्या ततः किं हयकरिसुगणैरावृतो वा ततः किम् ॥
भक्तं भुक्तं ततः किं कदशनमथवा वासरान्ते ततः किं
व्यक्तं ज्योतिर्न वान्तर्मथितभवभयं वैभवं वा ततः किम् ॥ ८ ॥

सितं शुभ्रम् । अमलं निर्मलम् । पट्टवस्त्रं दुकूलादि महावस्त्रम् । हयगजानां सुगणैः बहुसमूहैः आवृतः परिवेष्टितः । भक्तं स्वाद्वोदनम् । दिनान्ते अतिकाले इत्यर्थः । कदशनं कुत्सितमशनम् । 'कोः कत्तत्पुरुषेऽचि' इति कत् । अथवा व्यक्तं स्फुटं ज्योतिः ब्रह्मरूपं न ततः किम् । वा अथवा अन्तर्मथितं नाशितं भवस्य भयं यस्मिन् तत् वैभवं विद्यते ततः किम् । अनेन निष्कामतातिशयो ध्वन्यते । स्रग्धरा ॥

यदासीदज्ञानं स्मरतिमिरसंस्कारजनितं
तदा दृष्टं नारीमयमिदमशेषं जगदपि ।
इदानीमस्माकं पटुतरविवेकाञ्जनजुषां
समीभूता दृष्टिस्त्रिभुवनमपि ब्रह्म मनुते ॥ ९ ॥

स्मरः मदन एव तिमिरमान्ध्यहेतुः तत्संस्काराज्जनितमज्ञानं ज्ञानप्रतियोगि यदा यस्मिन्काले आसीत् तदा इदमशेषमपि जगत् नारीमयं स्त्रीप्रचुरं दृष्टम् । अस्माभिरित्यध्याहारः । इदानीमित्यनेन विवेकावस्था द्योतिता । अतिशयेन पटुः कुशलः पटुतरः यो विवेकः स एव अञ्जनं तज्जुषामस्माकं समीभूता सर्वसाम्यावस्थापन्ना दृष्टिः त्रिभुवनमपि । न तु केवलमेकं जगत् । ब्रह्म मनुते । ब्रह्मातिरिक्तं तद्व्यतिरिक्तं वा किंचिन्नास्तीति पश्याम इति भावः । शिखरिणी ॥

---

१ मित्र. २ वरं. ३ सूत्रं. ४ बहुगुणगुणिता कांटिरेका. ५ व्यक्तज्यो०. ६ इति. ७ तनुते.

ज्ञानं सतां मानमदादिनाशनं
केषांचिदेतन्मदमानकारणम् ।
स्थानं विविक्तं यमिनां विमुक्तये
कामातुराणामतिकामकारणम् ॥ १० ॥

मानश्च मदश्च मानमदौ तौ आदी तेषां येषां नाशनं नाशकर्तृ । केषांचित् क्षुद्राणां । एतदेव ज्ञानं मदमानकारणं मदमानयोः जनयितृ । विविक्तं निर्जनं स्थानं यमिनां जितेन्द्रियाणां विमुक्तये मुक्त्यर्थम् । तदेव स्थानं कामातुराणां कामिनां अतिकामस्य पुष्कलकामस्य कारणं हेतुः । वंशस्थं वृत्तम् ॥

शय्या शैलशिला गृहं गिरिगुहा वस्त्रं तरूणां त्वचः
सारङ्गाः सुहृदो ननु क्षितिरुहां वृत्तिः फलैः कोमलैः ।
येषां नैर्झरमम्बुपानमुचितं रत्यै च विद्याङ्गना
मन्ये ते परमेश्वराः शिरसि यैर्बद्धो न सेवाञ्जलिः ॥ ११ ॥

शैलशिला शैलसंबन्धिनी शिला एव शय्या । गिरेर्गुहा गृहं । सारङ्गा हरिणाः पक्षिणो वा । क्षितिरुहां वृक्षाणां । वृत्तिः उपजीविका । रत्यै क्रीडार्थं विद्याङ्गना विद्यारूपा स्त्री । एवंविधपरिवारयुतैः यैः सेवार्थः अञ्जलिः सेवाञ्जलिः शिरसि मस्तके न बद्धः ते परमेश्वराः इति अहं मन्ये । धन्यास्ते सुकृतिनश्च यैः क्षुद्रोदरपूरणार्थमभीष्टतमं स्वातन्त्र्यं नापहारितमित्यर्थः । शार्दूलविक्रीडितम् ॥

सत्यामेव त्रिलोकीसरिति हरशिरश्चुम्बिनीविच्छटायां
सद्वृत्तिं कल्पयन्त्यां तटविटपिभवैर्वल्कलैः सत्फलैश्च ।
कोयं विद्वान्विपत्तिज्वरजनितरुजातीव दुःखासिकानां
वक्त्रं वीक्षेत दुःस्थे यदि हि न बिभृयात्स्वे कुटुम्बेनुकम्पाम् १२

हरस्य शिरः चुम्बतीति हरशिरश्चुम्बिनी एवंविधा नीवेः कटिवस्त्रस्य च्छटा यस्याः सा तया तस्यां त्रिलोकीसरिति गङ्गायाम् । तटे ये विटपिनः तरवः तद्भवैः वल्कलैः तत्फलैश्च सद्वृत्तिं योग्योपजीविकां कल्पयन्त्यां सत्याम् । विपत्तिरेव ज्वरः तेन जनिता या रुक् तयातीव अत्यन्तं दुःखमास्ते आसु इति दुःखासिकाः तासां वक्त्रं मुखं कोऽयं विद्वान् ज्ञाता वीक्षेत यदि हि दुःस्थे स्वे कुटुम्बे अनुकम्पां न बिभृयात् । न कोऽपि याच्ञादुःखदैन्यं सहेतेत्यर्थः । स्रग्धरा ॥

१ निर्झर. २ रत्येव. ३ वटावटप.

उद्यानेषु विचित्रभोजनविधिस्तीव्रातितीव्रं तपः
कौपीनावरणं सुवस्त्रममितं भिक्षाटनं मण्डनम् ।
आसन्नं मरणं च मङ्गलसमं यस्यां समुत्पद्यते
तां काशीं परिहृत्य हन्त विबुधैरन्यत्र किं स्थीयते ॥ ९३ ॥

यस्यां काश्याम् । तीव्रातितीव्रमत्यन्ततीव्रं तपः कृच्छ्रादि । अद्भुतभोजनप्रकारसदृशं भवति । कौपीनस्य गुह्यस्य आवरणमाच्छादनं सुवस्त्रम् । अमितं परिमितिरहितं भिक्षाटनं भिक्षार्थमटनं मण्डनं भूषणम् । यस्यां च आसन्नं निकटस्थितं मरणं मङ्गलसमं समुत्पद्यते । तां काशीं परिहृत्य परित्यज्य । हन्तेति खेदे । विबुधैः सुज्ञैः किमन्यत्र स्थीयते । अत्यन्तमाश्चर्यमिदमित्यर्थः । शार्दूल० ॥

नायं ते समयो रहस्यमधुना निद्राति नाथो यदि
स्थित्वा द्रक्ष्यसि[1] कुप्यति प्रभुरिति द्वारेषु येषां वचः ।
चेतस्तानपहाय याहि भवनं देवस्य विश्वेशितु-
र्निर्दौवारिकनिर्दयोक्त्यपरुषं निःसीमशर्मप्रदम् ॥ ९४ ॥

समयो दर्शनावसरः । रहस्यमेकान्तम् । यदि स्थित्वा द्रक्ष्यसि तर्हि प्रभुः कुप्यति इति येषां द्वारेषु वचः । हे चेतः तान् विहाय त्यक्त्वा विश्वस्य ईशितुः देवस्य । द्वारि नियुक्तः दौवारिकः । निर्दया उक्तयः निर्दयोक्तयः । निर्गता दौवारिकस्य निर्दयोक्तयः यस्मात्तत् निर्दौवारिकनिर्दयोक्तिः । अपरुषं निःसीमशर्मप्रदमत्यन्तसुखदं भवनं याहि । उन्मत्तपुरुषाणां परुषवचनश्रवणस्थानानि विहाय सर्वदातारं करुणाकरं परमेश्वरं शरणमन्विच्छेति भावः ॥ शार्दूल० ॥

अहौ वा हारे वा बलवति रिपौ वा सुहृदि वा
मणौ वा लोष्टे वा कुसुमशयने वा दृषदि वा ।
तृणे वा स्त्रैणे वा मम समदृशो यान्तु[2] दिवसाः
क्वचित्पुण्यारण्ये[3] शिव शिव शिवेति प्रलपतः ॥ ९५ ॥

अहौ सर्पे । हारे स्रजि । बलवति रिपौ समर्थशत्रौ । लोष्टे मृत्पिण्डे । कुसुमानां पुष्पाणां शयनं शय्या तस्मिन् । दृषदि पाषाणे । स्त्रीणां समूहः स्त्रैणं तस्मिन् । समा दृक् यस्य तस्य । क्वचित् कुत्रापि पुण्यारण्ये बदरिकाश्रमसदृशपुण्यप्रदेशे 'शिव शिव शिव' इति प्रलपतः उच्चैर्वदतः मम दिवसा यान्तु । यत्र कुत्रापि देशे यस्यां कस्यामपि वृत्तौ यस्य कस्यापि संगमे सततं शिवनामस्मरणं कुर्वतो ममायुर्यात्विति तात्पर्यम् । शिखरिणी ॥

---

१ द्रक्ष्यति. २ यान्ति. ३ पुण्य.

अकिंचनस्य दान्तस्य शान्तस्य समचेतसः ॥
सदा संतुष्टमनसः सर्वाः सुखमया दिशः ॥ १६ ॥

नास्ति किंचन यस्य तस्य । दान्तस्य उपरतबहिरिन्द्रियस्य । शान्तस्य निगृहीतान्तःकरणस्य । समं चेतः यस्य तस्य संतुष्टमनसः प्रमुदितान्तःकरणस्य पुरुषस्य । सुखमयाः सुखप्रचुराः । सर्वदुःखकारणे मनसि परितुष्टे सति सर्वत्र सुखप्राचुर्यमनुभूयत इत्यर्थः ।

अनावर्ती कालो व्रजति स वृथा तन्न गणितं
दशास्तास्ताः सोढा व्यसनशतसंपातविधुराः ।
कियद्वा वक्ष्यामः किमिव बत नात्मन्यपकृतं
त्वया यावत्तावत्पुनरपि तदेव व्यवसितम् ॥ १७ ॥

न आवर्तते इति तच्छीलः । वृथा व्यर्थं व्रजति गच्छतीति न गणितं मनसि कृतम् । तास्ताः परस्परविलक्षणाः दशा अवस्थाः । व्यसनानां शतं तस्य संपातः पतनं तेन विधुरा विकलाः । बतति खेदे । आत्मनि स्वस्मिन् । किमिव नापकृतं कोपकारो न कृतः । सर्वमपि अपकृतमित्यर्थः । व्यवसितं चेष्टितम् । यावदेतत्सर्वं कृतं तावत्पुनरपि तदेव कर्तुमारब्धम् । शिखरिणी ॥

उत्तिष्ठ क्षणमेकमुद्वह गुरुं दारिद्र्यभारं सखे
श्रान्तस्तावदहं चिरं मरणजं सेवे त्वदीयं सुखम् ।
इत्युक्तो धनवर्जितेन सहसा गत्वा श्मशाने शवो
दारिद्र्यान्मरणं वरं वरमिति ज्ञात्वैव तूष्णीं स्थितः ॥ १८ ॥

हे सखे शव । गुरुं दुर्वहम् । अहं श्रान्तः संसारभारवहनेन त्वदीयं मरणजं सुखं सेवे । तदेव मे अतीव रोचते । इति धनेन वर्जितः तेन दरिद्रेण गत्वा । सहसा संभ्रमेणोक्तः । दारिद्र्यान्मरणं वरं वरमिति ज्ञात्वा । वीप्सा आदरार्था । तूष्णीं मूकभावेन । 'दारिद्र्यदोषो गुणराशिनाशी' इति तु सुप्रसिद्धमेव । शार्दूल० ॥

एता हसन्ति च रुदन्ति च कार्यहेतो-
र्विश्वासयन्ति च परं न च विश्वसन्ति ।
तस्मान्नरेण कुलशीलसमन्वितेन
नार्यः श्मशानघटिका इव वर्जनीयाः ॥ १९ ॥

एताः स्त्रियः कार्यहेतोः स्वहेतुसिद्ध्यै हसन्ति आनन्दप्रदर्शनं कुर्वन्ति रुदन्ति

---

१ संताप. २ किमस्माभिर्यावत्. ३ इत्युक्तं धनवर्जितस्य वचनं श्रुत्वा. ४ विप्त. ५ पुरुषं. ६ वेश्याः.

-रोदनं कुर्वते च। परं पुरुषं च विश्वासयन्ति स्वस्मिन् विश्रम्भं कारयन्ति स्वतस्तु न कस्मिन्नपि विश्वसन्ति। तस्मान्नरेण कुलं च शीलं च ताभ्यां समन्वितेन नार्यः स्त्रियः स्मशाने या घटिका मृत्पात्रविशेषास्ता इव वर्जनीया दूरतः परिवर्जनीयाः। तासां अनर्थहेतुत्वात्। वसन्ततिलका॥

कार्कश्यं स्तनयोर्दृशोस्तरलतालीकं मुखे श्लाघ्यते
कौटिल्यं कचसंचये च वदने मान्द्यं त्रिके स्थूलता।
भीरुत्वं हृदये सदैव कथितं मायाप्रयोगः प्रिये
यासां दोषगणो गुणो मृगदृशां ताः स्युः पशूनां प्रियाः॥२०॥

स्तनयोः कर्कशस्य भावः कार्कश्यं काठिण्यं दोषः पक्षे निर्दयता। दृशोः नेत्रयोः तरलता चंचलता पक्षे अस्थिरता। मुखे अलीकं ललाटदेशः पक्षे अनृतभाषणं। श्लाघ्यते प्रशस्यते। कचसंचये केशपुञ्जे कुटिलस्य भावः कौटिल्यं वक्रता। वदने मान्द्यं गम्भीरता। त्रिके पृष्ठवंशाधारभागे। स्थूलता। मायाप्रयोगो वञ्चनाप्रचुरचेष्टा। यासां मृगनयनानां दोषाणां गणः समूहोऽपि गुणः ताः स्त्रियः पशूनां प्रियाः। न तु मनुष्याणां स्युरिति शेषः। अतः ये एवंविधासु स्त्रीषु गुणदृष्टिं कुर्वन्ति ते पशव इत्यर्थः। शार्दूल०॥

क्वचिद्वीणावादः क्वचिदपि च हाहेति रुदितं
क्वचिद्विद्वद्गोष्ठी क्वचिदपि सुरामत्तकलहः।
क्वचिद्रामा रम्याः क्वचिदपि गलत्कुष्ठवपुषो
न जाने संसारः किममृतमयः किं विषमयः॥ २१॥

वीणावादः वीणा वादनम्। विदुषां गोष्ठी शास्त्रप्रचुरा कथा। सुरया मत्तानां कलहः। गलत् प्रस्रवत् कुष्टं यत्र तादृक् वपुः येषां ते यासां ता वा तथा। संसारः अमृतमयः सुखप्रचुरः विषमयः दुःखप्रचुरो वा न जाने। प्राचुर्ये मयट्। परस्परविरुद्धावस्थावलोकनान्निश्चयाभाव इत्यर्थः। शिखरिणी॥

गात्रैर्गिरा च विकलश्चटुमीश्वराणां
कुर्वन्नयं प्रहसनस्य नटः कृतोसि।
तं त्वां पुनः पलितकर्णकभाजमेनं
नाट्येन केन नटयिष्यति दीर्घमायुः॥ २२॥

गात्रैः गिरा च विकलः। चटुं चाटुभाषितम्। प्रहसनस्य हास्यरसप्रधान-

१ प्रवचने. २ प्रयोगप्रिये. ३ किं नराणां. ४ वाद्यं.

नाटकविशेषस्य । पलितयुतौ कर्णौ तौ एव कर्णकौ भजतीति तं भाजं । नाट्येन अवस्थानुकृत्या । दीर्घं प्रविततम् । वसन्ततिलका ॥

चला लक्ष्मीश्चलाः प्राणाश्चलं जीवितयौवनम् ।
चलाचले च संसारे धर्म एको हि निश्चलः ॥ २३ ॥

चला चञ्चला लक्ष्मीः संपत् कांतिर्वा । जीवितं च यौवनं च जीवतयौवनम् । चलाचले चञ्चले । धर्म एव एको निश्चलो नित्यः ॥

जातः कूर्मः स एकः पृथुभुवनभरायार्पितं येन पृष्ठं
श्लाघ्यं जन्म ध्रुवस्य भ्रमति नियमितं यत्र तेजस्विचक्रम् ।
संजातव्यर्थपक्षाः परहितकरणे नोपरिष्टान्न चाधो
ब्रह्माण्डोदुम्बरान्तर्मशकवदपरे जन्तवो जातनष्टाः ॥ २४ ॥

येन कूर्मेण पृथु यद्भुवनं तस्य भराय भारधारणार्थं पृष्ठं स्वपृष्ठं अर्पितं दत्तम् । ध्रुवस्य जन्म श्लाघ्यं स्तुत्यं यत्र यस्मिन्ध्रुवे नियमित्तं तेजस्विचक्रं देदीप्यमानतारामण्डलं भ्रमति । नोपरिष्टान्न चाप्यधः न कथमपि परहितस्य परोपकारस्य करणे । संजाताश्च ते विगतोऽर्थो येषां ते व्यर्थाश्च पक्षा येषां ते । पक्षे संजाताश्च ते व्यर्थौ पक्षौ स्वार्थपरमार्थलक्षणौ येषां ते तथा च ब्रह्माण्डमेव उदुम्बरं तस्यान्तरे मध्ये ये मशकास्तद्वदपरे जन्तवः जातनष्टाः जाताः नष्टाश्च । 'जायस्व म्रियस्व इत्येतत्त्रितीयं स्थानं' इति । शार्दूलवि० ॥

ददतु ददतु गालीर्गालिमन्तो भवन्तो
वयमपि तदभावाद्गालिदानेसमर्थाः ।
जगति विदितमेतद्दीयते विद्यमानं
न हि शशकविषाणं कोपि कस्मै ददाति ॥ २५ ॥

गालिमन्तो गालयः सन्ति एषां ते भवन्तः । निन्दायां मतुप् । गालीः ददतु ददतु नाम । तदभावाद्गाल्यभावात् । वयमपि तासां दाने असमर्थाः । विद्यमानं वस्तु दीयते अन्यस्मै इत्येतज्जगति विदितं प्रसिद्धं हि । यस्मात् शशकविषाणं शशशृङ्गं न कोपि कस्मै ददाति । तस्यात्यन्ताभावात् । मालिनी ॥

न भिक्षा दुष्प्रापा पथि मम महारामचरिते
फलैः संपूर्णा भूर्विटपिमृगचर्मापि वसनम् ।
सुखैर्वा दुःखैर्वा सदृशपरिपाकः खलु तदा
त्रिनेत्रं कस्त्यक्त्वा धनलवमदान्धं प्रणमति ॥ २६ ॥

---

१ वनमथ स्थापितं येन पृष्ठे. २ कारणं नोकरिष्यन्नवार्थम्. ३ द्विपमृगमुच॰ ४ सुखे वा दुःखे वा.

महारामैः उद्यानैः स्वानन्देन वा रचिते पथि भिक्षा न मम दुष्प्रापा । यतो भूः भूमिः फलैः संपूर्णा । विटपिचर्म वृक्षत्वक् मृगचर्म कृष्णाजिनमपि वसनं वस्त्रम् । यदा । खलु निश्चये । सुखैः दुःखैर्वा सदृशपरिपाकः समपरिणामः तदा त्रिनेत्रं शंकरं त्यक्त्वा विहाय कः सुधीः धनलवेन मदः तेन अन्धस्तं जनं प्रणमति । न कोऽपीत्यर्थः । शिखरिणी ॥

नो खड्गप्रविदारिताः करटिनो नोद्वेजिता वैरिण-
स्तन्वङ्ग्या विपुले नितम्बफलके न क्रीडितं लीलया ।
नो जुष्टं गिरिराजनिर्झरझणज्झांकारकारं पयः
कालोयं परपिण्डलोलुपतया काकैरिव प्रेरितः ॥ २७ ॥

खड्गेन करटिनः अरिहस्तिनः न प्रविदारिताः । वैरिणः नोद्वेजिताः । न उद्वेगं प्रापिताः । लीलया तन्वङ्ग्याः सुकुमाराङ्ग्याः विपुले विस्तीर्णे नितम्बफलके कटिपुरोभाग एव फलकं तस्मिन् न क्रीडितम् । गिरीणां राजा तस्मात् यः निर्झरः झरः तस्य झणज्झांकारं करोतीति तत्पयः नो जुष्टं न सेवितम् । परपिण्डे लोलुपता तया । शार्दूलवि० ॥

प्रशान्तशास्त्रार्थविचारचापलं
निवृत्तनानारसकाव्यकौतुकम् ।
निरस्तनिःशेषविकल्पविस्तरं
प्रपत्तुमन्विच्छति शंकरं मनः ॥ २८ ॥

प्रशान्तं शास्त्रार्थस्य विचारे चापलं यस्य तत् । निवृत्तं नानारसा यस्मिन् तादृशे काव्ये कौतुकं यस्य तत् । निरस्तः निःशेषं यथा स्यात्तथा विकल्पानां विस्तरः यस्य तत् । मनः शंकरं प्रपत्तुं प्रकर्षेण प्राप्तुमन्विच्छति नितरां इच्छति । वंशस्थम् ॥

भव्यं भक्तं ततः किं कदशनमथवा वासरान्ते ततः किम्
कौपीनं वा ततः किं किमथ सितमहच्चाम्बरं वा ततः किम् ।
एका भार्या ततः किं शतगुणगुणिता कोटिरेका ततः किम्
त्वेको भ्रान्तस्ततः किं करितुरगशतैर्वेष्टितो वा ततः किम् ॥२९॥

---

१ निबद्ध. २ वयः. ३ अस्मात्परमिद पद्यं क्वचित् **पातालान्न विमोचितो बत बली नीतो न मृत्युः क्षयं नो मृष्टं शशिलाञ्छनं च मलिनं नोन्मूलिता व्याधयः। शेषस्यापि धरां विधृत्य न कृतो भारावतारः क्षणं चेतः सत्पुरुषाभिमानमनिपिमिथ्या वहन्खिद्यसे ॥** बली दैत्यविशेषः । मृत्युर्जन्ममरणमिति यावत् । क्षयं नातः ब्रह्मचिन्तनेनेति शेषः । मृष्टमपाकृतम् । ४ भुक्तं. ५ कदशित.

भव्यं सुंदरं भक्तं ओदनः । कदशनं कुत्सितमन्नम् । वासरान्ते दिनान्ते । सितं महच्चाम्बरं शुभ्रमहावस्त्रम् । शतगुणैर्गुणिता एका कोटिः अपरिमिता इति यावत् । करिणां तुरगाणां च शतैः वेष्टितः । सर्वस्य नश्वरस्वभावत्वान्न किंचिदीप परमार्थसाधकमिति तात्पर्यम् । स्रग्धरा ॥

भिक्षा कामदुघा धेनुः कन्था शीतनिवारिणी ।
अचला तु शिवे भक्तिर्विभवैः किं प्रयोजनम् ॥ ३ ॥

भिक्षा कामान् दोग्धाति तथा धेनुः । शीतनीवारिणी शीतनिवारणशीला कन्था । अचला दृढा भक्तिस्तु शंकरे । एवं स्याच्चेत् विभवैः किं प्रयोजनम् न किंचिदपीत्यर्थः ॥

भूः पर्यङ्को निजभुजलता कन्दुकं खं वितानं
दीपश्चन्द्रो विरतिवनितालब्धसङ्गप्रमोदः ।
दिक्कान्ताभिः पवनचमरैर्वीज्यमानः समन्ता-
द्भिक्षुः शेते नृप इव भुवि त्यक्तसर्वस्पृहोऽपि ॥ ३१ ॥

निजभुजलता कन्दुकं । ' गिरदी गालउशी ' इति प्राकृतं ख्यातम् । विरतिः वैराग्यमेव वनिता तस्याः लब्धः संगप्रमोदः येन । दिश एव का ताः ताभिः पवन एव चमराणि तैः । समन्तात् सर्वतः वीज्यमानः । त्यक्ताः सर्वाः स्पृहा आशा येन सः । भिक्षुः संन्यासी नृप इव भुवि शेते । मन्दाक्रान्ता ॥

यद्वक्त्रं मुहुरीक्षसे न धनिनां ब्रूषे न चाटुं मृषा
नैषां गर्वगिरः शृणोषि न पुनः प्रत्याशया धावसि ।
काले बालतृणानि खादसि सुखं निद्रासि निद्रागमे
तन्मे ब्रूहि कुरङ्ग कुत्र भवता किं नाम तप्तं तपः ॥ ३२ ॥

हे कुरङ्ग यद्धनिनां वक्त्रं मुहुः वारंवारं नेक्षसे न पश्यसि । मृषा चाटुं मिथ्या स्तुतिभाषणं च न ब्रूषे । एषां पूर्वोक्तानां गर्वप्रचुरा गिरः भाषणानि च न शृणोषि । पुनः परं प्रत्याशया उत्कटेच्छया तान्प्रति न धावसि । काले क्षुत्काले बालतृणानि खादसि निद्राप्राप्तौ च सुखं निद्रासि तत्तस्मान्मे मां ब्रूहि भवता कुत्र पुण्यस्थले किं नाम तपः तप्तम् । यतः त्वत्सदृशचरितं बुद्धिमति पुरुषेऽपि न दृश्यते अतः कस्य तपस एषा परिणतिः न ज्ञाने इति भावः । शार्दूलवि० ॥

---

१ दिक्कन्याभिः. २ अनुवेलम्. ४ अस्मात्परं- यां चिन्तयामि इति(नी. श. २) पद्यं.

समारम्भा भग्नाः कति न कतिवारांस्तव पशो
पिपासोस्तुच्छेऽस्मिन्द्रविणमृगतृष्णार्णवजले ।
तथापि प्रत्याशा विरमति न तेद्यापि शतधा
न दीर्णं यच्चेतो नियतमशनिग्रावघटितम् ॥ ३३ ॥

हे पुच्छविषाणरहित पशो अस्मिन् तुच्छं द्रावणमेव मृगतृष्णासमुद्रः तस्य जले पिपासोस्तव कतिवारान् कति क्रियन्तः समारम्भाः कर्मप्रारम्भाः न भग्नाः । अपि तु अनेकशः अनेकप्रारम्भा भग्ना इत्यर्थः । तथापि प्रत्याशा तव उत्कट-तृष्णा नाद्यापि विरमति शाम्यति । एवमपि यतः चेतः न शतधा दीर्णं अनेकशः विदीर्णमतः तन्नियतं निश्चयेन अशनिरेव ग्रावा तेन घटितं कृतम् ॥ अतो नमस्तुभ्यमेवंविधनिर्लज्जमनुष्याय । शिखरिणी ॥

संमोहयन्ति मदयन्ति विडम्बयन्ति ।
निर्भर्त्सयन्ति रमयन्ति विषादयन्ति ।
एताः प्रविश्य सदयं हृदयं नराणां
किं नाम वामनयना न समाचरन्ति ॥ ३४ ॥

संमोहयन्ति विवेकरहितं कुर्वन्ति मदयन्ति उन्मादयन्ति विडम्बयन्ति उप-हास्यतां नयन्ति । नितरां भर्त्सयन्ति । विषादयन्ति विषादं प्रापयन्ति । एवं एता वामनयनाः स्त्रियः नराणां पुरुषाणां सदयं हृदयं प्रविश्य किं नाम न समाचरन्ति सर्वमपि समाचरन्तीत्यर्थः । वसन्ततिलका ॥

सिंहो बली द्विरदशूकरमांसभोजी
संवत्सरेण रतिमेति किलैकवारम् ।
पारावतः खरशिलाकणमात्रभोजी
कामी भवत्यनुदिनं वद कोत्र हेतुः ॥ ३५ ॥

द्विरदः करी शूकरो वराहः तयोः मांसभोजनशीलो बली सिंहः किल संव-त्सरेण एकवारमेव रतिमेति । रतिसुखाभिलाषी भवतीत्यर्थः । कामी खराः कठिणाः ये शिलाकणाः तन्मात्रभोजी पारावतः कपोतोऽनुदिनं प्रत्यहं भवति । कोऽत्र हेतुः कारणं वद कथय । क्षुद्रत्वमहत्वे एव अत्र कारणमित्यर्थः । वसन्ततिलका ॥

स्थितिः पुण्येरण्ये सह परिचयो हन्त हरिणैः
फलैर्मेध्या वृत्तिः प्रतिनदि च तल्पानि दृषदः ।

इतीयं सामग्री भवति हरभक्तिं स्पृहयतां
वनं वा गेहं वा सदृशमुपशान्त्येकमनसाम् ॥ ३६ ॥

पुण्यं च तदरण्यं तस्मिन् स्थितिः वसातः । हन्तेति हर्षे । हरिणैः सह परिचयो मैत्री । फलैः मेध्या पवित्रा वृत्तिः जीविका । प्रतिनदि च दृषदः शिला एव तल्पानि शयनानि । इतीयं एवंविधा हरिभक्तिं स्पृहयतां कांक्षन्तां सामग्री साहित्यं भवति यतः उपशान्ताविवेकस्यां मनः येषां तेषां वनं वा गेहं वा सदृशं भवति । तेषां गृहे कश्चिदभिनिवेशो न वा वने तिरस्कारो वर्तते सर्वसाम्यावस्थापन्नत्वादित्यर्थः । शिखरिणी ॥

स्वादिष्ठं मधुनो घृताच्च रसवद्यत्प्रस्रवत्यक्षरं[2]
दैवी वागमृतात्मनो रसवतस्तेनैव तृप्ता वयम् ।
कुक्षौ यावदिमे भवन्ति धृतये भिक्षाहृताः सक्तव-
स्तावद्दास्यकृतार्जनैर्न हि धनैर्वृत्तिं समीहामहे ॥ ३७ ॥

दैवी वाक् श्रुतिमाता यत् अमृतात्मनः अमृतरूपात् रसवतश्च आत्मनः मधुनः स्वादिष्ठं घृताच्च रसवत् अक्षरं प्रस्रवति तेनैव वयं तृप्ताः । परं च यावत् धृतये शरीरधृत्यर्थमिमे भिक्षया आहृताः सक्तवः कुक्षौ भवन्ति तावत् दास्यकृतार्जनैर्धनैः न हि नैव वृत्तिं जीविकां समीहामह इच्छामः । शार्दूलवि० ॥

शृङ्गारशतकवर्तीनि पद्यान्यत्रोपलभ्यमानानि

कृशः काणः खञ्जः श्रवणरहितः पुच्छविकलो
व्रणी पूतिक्लिन्नः कृमिकुलशतैरावृततनुः ।
क्षुधाक्षामो जीर्णः पिठरककपालार्पितगलः
शुनीमन्वेति श्वा हतमपि च हन्त्येव मदनः ॥ ३८ ॥

कृशः अस्थिपञ्जरविशेषः । काण एकचक्षुः । खञ्जो विकलपादः । पुच्छरहितः । व्रणी सव्रणः । पूत्या क्लिन्नः । कृमिकुलशतैरावृता तनुर्यस्य । क्षुत्पीडितः । अत एव जीर्णः क्षीणशक्तिः । पिठरकस्य कपाले अर्पितः गलः येन । एवंभूतः श्वा शुनीमन्वेति विषयाभिलाषेणानुगच्छति । मदनः हतप्रायमपि हन्त्येव । अहो कष्टम् । शिखरिणी ॥

विरमत बुधा योषित्सङ्गात्सुखात्क्षणभङ्गुरा-
त्कुरुत करुणामैत्रीप्रज्ञावधूजनसंगमम् ।

---

१ शान्तक. २ या. ३ देवी. ४ दमी. ५ वसुभिः. ६ भोगान्. ७ पूय. ८ पिठरज, कणालेपित, ०लार्दित.

न खलु नरके हारोक्रान्तं घनस्तनमण्डलं
शरणमथवा श्रोणीबिम्बं रणन्मणिमेखलम् ॥ ३९ ॥

क्षणभङ्गुरात्क्षणावध्वंसिनः योषित्संगात् स्त्रीसमागमाद्यत्सुखं तस्मात् । विरमत तत्त्यजतेत्यर्थः । करुणा च मैत्री च प्रज्ञा च करुणामैत्रीप्रज्ञाः ता एव वधूजनः स्त्रीसमुदायः तस्य संगमं कुरुत । हारेण आक्रान्तं घनं निरंतरं 'घनं निरंतरं सान्द्रं' इत्यमरः । स्तनयोः मंडलम् । शरणं रक्षितृ । श्रोण्याः बिंबं मंडलम् । रणन्ती मणीनां मेखला रशना यत्र तत् । उपलक्षणेन सर्वविषयग्रहणेपि न क्षतिः । विषयाः पुरुषं नरके पातयन्ति करुणाप्रभृतयः सात्विकभावास्तु तं नरकादुद्धरन्तीति भावः । हरिणी वृत्तम् ॥

बाले लीलामुकुलितममी मन्थरा दृष्टिपाताः
किं क्षिप्यन्ते विरम विरम व्यर्थ एष श्रमस्ते ।
संप्रत्यन्ये वयमुपरत बाल्यमास्था वनान्ते
क्षीणो मोहस्तृणमिव जगज्जालमालोकयामः ॥ ४० ॥

हे बाले लीलया मुकुलितं कुड्मलितं यथा स्यात्तथा । मन्थराः शनैर्गामिनः कुटिलाश्च दृष्टेः पाताः कटाक्षाः किं केन हेतुना त्वया क्षिप्यन्ते अस्यन्ते । विश्राम्य । तव श्रमेणालम् । तत्र हेतुमाह संप्रतीति । इदानीं वयं अन्ये जाताः न पूर्ववत् ग्राम्यधर्मासक्ताः । अस्माकं बाल्य मौर्ख्यम् । उपरतं शान्तम् । गतमिति यावत् । आस्था प्रीतिर्वनान्ते वनमध्ये । अविद्याजन्यो मोहः क्षीणः नष्टः । इदं सर्व जगज्जालं तृणमिव तुच्छत्वेन पश्यामः । मन्दाक्रान्ता ॥

इयं बाला मां प्रत्यनवरतमिन्दीवरदल-
प्रभाचोरं चक्षुः क्षिपति किमभिप्रेतमनया ।
गतो मोहोस्माकं स्मरकुसुमबाणव्यतिकर-
ज्वरज्वाला शान्ता तदपि न वराकी विरमति ॥ ४१ ॥

इयं बाला कुमारी मां प्रति मामुद्दिश्य । अनवरतं अभीक्ष्णं प्रसक्तमिति यावत् । इन्दीवरदलस्य नीलकमलपत्रस्य प्रभा कान्तिः तां चोरयतीति चोरं चक्षुः क्षिपति । किं अनया बालया अभिप्रेतं इष्टम् । तथा च स्मरस्य कुसुमान्येव बाणाः तेषां व्यतिकरेण सम्बन्धेन यो ज्वरः दाहः तस्य ज्वाला शान्ता । तदप्येवमपि वराकी अनुकम्पार्हा न विरमति । कटाक्षविक्षेपान्न निवर्तते । शिखरिणी ॥

---

१ भारा. २ शबर.

रे ¹कन्दर्प करं कदर्थयसि किं कोदण्डटङ्कारितैः
रे रे कोकिल कोमलैः कलरवैः किं त्वं वृथा जल्पसि ।
मुग्धे स्निग्धविदग्धमुग्धमधुरैर्लोलैः कटाक्षैरलं
चेतश्चुम्बितचन्द्रचूडचरणध्यानामृतं वर्तते ॥ ४३ ॥

रे कन्दर्प पञ्चशर कोदण्डस्य धनुषः टङ्कारितैः टणत्कारैः किं वृथा निरर्थकं करं कदर्थयसि पीडयसि । रे रे कोकिल । आदरार्थो वीप्सा । त्वं कोमलैः कलरवैरव्यक्तमधुरैः शब्दैः वृथा निष्फलं किं जल्पसि । हे मुग्धे बाले स्निग्धाश्च विदग्धाश्च मुग्धा मधुराश्च तैः तथोक्तैः लोलैः चञ्चलैः कटाक्षैः अलं कृतं प्रयत्नेनेत्यर्थः । यतः अस्माकं चेतः चन्द्रः चूडायां यस्य स चन्द्रचूडः शिवः । चुम्बितं चन्द्रचूडस्य चरणयोः ध्यानमेवामृतं येन तत्तथाभूतं वर्तते । सर्वसङ्गरहिता वयमिदानीं जाता स्म इति भावः । शार्दूलवि० ॥

उन्मीलत्त्रिवलीतरंगवलया प्रोत्तुंगपीनस्तन-
द्वंद्वेनोद्यतचक्रवाकमिथुना वक्त्राम्बुजोद्भासिनी ।
कान्ताकारधरा नदीयमभितः क्रूराशया नेष्यते
संसारार्णवमज्जनं यदि ततो दूरेण संत्यज्यताम् ॥ ४२ ॥

उन्मीलन्ती या त्रिवली वलित्रयं सैव तरङ्गवलयं यस्याः सा तथा । प्रकर्षेण तुङ्गं पीनं च स्तनद्वन्द्वं तेन उद्यतं चक्रवाकमिथुनं यस्याः सा । वक्त्रमेवाम्बुजं तेन उद्भासिनी प्रकाशमाना । कान्ताया आकार आकृतिः तस्य धरा । अभितः सर्वतः क्रूरा आशयाः मकरादयः यस्याः । पक्षे क्रूरः निष्ठुर आशयो भावो यस्याः । सेयं नदी यदि संसारार्णवे मज्जनं नेष्यते ततः तर्हि दूरतः संत्यज्यताम् । अन्यथा संसारार्णवमज्जनमपरिहार्यमेवेति तात्पर्यम् । शार्दूल० ॥

इह हि मधुरगीतं नृत्यमेतद्रसोयं
स्फुरति परिमलोयं स्पर्श एषस्तनानाम् ।
इति हतपरमार्थैरिन्द्रियैर्भ्राम्यमाणः
स्वहितकरणधूर्तैः पञ्चभिर्वञ्चितोस्मि ॥ ४४ ॥

इहेत्यनेन पञ्चेन्द्रियाणां विषया उक्ताः । हतः परमार्थः यैः तैः इन्द्रियैः भ्राम्यमाणः स्वहितकरणे धूर्तानि कुशलानि तैः पञ्चभिः ज्ञानेन्द्रियैः वञ्चितोस्मि अतस्तेषां दमनमेव सर्वार्थसाधकेन कर्तव्यमिति तात्पर्यम् । मालिनी ॥

---

१ किं कन्द०. २ शरं. ३ कोमलं कलरवं. ४ वल्गसि. ५ मधुराक्षेपैः. ६ निलया.

TRANSLATION
OF
NÎTIS'ATAKA.

1. Salutation to that peaceful Majesty whose form is pure knowledge, infinite and unconditioned by space, time, &c., and the principal means of knowing which is self-perception.

2. She of whom I think ceaselessly is indifferent to me: she yearns after another man, and he is attached to a third person; while some other woman pines away for me: fie on that woman, on him, and on the God of Love, as well as on this woman and on me.

3. An ignorant man can be pleased easily; a wise man can be pursuaded the more easily; but, the God Brahmá himself will not be able to win over a man puffied up with a gain of knowledge.

4. One might forcibly take out a jewel from the midst of the jaws of a shark; one might cross even the sea, agitated on account of a succession of waves rising high; one might place on one's head even an infuriated serpent as if it were a flower, but one cannot please the heart of a perverse fool (or the perverse mind of a fool).

5. Sedulously pressing sand, one may get oil even from it; a person parched with thirst may drink water even in a mirage; roaming (here and there), a person may, perchance, find the horn of a hare; but no one will be able to propitiate a confirmed blockhead.

6. He who wishes to lead wicked men to the path of the good, with wise words that sprinkle nectar (as it were), tries to bind an elephant with a tender lotus-stalk,

or attempts to cut a diamond with the edge of a *S'irîsha* flower, or desires to impart sweetness to the salt (waters of) the ocean with one drop of honey.

7. The Creator has created a certain and effective disguise for ignorance which can be readily commanded, *viz.* silence, which, especially in an assembly of learned men, becomes to ignorant folks a befitting ornament.

8. When I knew a little, I was blinded by pride, as an elephant is by rut; and my mind was elated with the thought "I am an omniscient being". When (however), by keeping company with the wise, I learnt bit by bit, the fever of pride entirely disappeared at the thought that I was a fool.

9. When munching with unparalleled relish and delight a human bone, fleshless, stinking, covered with a swarm of worms, clammed with saliva and nauseating, a cur is not abashed to behold even Indra standing near: a mean wretch does not mind the worthlessness of his belongings.

10. The Ganges falls from heaven on the head of S'iva; from the head of the Lord of beings to the mountain Himâlaya; from the lofty, mountain to the plain (lit. the earth): and from thence into the ocean. Thus going down and down the Ganges here has been reduced to a low position: or there is no cause for wonder; in a hundred ways ruin overtakes those that have lost their discernment.

11. It is possible to counteract (the working of) fire with water, and the heat of the sun with an umbrella; to control a lordly elephant with a sharp goad, and an infuriated bull and an ass with a cudgel; to cure illness by taking medicine, and to countermine the (effect of) poison by the use of spells. Every thing has an antidote prescribed for it in the *S'âstras*, but for a fool there is none.

12. A person, unacquainted with poetics, music and the arts, is, in fact, a beast without the horns and the tail; and it is the highest piece of good luck for beasts that he lives without eating grass.

13. Those who do not possess learning, or practise penance or give gifts, or have knowledge, character, virtue or religious merit, roam in the mortal world as beasts in a human form, a mere burden to the earth.

14. Better would it be to wander in company with foresters through the inaccessible regions of mountains than to live in the company of fools even in the halls of the Lord of gods.

15. That renowned learned men whose speech is charming owing to the use of words refined by tho *S'âstras* and whose knowledge is worth being imparted to disciples live in poverty in the dominions of a king, bespeakes the stupidity (want of appreciation) of the king. Even without wealth learned men are kings. The jewels are not to blame but the wicked lapidaries by whom they are appraised much below their worth.

16. The secret treasure of knowledge is not destroyed even at the end of the world, does not fall into the hands of a thief, ever yeilds some (indescribable) happiness, and when given to those that solicit it, increases plentifully. Cast away your pride, ye king, towards those who have this treasure.. Who can rival them?

17. Do not despise wise men who have obtained the highest good; wealth, worthless as grass, stands not in their way; a lotus-fibre cannot present any obstacle to elephants whose temples have been darkened with a stream of fresh rut.

18. (If he is) highly incensed, the Creator can deprive the swan only of the luxury of residing in a bed of lotus-

plants; but he cannot rob the bird of his universal reputation for skill in separating milk from water.

19. Bracelets do not beautify a person, nor do necklaces resplendent like the moon, nor bathing, nor anointing (with rubbed sandal &c.), nor (wearing) flowers, nor bedecked hair. Speech alone beautifies a person when it is possessed in a refined form. (Other) ornaments wear away continuously; the ornament of speech is the (only) one which lasts for over.

20. Learning is verily the highest (mark of or, additional) beauty for man; it is a treasure concealed and well protected; it places within his reach enjoyment, honour and happiness; it is an object of reverence even to those who are worthy of reservence; while journeying in strange lands it is a friend; and it is the highest diety; learning is honoured by kings, but not wealth; one destitute of learning is a beast.

21. If men have forgiveness, why should they require an armour; no (other) enemies (are required to ruin) them if they are hot-tempered; if there are kins-people, where is the necessity of fire ? (*i. e.* they will do the destructive work of fire); if there is a friend, what use is there of medicines of sovereign virtue ? What need is there of serpents if wicked men (exist) ? Of what account is wealth if there is blameless learning ? What is the use of ornaments if (one has) (a proper sense of) shame ? If there is sweet poesy, of what good is kingdom ?

22. The stability of the world solely depends on those men who are expert in the following arts :—courtesy towords one's relations, kindness towards strangers, cunning towards the wicked, affection for virtuous men, policy towards princes, humility towards the learned, bravery in

dealing with one's enemies, patience with the elders, and shrewdness towards women.

23. Good company removes the dulness of intellect, infuses truth into speech, bestows great honour, removes sin, purifies the heart, and spreads fame in all directions; say what it does not secure for men.

24. Victorious are the blessed poets-in-chief, conversant with all sentiments, whose bodies in the form of fame enojoy immunity from old age and death.

25. A well-behaved son, a chaste and loving wife, a master ready to bestow favours, an affectionate friend, honest servants, the mind free from the least trouble, a lovely form, abiding prosperity, and a face effulgent with learning; all these can be obtained by a mortal if Hari, who gratifies desires and pleases the world is propitiated.

26. Refraining from destroying life, self-restraint as regards appropriating the wealth of others, truthful speech, charity at the right time and according to means, not talking about the young wives of others, impeding the stream of greed, humility towards elders, compassion for all creatures—this is the way to happiness common in all the scriptures, that never fails in its operation (or vitiates no other ordinance).

27. For fear of obstacles, nothing is begun at all by persons who are low-spirited; ordinary people begin and stop when thwarted by difficulties; but the best of (*i. e.* resolute) men, though repeatedly repelled by adverse circumstances, do not give up what they have (once) undertaken.

28. A course of conduct pleasing and upright (at once), not stooping to a sinful act even when life is in danger,

never to supplicate the wicked nor to beg of a friend who has very little wealth, living nobly in adversity, and following in the footsteps of the great,—by whom has this vow, as difficult (to perform) as walking on the edge of a sword, been taught to the good ?

29. Though grown weak on account of hunger (starvation), emaciated by old age, almost unnerved and reduced to a pitiable state, with all energy lost and life dying out of him, will the lion, foremost among those who are great in self-respect, ever eat withered grass when his desire is (habitually) fixed solely on making a morsel of the broken temples of a rutting elephant ?

30. On securing even a little bone, fleshless and dirty, with small remnants of fat and muscless (still left), a dog is satisfied although it does not satisfy his hunger. (But) a lion kills an elephant, despising a jackal that has even fallen into his clutches. Every one, though overtaken by difficulty, desires a fruit according to the state of his mind (or in born disposition).

31. A dog wags his tail, falls at the feet of his master (lit. feeder), and falling on the ground exhibits his mouth and maw; but the lordly elephant looks grave and eats after (when coaxed with) hundreds of flattering words.

32. In this revolving world who is not born and who is not dead (or, what dead person, indeed, is not born again)? He (alone is truly) born by whose birth the family is raised to eminence.

33, High-minded people have a two-fold course of action like a bunch of flowers, *viz.* to stand at the head (in the case of flowers—*on* the heads,) of all men, or to wither away in a forest.

34. There are even others—Bṛhaspati chief among them, five or six in number, that are honourable (enough); but Ràhu, delighting in (showing) his peculiar prowess (or, showing his prowess against a distinguished adversary), does not act inimically towards them. On the new and full moon days the demon-chief, whose head is the only remnant part of his body, mark, friend, eclipses only two, the luminous sun and the bright moon.

35. S'es'a supports the row of the worlds on his shelf-like hood; he is ever held on his back by the great Tortoise; even him, the ocean consigns with little concern to the abyss (of its water); oh! unbounded is the magnificence of the actions of the great!

36. Better would it have been (for Mainâka) to have his wings lopped off with the strokes of the thunderbolt hurled by the proud Indra, strokes which were unbearable on account of the flames of fire proceeding thickly from the thunderbolt; but alas, for the son of the snowy mountain a plunge into the waters of the ocean was not proper, when his father (Himâlaya) was beside himself with pain.

37. Since even the insentient sun-jewel emits burning heat when touched by the *Pâdas* (feet-the rays) of the sun, how can a man of mettle then brook an insult offered by others?

38. A lion, though young, attacks elephants whose rampart-like temples are soiled with rut; this is the nature of the valiant; age, indeed, is not the cause of valour.

39. Let caste go to the nether world, and let the aggregate of virtues sink lower still; let goodness of character fall from a precipice, and nobility be burnt down with fire; let the thunderbolt strike at once bravery which is no friend (to

us); wealth alone be ours, without which all these virtues are like (of as little worth as) a piece of straw.

40. There are the limbs, all the same; the action the same; the same unimpaired intellect; and speech also the same; and yet the same man, destitute of the warmth of wealth, becomes instantaneously a changed being; this is strange.

41. The man who possesses wealth is (considered) nobleborn; he is learned, well-informed, and an appreciator of merits; he alone is an orator and a handsome man; (in short) all qualifications cling to wealth.

42. On account of evil counsel is ruined a king; an anchorite by attachment to worldly pleasures; a son by indulgence; a Bráhmaṇa by not studying the Vedas; a family by a misbehaved son; character by association with the wicked; modesty by wine; husbandry by want of attention; affection by resorting to travel; friendship by want of courtesy; prosperity by bad management; and wealth by misdirected charity (or careless expenditure).

43. Charity, enjoyment, and destruction are the three courses by which wealth passes away. He who neither gives nor enjoys has the third course (left for his wealth).

44. A jewel polished on the grindstone, a victorious warrior wounded with weapons, an elephant emaciated on account of rutting, a river with its waters (lit. sandy bed) shrunken in winter, the moon with an only digit remaining, a young woman become languid through amorous sports, and persons whose wealth has been bestowed on supplicants—all these look graceful by their slenderness.

45. When poor, a man longs for a handful of rice; when afterwards he is full (of wealth) he regards the whole earth

as straw. Hence we must say that for want of fixity as regards the smallness or largeness of the objects of desire the position of the wealthy magnifies or lessens things (*i. e.* their value).

46. O king, if you wish to milk this cow-like earth, then first nourish (enrich) the nation as they do the calf? when the nation (the people) is being constantly enriched, the earth, like the desire-granting creeper, yields a variety of fruits.

47. Now truthful, now false; at one time harsh, at another speaking sweetly; now cruel and merciful afterwards; now parsimonious, but anon liberal; ever spending wealth and ever gaining large sums of money—thus the policy of kings, like a harlot, assumes a diversity of forms.

48. What is the use of these men becoming the king's servants (lit. resorting to the king) who do not possess the six qualities, *viz.* the power to command, fame, the protection of Brâhmaṇas, charity, the enjoyment of pleasures and the protection of friends.

49. Whatever amount of wealth, large or small, might have been allotted to (lit. written on the forehead of) a man, he certainly obtains even in the country called Maru; on the mountain Meru he will not be able to get more. Have patience then, and do not adopt a servile course of conduct towards the wealthy for nothing. See that a jar draws (lit. takes up) the same quantity of water from a well as well as from the sea.

50. O magnanimous cloud, who does not know that you alone are the supporter of the *Châtakas*? Why do you then wait for our plaintive appeal?

51. Oh friend *Châtaka*, listen (to me) with an attentive mind for a moment; there are many clouds in the sky, but

they are not all of them such (that a supplication should be addressed to them); some of them moisten the earth with showers, (whereas) others roar for nothing; do not utter a piteous cry before every one that you happen to see.

52. Cruelty, unprovoked opposition, lust of another's wealth and wife, and envy of good men and relations: these are natural with the wicked.

53. Though adorned with learning a wicked man should be avoided. Is not a serpent dangerous (although it is) bedecked with a jewel?

54. Dulness is attributed to a modest man; hypocrisy to one who has a liking for religious observances; roguery to one who leads a life of sanctity; cruelty to a warrior; want of discrimination to one devoted to meditation; meanness to one who speaks agreeably; arrogance to a spirited man; garrulity to an orator; and imbecility to a steady man. What virtue is there then that is not stigmatised by the wicked?

55. If avarice forms part of a man's character, why should he need other bad qualities; if there be wickedness, why want sins; if truthfulness, religious austerities; if there is purity of heart why should he go on a pilgrimage? If he has goodness of heart why should he want relatives? If he has reputation, ornaments are superfluous. If he possesses learning, what need he care for wealth (*v. l.* the people)? If he has a bad name why should he need death?

56. The moon, pale by day (*i. e.* day-light), a beautiful woman past youth, a lake without lotuses, the unlettered mouth of a man with a fair exterior, a king solely given to hoarding wealth, a virtuous man ever plunged in misery, and a wicked man having access to a king's court—these are the seven barbs in my heart.

57. No one is, indeed, a favourite of kings whose anger is extremely fierce; the fire burns even the sacrificer offering an oblation, when touched.

58. The duty of service is most difficult to be understood; it is beyond the ken of even sages: (for a servant is called), dump if he is silent! (if he is) ready with his answer, he is talkative or garrulous; if he stands near, he is impudent; and then if he keeps at a distance, he is timid; if he bears patiently, he is a coward; if he cannot brook (harsh words, insults, &c.) he is generally considered unmannerly.

59. Who can live happily when within the range of a wicked man who hates merit, who has by chance attained greatness, and has forgotten his former mode of obtaining a living by base deeds, and who free from all restraint, has whitewashed all other wicked people.

60. The friendship of wicked men and of good men differs like the shadow in the first and the second half of the day (respectively)—extensive at the beginning, but gradually contracting (in the first part, while in the latter) at first scant, but attaining growth afterwards.

61. The deer, the fish, and the virtuous, living on grass, water and contentment respectively (find) in this world unprovoked enemies (in): the hunter, the fisherman, and the wicked.

62. A bow to those men in whom reside the following sterling qualities:—desire for the company of the virtuous, satisfaction at the merits of others, humility towards elders, attachment to learning, love for one's own wife, fear of calumny, devotion to the Trident-holder (Śiva), strength to restrain the self, and freedom from the contact of wicked men.

63. Fortitude in adversity, forgiveness in prosperity, cleverness of speech in an assembly, valour in war, a liking (earnest desire) for fame, and untiring application to the study of the Vedas—all these are natural with the magnanimous.

64. Who taught this course of conduct, difficult like lying on the edge of a sword-blade, to the good, *viz.* charity well concealed, quick reception to him who comes to their house, silence after doing good, not announcing in public their kindness (to others), freedom from arrogance in prosperity, and speaking of others in terms free from disrespectfulness.

65. Laudable charity for the hand, submission at the feet of elders for the head, true words for the mouth, incomparable valour for victorious arms, a quiescent state for the heart, Vedic knowledge (acquired by the ears) for the ears; of high-souled person these are the ornaments even though they have no wealth.

66. In prosperity the mind of magnanimous men becomes tender like a lotus, while in adversity it becomes hard as a solid rock.

67. Not the least trace of water is to be found when it falls (lit. stands) upon heated iron; the same, lying on a lotus-leaf, shines assuming the form of pearls; it is transformed into a pearl when it falls into the cavity of the shells in the sea while (the sun is) in conjunction with the constellation *Svâti*. In general, the lowest, the mediocre, and the highest degree of excellence is imparted (to a thing) by association.

68. He is a son who pleases his father with good actions; that is a wife who desires the good alone of her husband; that is a friend who acts the same way in adversity as in happy times. The meritorious (alone) secure these three things in this world.

69. Rising by bending low (*i. e.* by their humility), evidencing their own merits by extolling those of others, gaining their ends by projecting extensive schemes for (the good of) others, and censuring calumniators, whose tongues (lit. mouths) are noisy with harsh syllables of accusation, with their patience alone—virtuous men of such extraordinary behaviour and highly esteemed in the world—who will not adore them?

70. Trees become bent (*i. e.* humble) with the harvest of fruits; with newly-formed waters the clouds hang very low; good men with (the acquisition of) wealth become meek; this is the nature of benevolent persons.

71. The ear is graced by Vedic knowledge alone, and not by an ear-ring; the hand by charity, not by a bracelet; the body of beneficent people by kindness towards others, and not by sandal-paint.

72. Wise people thus describe the characteristics of a true friend;—he (*i. e.* a good friend) dissuades (you) from sin, urges (you) to good action, keeps (your) secrets, publishes (your) merits, does not forsake you (when you are) in distress, and helps (you, lit. gives you) in time of need.

73. The sun causes the group of sun-lotuses to expand without a solicitation; the moon, though unasked, causes the moon-lotuses to bloom; and the cloud yields water without being solicited; good people direct their efforts towards the good of others of their own accord.

74. Those are the noblest persons who, giving up self-interest, bring about the good of others; those that undertake a business for the sake of others, not inconsistent with their own good, are men of the middle order; those that stand in the way of the good of others for their own benefit are demons in a human form; but we know not what to call them (lit. who they are) that oppose the good of others without any advantage to themselves.

75. Milk, at first, imparted all (its) qualities to its constituent water; on seeing the distress of milk (*i. e.* when it was heated) water sacrificed itself in the fire (*i. e.* became evaporated); seeing the distress of its friend (*i.e.* water), it (*viz.* milk) became very eager to throw itself into the fire (lit. to go to the fire, *i. e.* began to boil over); but it settled down when united with that water—such is the friendship of the good.

76. In one part sleeps Kes'ava; in another is the host of his foes; in a third the chain of mountains seeking shelter; in another part yet is Vádava (submarine) fire with all the world-destroying fires. Oh, how extensive, deep and enduring is the expanse of the sea!

77, Cut down (check) desire, have recourse to patience, give up pride, fix not (your) attachment on sinful deeds, speak the truth, follow the footsteps of the good, serve the learned, reverence those that deserve respect, conciliate (your) enemies, do not parade your good qualities, preserve fame and sympathise with those in ditress; this is the characteristic of the good.

78. Very few good men are there who, full of the nectar of holiness in thought, word and action and pleasing the three worlds with numerous acts of beneficence, rejoice (lit.

bloom) at heart in ever magnifying the minute good qualities of others.

79. What is to be done with the mountain of gold or the mountain of silver, the trees growing (lit. resting) upon which remain the same as they are; we honour the mountain Malaya alone, by resorting to which even the *Kañhöla*, the *Neem* and tne *Kutaja* become sandal trees.

80. With (the acquisition of) valuable jewels the gods were not satisfied; and at the dread poison they were not terrified; they did not suspend the labours until they obtain nectar. Resolute persons do not swerve from a policy once determined upon.

81. Sometimes lying on the ground and sometimes on a couch, sometimes subsisting on vegetables and sometimes tasting rice prepared from the *S'âli* variety, sometimes wearing a wallet and at others superfine garments, a high-souled man, pursuing (his cherished) object, does not care for ease or hardship.

82. Good-naturedness (kind behaviour) is the ornament of greatness; silence of valour, restraint over the sense of learning, humility of (Vedic) knowledge, spending in the right direction (or, bestowal on worthy recipient) of wealth, freedom from anger of austerities; forgiveness of a man in power, and freedom from hypocrisy of religious observances; while good character, which is the root of all these, is the highest ornament of all.

83. Let men versed in policy praise or blame; let the goddess of wealth enter (their house) or go away (from it) as she likes; let death come even to-day or in another age; persons of mental calibre do not swerve from the path of justice.

84. The virtue of courage of a heroic person cannot be obliterated though he be worried; though pointed downwards the flame of fire does not point to the ground.

85. That courageous man conquers the triple world whose mind the arrow-like side-glances of women do not hurt, the heat-of-fire-like anger does not burn and the numerous sensual objects do not draw (towards them) with their captivating snares.

86. A ball, though struck on the ground with a blow from the hand, does rebound upwards; generally the misfortunes of the virtuous are not everlasting (are temporary).

87. Better if this body falls from the lofty peak of a high mountain against some rugged surface and is shattered to pieces in the midst of rough rocks; better is the hand thrust into the fangs of a huge serpent of deadly bite; better failing into the fire; but not the wrecking of one's character.

88. The fire acts like water, the ocean becomes like a streamlet, Meru like a small stone, the lion like a deer, the serpent like a wreath of flowers and poisonous juice like a shower of nectar, to him in whose person becomes manifest good character which is prized most by all men.

89. A tree, though cut down, grows again; the moon, though waned, waxes again; thus reflecting good men are not troubled in this world, when plunged in misery.

90. Indra was worsted in battle by his enemies; though possessed of greatness and prowess–even he who had Bṛhaspati for his adviser, the thunderbolt for his weapon, the gods for his soldiers, and the heaven for his citadel; he verily enjoyed the favour of Hari (Vishṇu), and had Airâvata for his elephant; it is clear, then, that it is better to submit to fate; oh, fie ! valour is useless.

91. A mouse, gnawing a hole into a basket, at night, fell into the mouth of a serpent that, with its body pent up in a basket and its limbs weakened by starvation, had grown despondent. Filled with its meat the serpent quickly glided away through the same opening (lit. the same passage *viz.* the hole made by the mouse); see, my men, it is destiny alone that is the cause of the rise and fall of men.

92. The fruit which men get depends on action (done in a former life), and the inducement to action is in consonance with it (action done in a previous life); still a wise man should be doing a thing only after mature consideration.

93. A bald man, scorched on the head by the rays of the sun and wishing for a shady place, went to (rest under) a palm tree; even there, a big fruit falling (from the tree) broke his pate with a crash. Verily misfortunes do, indeed, go there where a luckless man goes.

94. When I see the sun and the moon oppressed by the planet (Râhu), the captivity of the elephant and the snake and the poverty of men of intellect, I come to think —Oh, destiny is all powerful!

95. In the first place, the Creator creates an excellent man, the ornament of earth and the mine of all good qualities; but if he makes him short-lived, then alas! woe to the indiscretion of Vidhi!

96. Though he is the repository of nectar; and the lord of herbs, though he is followed by S'atabhishak (the constellation of that name—a hundred physicians) and is the crest-ornament of S'iva's head, consumption does not leave the Moon: or by whom can the ordinance of cruel Fate be transgressed?

97. That, which is fixed as a man's portion in this world by all-powerful Destiny, will go to him; patronage of the

great (lit. great patronage) is not at all the cause (of the aquisition). Although the cloud, the gratifier of the desires of all beings, showers daily, only two or three minute drops of water fall into the mouth the *Châtaka*.

98. When on the branch of the *karira* tree there is not a single leaf, it is not the fault of the spring. If the owl cannot see by day what blame is due to the sun? Showers of rain do not fall into the mouth of the *châtaka*; but why blame the cloud for that? Who is able to wipe off what has once been written on the forehead by fate?

99. We shall bow to the gods, but then, even they are subject to the accursed fate; (in that case) fate ought to receive our homage; but even fate dispenses but the fruits consistent with each action. The fruit being dependent on action what (have we to do) with the gods and what with fate! Bow to those *Karmans* then, which even fate cannot control.

100. A bow to that *Karman* by whom Brahmá was confined in the interior of the pot-like primordial egg (there to evalve his creation) like a potter; by whom Vishṇu was hurled into the very troublesome intricacy of the ten incarnations; by whom S'iva has been compelled to wander for alms skull in hand; and in obedience to whom the sun ever roams in the sky.

101. A handsome form avails not; neither does descent nor character; not even learning, nor service assiduously rendered. Good luck, the result of (lit. stored by) past religious performances fructifies for man seasonably, as do trees.

102. Meritorious deeds done in a former life protect a man in a forest, on a battlefield, in the midst of foes, or water or fire, in the vast ocean, or on a mountain-top; whether he be asleep or careless or in a perilous condition.

103. O good man, to obtain your cherished desire, adore that goddess—Good conduct–that changes wicked men into good, fools into wise men, enemies into friends, the invisible into the visible and deadly poison into nectar, in an instant. Fix not your hopes on numerous other qualities with persistent application.

104. When good luck is favourable to one (lit. closely linked), a splendid mansion, sportive women and prosperity brilliant with the white umbrella—all these things are enjoyed for a long time; but when unfavourable (lit. when its thread is snapped) behold! all these vanish in all directions like a wreath of pearls, the thread of which is broken in the sport of amorous quarrels.

105. A wise man, bent on doing, a thing, good or bad, should first carefully consider its consequence. The issue of actions done in hot haste becomes, till death, like a dart, poignant to the art.

106 The luckless man that does not practise penance on coming into this Land of *Karman*, cooks (as it were) with sandal-wood, &c. for fuel, in a utensil made of the *Vaidurya gem*, the oil-cake of sesamum; or ploughs the earth with a golden ploughshare for the sake of the root of the *Arka* tree, or makes a hedge round a crop of *Kodravas* of camphor-trees having cut them down.

107. That which is not to take place, never takes place, nor is a thing fated to take place averted, in this world, owing to the force of destiny, though a man may dive into water, ascend to the top of the mountain Meru, conquer enemies in battle, learn trade, agriculture and all other arts and sciences, (or) pass like a bird with great effort through the infinite sky.

108. To a man possessing immense merit (laid by) in a former life, a dreary forest becomes a capital city, all men act in a friendly way towards him and the whole earth becomes full of precious deposits and gems.

MISCELLANEOUS.

1. Sloth is a dreadful enemy abiding in the body of man; there is not friend like industriousness by resorting to which a man is never ruined.

2. What is an advantage gained? The company of the virtuous. What is misery? The company of those that are not learned. What is loss? Wasting an opportunity. What is perfection? Being devoted to one's religious principles. Who is a brave man? One that has restrained his senses. What woman is most beloved? One that is devoted. What is wealth? Learning. What is happiness? Not going on a journey. What is kingdom? The power to command.

3. High-souled persons have, like the *Mâlati* flower, two fates (in store for them) either to be at the head of all men, or to fade away in a forest.

4. The earth is here and there adorned by persons who are poor in unpalatable speech, rich in pleasing words, content with connubial happiness and desisting from calumniating others.

5. As by the sun of profusely glittering splendpur, so by a warrior, though single-handed, the entire surface of the earth is covered (overpowered) with his *pa'das* (feet *i. e.* power; rays-in the of the sun).

6. Spirited men, devoted to the performance of the vow of truthfulness, sacrifice their lives willingly but not

their vow which is the source of modesty and numerous other good qualities, which keeps the heart exceedingly pure and is binding like a mother of exceedingly pure heart and attached to one.

7. Like unto the face reflected in a mirror the heart of woman cannot be caught (comprehended); their feeling, intricate like the faint mountain-track, cannot be gauged; their heart has been described by the wise as fickle like water on a lotus-leaf; a woman growing with faults is, evidently, like a creeper growing with its poisonous shoots.

8. Leave aside the question whether a man, wounded while facing the enemy attain victory or heaven; the applause of both the armies is, indeed, intensely gratifying to the ear.

9. In all this collection of exceedingly wonderful things, whether of this nature, or of such extent, either Varáha or Ráhu, pre-eminently stand out as an object of wonder: (the former) in that he alone bore up the earth when it was sunk in water; the latter, the head-remnant, in that he swallows his enemy (the sun), and afterwards throws him out.

10. The earth is bounded by the ocean; that store of waters is a hundred *yojanas* in extent; the sun, ever travelling measures the expanse of the sky;—thus in most cases, things are confined within well-defined bounds; but victorious is the intellectual brilliancy of the good (wise) that is unlimited!

11. (Let me have) one god—Kesava or S'iva; one friend, the king or an ascetic; one abode—in the city or in a wilderness; and one (thing more) a charming wife, or a cave.

12. This earth, though supported dy the Tortoise, the (seven) principal mountains, the (eight) principal elephants and by the serpent king, shakes nevertheless. The under-

taking of pure-minded persons (alone) shakes not (remains firm) even at the time of the final dissollution (of the world).

13. Does not the Tortoise feel pain in his body on account of his burden, that he does not throw off the earth, or does not the lord of the day feel fatigue, in that he never remains motionless? (Yes they do). But a worthy man, when going to give up his undertaking, feels shame inwardly; for carrying to their completion things (once) undertaken is the hereditary vow of the good.

14. Who, in the world, does not become submissive when his mouth is filled with a morsel?–a *Mṛdaṅga* gives out a sweet sound when its face is coated (with dough).

15, Thousands of mean fellows there are, who are busy only in maintaining themselves. He alone stands at the head of the good, who considers the interest of others as his own. The Vâḍava fire drinks the sea to fill its insatiable maw; but the cloud to alleviate the heat caused by the summer to the world.

16. Verily a statesman, who brings in new wealth from afar, avoiding dispute (or, war, lit. the sound of bows) altogether, becomes engrossed in pleasing the assembly of the wise and takes his steps slowly and solwly agreeably to the heart (wishes) of the subjects, is never free from the burden of anxiety, like a poet who brings outcharming (lit. fresh) meaning (from words which are) far apart (in sense), leaves at a distance unsuitable words again, becomes deeply engaged in pleasing the assembly of the wise, and arranges words with care agreeably so popular taste.

17. Good men should be waited upon, though they may not give good advice (in a special way). For what come from them as random discourses serve as rules for guidance.

18. Though falling, a noble man generally falls like a ball (*i. e.* to rise again); but a mean fellow falls like a lump of clay (never to rise again).

19. If ever by chance the world became destitute of lotuses, would the swan then, like a cock, scratch a dunghill?

20. That elephants whose temples are split open by (the line of) rut stand lazy through drowsiness, at the door, as also steeds decked with gold ornaments neigh proudly, and that one is awakened from sleep by the sound of lutes, clarionets, drums, conches, and tabors:—all that, like (the accompaniments) of the lord of heaven, is the manifestation of the power of religious merit.

21. Redness in lotuses, beneficence in good men, and ruthlessness in the wicked—these three are by nature established respectively in the three.

22. True speech is the highest ornament for man; modesty for a woman and slenderness of the middle; (with the reading गजा°–for a woman with the stately gait of an elephant slenderness &c.); and for the twice born, learning and in addition patience. Good character is an ornament fof all men.

23. Beloved one, wicked fate, having, like a skilful potter, per force rolled our mind into a ball of clay, as it were, whirls it round and round by placing it on the wheel of anxiety which revolves being driven by a series or strokes from the rod in the form of adversity; we know not what fate will do!

24. If you desire to see the courage of magnanimous persons give way in times of difficulty, desist from this wicked pursuit, all trouble in which must be fruitless—

O you block-head these are not the *Kula*-mountains nor the oceans either which transgress their usual bounds at the time of the universal destruction—but insignificant on that account.

25. The goddess of victory likes the chest of warriors lacerated with the nail-like-long sword, just as an accomplished and grown up handsome woman longs for the chest of brave men scratched by her nails long and piercing like a sword.

TRANSLATION
OF
VAIRA'GYAS'ATAKA.

1. Hara, the powerful lamp of knowledge, shines bright in the house of the heart of ascetics; the lamp, which is resplendent with the flickering flame of light from the beautiful digit of the moon, worn as crest-ornament, which burnt, with ease, the moth in the shope of the bustling Káma (the god of love), which sheds its quivering light at the top of the wick of supreme happiness and which completely destroys the mass of darkness of of unbounded infatuation existing (*i. e*, in the heart).

2. Learned men (who can appreciate good speech) are overpowered by jealousy; rich men are blinded by arrogance; and by ignorance are smitten the rest of the people. (Hence) good speech is absorbed in the body (finds no vent for want of encouragement).

3: I dug up the earth expecting to find a treasure; smelted the ores found in mountains; crossed the lord of rivers (the ocean), assiduously propitiated king; passed several nights in the cemetery solely intent upon securing the efficacy of incantations; (but after all) I have not obtained even a broken cowrie. Leave me now, thou, Greed.

4. I wandered over the country rugged with numerous impassable tracts but did not gain any thing; giving up the proper pride for race and lineage I served (but) to no purpose; banishing all sense of self-respect, I dined in strange houses, fearing like a crow (of being driven away at any moment); but thou waxest still, oh Greed—delighting in wicked deeds—and art not satisfied.

5. Intent upon propitiating them, I endured with great difficulty the taunting words of wicked men; checking in my tears I even laughed with a vacant mind; I steadied my heart, and even bowed to the wicked. Disappointed Greed, in what other way wilt thou make me dance?

6. For the sake of this life (lit. these vital airs) that is compared to water on a lotus leaf, what, indeed, have we, destitute of discernment, not done?—since in the presence of the rich whose minds are blinded by the pride of wealth, we, shameless that we are, have committed the sin of even mentioning (singing the praises of) our own virtues.

7. We forbore but not through forgiveness; we relinquished domestic happiness—but not willingly; we endured the pain caused by inclement cold, wind and sun—but did not (thereby) practise auterities; day and night did we think of wealth—but not, with restrained vital airs, of the feet of S'iva. We did the various actions which ascetics perform; but as to the several fruits (obtained by them) we have been deceived.

8. We have not enjoyed pleasures, but we have been preyed upon (by the destructive influence of time); we have not undergone austerities, but we have been harassed (by worldly cares); time has not lapsed, but the lease of our life; our greed has not decayed but we have.

9. Wrinkles have made an inroad on the face; the head is marked (with gray hair) all the limbs become feeble; greed alone keeps its vigour-fresh.

.0. The desire for enjoyments is dead: the pride of youth is quiet: humbled co-eval friends, valued as life itself, have sped quick to heaven; (I have) to stand up slowly supported on a staff; and the eyes are obstructed by powerful blindness: oh the impudence of the body! It is still afraid of being overtaken by death.

11, Desire is, indeed, a river, with the objects of desire for its water, agitated by waves in the form of hankerings, having for sharks the passions, and for birds the misgivings (of the heart), destroying the tree of fortitude, difficult to cross on account of eddies in the form of infatuation, very deep and having anxiety for its steep (lit. high) banks; the great ascetics of pure heart, who have crossed it (the river), enjoy felicity.

12. I no not expect the course of life in this world to turn out happy; the result of meritorious deeds inspires me with fear as I contemplate it; for, enjoyments, long experienced in return for accumulated stores of merit, assume mighty proportions to make the enjoyer miserable, as it were.

13. Even after remaining with one for a long time pleasures must needs vanish. What more is there in pleasures tearing themselves off from one, that one does not of one's own accord relinquish them? When vanishing of their own accord, they end in keen anguish for the mind; but when relinquished by one of one's own will, they produce infinite happiness proceeding from tranquillity.

14. Those, who, by the knowledge of Brahman, have acquired discrimination and possess a refined intellect, do what is hard to:do, in that:they renounce riches even such as contribute to pleasures, being absolutely unselfish: (these) were neither obtained before, nor are they now; nor is there any certainty (lit. firm belief,) as to their attainment; and still we are not able to renounce them, although their possession (lit. desire) is only a matter of imagination.

15. Of the blessed persons who dwell in the caves of mountains and contemplate the Supreme Light, birds drink the tears of delight, fearlessly resting on their laps: our life on the other hand, is being wasted, (as) we enjoy the

delight of sports in the pleasure gardens adjoining the walls of mansions reared up by our imagination.

16. Alas! the mind does not give up (its longing) for carnal pleasures even when one has to eat food obtained by begging, and that too unsubstantial and once (only in a day); when one has the earth for a couch, and only one's self for an attendant, and when one's raiment is a wallet of a hundred threadbare rags (stitched together).

17. The breasts which are fleshy protuberances are compared to golden jars; the mouth which is the receptacle of phlegm is likened to the moon; the hips * * * (are described as) rivalling the head of an elephant-king. Mark how the despicable form (of a woman) has been heightened (cried up) by a certain class of poets.

18. Among passionate persons stands conspicuous S'iva alone, who took for himself half the body of his beloved, (and yet) to whom there is none superior among passion-renouncing men, as one who has given up his attachment to women; the rest of the people, smitten with the poison of the cobra-like and irresistible shafts of love, and therefore maddened, are able neither to enjoy nor to reject pleasures, which are rendered (mere) objects of mockery by the God of Love.

19. Let a moth fall upon the flame of a lamp not knowing its power; let the fish through ignorance bite the baited flesh; but even we that know better do not give up sensual objects which are complicated with a net of difficulties. Alas! how mysterious is the influence of infatuation!

20. The removal of pain man wrongly considers as happiness itself—when the mouth is parched with thirst, he drinks sweet and fragrant water; when oppressed with hunger, he swallows rice mixed with vegetable and other

condiments: and when the fire of love is kindled he clasps his wife closely.

21. A man, infatuated on account of ignorance, enters on a worldly career which is like a prison, believing the world to be constant, on seeing the towering mansion, the sons esteemed by the good, the boundless wealth, the lovely wife, and the prime of life: but the blessed man renounces all this knowing it to be perishable in a moment.

22. If a man did not see his wife distressed and wearing a care-worn appearance, with hungry and noisy children ever tugging at her thread-bare raiment with piteous looks, what man, who respects himself, would, for the sake of his accursed stomach, say—"Give me"—the syllables being broken and absorbed in the gurgling throat for fear of the supplication being rejected.

23. The insatiable boiler of the stomach, which is clever in dissolving (lit. cutting) the knot of high pride which is dearly prized, which is like the bright moonshine in causing the lotus-like higher virtues to fade, and which is like an axe in cleaving asunder the luxuriant creeper modesty, causes humiliation.

24. Blessed is the man of self-respect, who, living in a holy city or in a trackless forest, rather goes, when hungry, from one door to another—the vicinity of which has been darkened by the smoke arising from the fire into which oblations have been offered by Brâhmaṇas reciting the Vedic *mantras* with the proper accents-in order to fill the cavity of his stomach, with a broken pot covered with a piece of white cloth; but not so the man who daily humiliates himself in (the presence of) his kinsmen, of equal rank with him.

25. Are the Himâlayan retreats, which are co on account of the spray of the waves of the Ganges, and the

charming slabs of which are occupied by Vidyádharas, no more, that men are fond of a morsel from others (doled out) with an insult?

26. Have bulbous roots disappeared entirely from the valleys, or the rivulets from mountains, or have branches bearing delicious fruit and yielding bark-cloth disappeared from trees, that the faces of wicked men devoid of courtesy are looked at in eager expectancy?—faces, the creeper-like eyebrows of which are made to dance by the breeze of pride at having obtained with difficulty a small sum of money?

27. Arise, dear friend, let us go to the forest, where even the name of big folks is not heard, whose minds mean fellows that they are, are ever distracted by inconsiderateness and whose speech is marred by the effect of the disease of wealth—there maintain yourself now on sacred fruits and roots making the earth your couch and covered with fresh end painful barks of trees-a way of living which is covetable.

28. There are the fruits of trees obtainable at will in every forest without difficulty; at intervals there is the cool and sweet water of sacred rivers; a bed made of the tender leaves of creepers is soft to the touch; (although these are available) mean persons do yet suffer pain at the gates of the rich.

29. Seated on a stony couch in the cavern of a mountain, may I, in the intervals of contemplation, recall, with an inward smile, those days which seem to be longer to one experiencing the misery of (having to address) supplications to the wealthy and which (days) appear to be shorter (to one) whose mind is tossed about by the allurement of sensual objects.

30. The joys of those who always rejoice in contentment have not been interrupted, nor is the thirst of those others

quenched, that have their minds agitated by covetousness for wealth. This being the case for whose sake was that Meru made by Brahman a peerless repository of wealth? I like not it, the glory of whose gold is for itself alone.

31. The great ascetics say that the cult of S'iva is a treasure of inexhaustible happiness which cannot be refused to any one—a cult in which there is (*i. e.* which enjoins,) maintenance on charity, in which there is no degradation, which yields unparalleled happiness, which always removes fear, does away with the haughty pride resulting from wicked jealousy, and counteracts the current of miseries, which is easily accessible every day at all places, is preferred by the good, and is holy.

32. Enjoyment (of pleasures) is accompanied with fear of disease, noble birth is liable to a fall, wealth is exposed to danger from the king, dignity to misfortune, an army to fear from the enemy, beauty to danger from oldage, knowledge of *Sâtras* to controversy, merits to danger from the wicked, and body to the fear of death; all objects are thus beset with danger; asceticism alone is invulnerable on earth.

33. Birth is attended with death; vivacious youth with oldage; contentment with cupidity; the felicity of renunciation stands in the danger of being disturted by the sportive movements of youthful women, and virtues by malicious people; wood-lands are infested by serpents; kings are surrounded by wicked people; even prosperity is affected by inconstancy; or, what is there that is not smitten by something else?

34. The health of man is undermined by hundreds of mental and physical infirmities; to where there is wealth misfortunes come thronging as if through gates throw open to them; Death hastily asserts his supremacy over every

helpless creature that is born; what thing is there then, that despotic Fate has made immune from danger?

35. Enjoyments are transient like high surging waves; life is liable to pass away in a moment; youthful happiness lasts for a few days only; love for the cherished is fickle; knowing, therefore, that the entire worldly existence is destitute of any good, ye wise men, givers of advice, make the attempt with a mind skilful in (or, intent on) doing good to the people.

36. Sensual objects are as ephemeral as the lightning shining in the midst of the cloudy canopy; life is frail like the water collected in the row of clouds scattered by the wind; momentary is the youthful happiness of mortals; taking this into consideration, O wise men, fix your mind at once on contemplation of the Supreme Spirit, which it is easy to do when one is a perfect master of (lit. by being perfect in) patience and concentration.

37. Life is fickle like a swelling wave; the splendour of youth remains only for a certain number of days; wealth is, like thought, momentary; pleasures are like the flashes of lightning in autumn; even the embrace of the beloved, encircling the neck, lasts not for a long time; so have your attention concentrated upon Brahman, that you should cross the ocean of worldly dangers.

38. With their bodies cramped, men have to remain with difficulty in the womb in the midst of impurities; in youth the enjoyment of pleasures is difficult on account of the distraction arising from the pain of separation from one's beloved; surely old age too is unwelcome, (for at that period) the refractoriness of women is conspicuous; say oh men, if there is even the least happiness in worldly life?

39. Old age stands threatening like a tigress; like enemies diseases smite the body; life runs away like water

from a broken jar; and yet, oh wonder, man acts in a way detrimental to his interest (does not try to secure *Moksha*).

40. The enjoyments are multifarious and of a transient nature; and by them is constituted this worldly life; what for should you then wander; oh people? Refrain from your actions (pursuit). If our word is to be believed, concentrate your mind, pure on account of the snapping of the bonds of desires, within its cell which can be within reach when passion is rooted out.

41. That indescribable pleasure alone is the highest and ever abiding (lit. keeping its flavour ever fresh) being in the enjoyment of which one considers straw (of little importance) the hosts of gods such as Brahmá, Indra and others and on tasting which high states (prosperity) such as the sovereignty of the three worlds &c. lose all charm. O good man, fix not, therefore, your affection on any other enjoyment which is evanascent.*

42. That delightful city, that great king, and the circle of feudatory kings, and that assembly of eminent scholars at his side, the ladies (of the court) with their faces like the disc of the moon, and that group of haughty princes, those bards, and those stories—a bow to Death through whose (destructive) power all these things have become things of the past (lit. things to be remembered).

43. In a certain house (also square of the dice board) where there were many, there (now) stands only one; even there where there was one many followed, and there is not one left at last; thus revolving day and night as if they were two dice, and God of Death plays (at dice) with his

---

* त्रैलोक्याः—*v. l.* Having attained that knowledge of Brahman, compared with which the very sovereignty of the three worlds becomes unpalatable, do not fix your attachment on pleasures consisting of food, clothes and honour (position).

wife Káli making mortals their dice-pieces and the earth the board.

44. With the setting and rising of the sun life becomes shorter and shorter day by day; the lapse of time is not felt in business which weighs down a man with the great weight of work; the feeling of disgust is not awakened on beholding the aggregate of birth, old age, misery and death; the world has been maddened by drinking the intoxicating wine of delusion.

45. Believing that the night is the same and again the same day, ignorant people run busily in the same manner resolutely (or secretly) setting about their diverse vocations. Oh, how do we not, through infatuation, feel ashamed (though) disgraced by transactions in which there is a repetition of the enjoyment of pleasures, and by this worldly life of such nature!

46. For the annihilation of wordly existence we did not contemplate the feet of the Lord, according to the prescribed rules; nor did we accumulate religious merit which is capable of throwing open the doors of heaven; nor did we embrace even in a dream, the pair of the stout (full grown) breasts and thighs of a beautiful woman. We have been (serviceable) simply as axes in cutting down the forests in form of our mother's prime of life.

47. We did not in this world acquire learning capable of silencing a host of controversialists, and befitting modest persons; we did not lead our fame to heaven by shattering with the point of our sword the temples of elephants, we did not, at moon-rise, sip the nectar of the tender-foliage-like lower lip of our beloved; alas! like a lamp in a tenantless house, our youth has, indeed, passed away uselessly.

48. We did not acquire untainted knowledge; nor did we amass wealth; we did not even serve our parents with a

devoted mind; nor did we embrace young women with long sparkling eyes even in a dream; like crows we have passed this period (of our life) craving a morsel from others.

49. Those from whom we were born have long since passed away; those too, with whom we grew up, have been consigned to the region of memory; now here we are, with our fall approaching nearer and nearer day by day, reduced to the same state as that of trees (growing) on the bank of a sandy river.

50. The life of men is limited to a hundred years; half of it passes away in the night; of the remaining half one-half made up of its first and last fourths is occupied by youth and oldage; the remainder is passed in servitude &c., accompanied by disease and grief for the separation (of relations). Whence can there be any happiness for mortals in wordly life which is even more unsteady than a wave?

51. Like an actor, a man for a time plays the child, and then for an instant the youth delighting in pleasures; for a moment he plays the part of poverty, at another he is full of prosperity; and at the close of life he retires behind the curtain of Yama's seat, his limbs wasted by old age, and his body graced by wrinkles.

52. You are a king; we too are exalted by the pride we take in the wisdom acquired from the preceptor whom we served; you are known for your greatness, (even) our fame the poets spread in all directions; thus, O mortifier (of men) the difference between us is not very great; if you turn away your face from us, we too are utterly indifferent (to you).

53. You are the lord of riches in full, we too of words in all their senses; you are brave, our skill in the act of subduing the feverish pride of a controversialist is inexhaustible; those who are filled with wealth serve you; even me serve

those that have a longing to listen to me that the taint of their hearts may be removed; if you have no respect for me, the less have I for you; O king, here am I off.

54. Here we are satisfied with barks, and you with silk garments; the satisfaction is equal in this case and the distinction is without difference. Let him be (called) poor whose greed is boundless; the heart being content who is rich and who is poor.

55. Fruits for meal, sweet water for drink, the (bare) surface of the earth for a bed, and barks for raimnent, are all good (preferable) enough; but I cannot tolerate (lit. sanction) the impudence of wicked men, all those senses have been maddened by the fresh (acquisition of) wealth as if by drinking wine.

56. We live on alms, cover ourselves with the directions serving as garments, and lie down on the surface of the earth: what have we to do with big folks?

57. Of what value, indeed, are we in royal place since we are neither actors, nor flatterers, nor singers; nor have we our hearts set on hating others; nor are we (beautiful) women bent down with the burden of the breasts?

58. The world was formerly created by certain large-hearted blessed persons; by some it was sustained, and by others it was conquered and given away as if it were grass; other noble persons even now rule the fourteen worlds. What morbid infatuation is it on the part of men when they have acquired rulership over a few towns?

59. What honour is it to kings to obtain (the rulership of) the earth, which was not left unenjoyed even for a moment by hundreds of kings; but the lords of a part of its (earth's) part, and of even a small part of that part—fools that they are—rejoice when on the contrary they ought to grieve!!

60. The clod of earth is encircled by the watery edge. Even when taken as a whole, it is indeed very small; and it is apportioned by a number of kings and enjoyed after hundreds of battles. Abject and exceedingly poor, they therefore, give or would give nothing. Fie upon those mean fellows who wish to get even from them a piece of coin.

61. He (lit. that singularly fortunate person) alone was born whose white skull was, by the enemy of the God of Love, held prominently on his head as an ornament; (and yet) what height of morbid presumption is there on the part of men when a few persons solicitous of saving their own lives bow to them.

62. Alas ! (my) heart, why dost thou enter the dense mass of misery (suffer much distress) in order to please the hearts of others by daily propitiation when with the powers of the *Chintâmaṇi* spontaneously rising in thee, thou art inwardly satisfied, what object of thine foregone-desire will not satisfy?

63. Why do you wander for nothing, oh mind ? Rest yourself somewhere. A thing that naturally (lit. of itself) takes a particular course does take it; it changes not. Without, therefore, remembering what is past, or speculating about what is to come, do you in this world experience fruits, the coming and going of which cannot be determined beforehand.

64. Now be pleased, O heart; cease from these troublesome abyss of sensual objects; resort to the path of final beatitude which is capable of removing, in a moment, all misery; assume a peaceful attitude, give up your course unsteady like a *wave* and never again be attached to transient worldly happiness.

65. O my mind sweep off infatuation, acquire that devotion to the moon-crested god (which grants the highest

bliss); and attach thyself to the spot on the banks of the celestial stream; what faith (can be placed) in waves, bubbles, streaks of lightning, women, the tips of flames, serpents, and in the currents of rivers?

66. Do not even for once, O mind, think fervidly of this unstable goddess of wealth who is like a harlot sporting in the house like eyebrows of kings; (for now) entering through the gates of houses in Benares, clad in a wallet, we await in the line of its streets for alms dropped into the palm of our hand serving us as a pot.

67. O mind, be hankering after the enjoyment of worldly pleasures if so it is with you-if you have in front of you singing, at your elbow, sentimental poets of the South, and behind the sportive tinkling of the bracelets of the maids in attendance holding *Chauries* in their hands; otherwise, enter at once upon the contemplation of Brahman.

68. What, if wealth capable of granting all desires is obtained? What, if the foot is placed on the heads of the enemies? What, if we honoured supplicants (or friends) with riches? What, if the bodies of mortals have stood (*i. e.* lasted) for *Kalpa*.

69. If there is devotion to Śiva and the fear of (ever-recurring) death and birth present to the mind, if there is no attachment to relatives and no perturbations (of mind) caused by the God of Love, if there is a forest uninhabited and free from the fault of contact, and indifference towards worldly life, what else is to be desired?

70 Therefore contemplate that Brahman which is endless, undecaying, sublime and pervading; what is the use of these wrong notions? Sovereignty and other pleasures, approved of by mean people, follow in the train of Brahman.

71. O mind with your celerity you dive into the nether world, soar beyond the heavens and wander as far as the

encircling directions. How is it that even by mistake you never remember that pure Brahman which is (always) beneficial to oneself and by which you attain beatitude?

72. What is the use of (studying) the Vedas and the smṛties, of reciting the Purâṇas, of the *S'âstras* of mighty extent, and of the distractions of rites and ceremonies, which result in giving us an abode in the hut of heaven alone? Barring one encompassment of the entrance into the seat wherein there is joy to the soul and which is like the world-destroying fire in annihilating the array of misfortunes arising from worldly ties, all things else are meretricious.

73. When the great mountain Meru, struck by the fire at the time of the destruction of the world, falls; when the seas, which are the abode of a vast number of sharks and alligators, dry up; when the earth, supported by the feet of mountains, goes to end; why talk of the human body which is unsteady like the end of a young elephant's ear?

74. (In old age) the body is shrivelled, the gait falters, the row of teeth is displaced, the vision is obscured, deafness grows (upon a man), and his mouth slobbers; the relations do not obey his order and his wife does not serve him; alas! even the son acts inimically towards an aged man.

75. Seeing the white colour of the hair on the head which is the place where men are defeated by old age, young ladies go away leaving them at a distance, as they do leaving a well used by low-castes over which a piece of bone is suspended.

76. While this body is at ease and free from disease, while old age is at a distance, while physical power is unimpaired and while life is not yet exhausted, so long only should a wise man make a great effort for the welfare of his soul; of what good is an attempt to sink a well when the house is ablaze?

77. In this world in which life extends over a few winkings of the eye, we do not know what to do, whether we should taste nectarious juice of diverse kinds of poetry, or drink the streams of philosophy; whether we should modestly lead a householder's life in company with a wife ennobled by virtues; or whether we should dwell on the banks of the heavenly river, practising penance.

78. These kings whose minds are as unteady as a horse are difficult to be propitiated: while we have a high ambition and our heart is set on a lofty position, old age despoils the body and death robs (one) of the dearly loved existence: (under these circumstances), O friend, there is nothing advantageous to a wise man in this world except penance.

79. Pride being on the decline, fortune being dissipated, the mendicant having gone without gaining his object, the relations having diminished in number, attendants having gone away, and youth having gradually died out, only one thing (lit. only this) is proper for the wise *viz.* a habitation somewhere in a brake in a cavern of the mountain, the rocks of which are purified by the waters of the Ganges.

80. Delightful are the moon-beams, the forest spot verdant with grass, the happiness arising from the company of the good and of friends is gratifying; the narratives in poetic works are pleasing; charming is the beloved shining with the tears deposited on it by anger; everything is charming; but nothing (is charming) when the mind is distracted. (See notes).

81. Is there not a delightful mansion for habitation; is not music &c. pleasing to the ear (lit. fit to be heard); is not the happiness of the company of one as dear as) life itself to (a man's) great gratification? But wise men have resorted

to a forest considering all this as unstable as the shadow of a small lamp flickering in the wind (caused by the wings) of a moth madly falling upon it.

82. O friend while searching this triple world as far as wordly life prevails, none such has come within the range of our sight or hearing as can easily become (lit. possesses the facility of becoming) the post for fastening, by means of self-restraint, the elephant of the mind intoxicated by the deep-seated and secret attachment for the female elephant in the form of the sensual objects.

83. Though reflecting for a long time, I do not know of what great penance this is the result.—*viz.* this rambling at will, this meal free from humiliation. the company of the noble, this learning having for its fruit (the observance of) the one vow of controlling the senses, and the mind moving (but) slowly towards external objects.

84. Desires have already been absorbed (by reasons of non-fulfilment) in the heart; youth has passed away; and alas! in the absence of appreciaters of merit, skill (lit. qualifications) in the (different) limbs has proved fruitless; relentless and powerful death, the all-destroyer, comes suddenly; what is to be done (lit. proper)? Ah I have it; except bearing (resorting to) the two feet of the destroyer of cupid (S'iva) there is no other recourse.

85. Between Maheśvara, the Lord of the worlds and Janárdana, the Pervading Spirit of the universe, I have no conception of any difference; still I am strongly drawn to the new-moon-crested God.

86. On nights with all sounds hushed up, sitting at ease somewhere on the sandy bank of the heavenly river, the surface of which (bank) is whitened by the brilliant flood of moonlight, and grown despondent on account of the wearisomeness (lit. magnitude or expansiveness) of wordly existence, when shall we, loudly uttering the

the words "Śiva, S'iva" have our eyes flooded with copious tears proceeding from supreme bliss !

87. Having given away everything with a heart full of tender compassion, and remembering the courses of destiny having adverse ends in this wordly existence, (when) shall we pass, in a sacred forest, the nights lit with the rays of the full autumnal moon, the feet of Hara being the sole refuge of our mind!

88. When shall I wearing a small strip of cloth, and residing in Váráṇasî (Benares) on the bank of the river of gods pass my days like a moment crying out "Have mercy, oh Lord, of Gaurî, Destroyer of the Three Cities, oh S'ambhu, oh Three-eyed God," having placed on my head my folded palms!

89. Having bathed in the waters of the Ganges, and worshipped Thee, O Lord, with fruits and flowers undefiled, and having fixed my attention, sitting on a stony couch in the gorge of a mountain, on Thee, the object of contemplation, when shall I, O Enemy of Smara, be free by Thy grace, from the pain of serving a master having hands and feet just like myself, delightfully carrying out the words of the preceptor, living on fruits (only) and self-complacent.

90. O Śambhu, when shall I, living all alone, free from desire and peaceful, and having for my pot my hand (only) and for my garments the quarters, be able to root out *Karma* ?

91. A certain path (*i. e.* of *Moksha*), easily attainable by the favour of Śiva, opens up for the Yogins, who use the hand as a pot, who are contented with alms which are intrinsically pure, who sit anywhere, who ever look upon the world as almost like grass and who have all acquired, even without casting off the body, the knowledge of the uninterrupted and supreme delight (of Brahman).

92. Happily lives the ascetic (with his) strip of cloth extremely threadbare and torn in a hundred pieces, and a wallet to match, (with his) freedom from care and meal consisting of alms got with ease, (with his) bed in a forest or a cemetery, (with his) equal regard for friends and foes, with his extremely serene contemplation in a secluded place, and glad that all his errors arising from arrogance have been corrected.

93. The mere (insignificant) group of worlds is nothing for the temptation of one who has restrained his mind. Is ever agitation produced in the sea by the motions of a S'afari (a female fish)?

94. O mother, Lakshmî, repair to some one else; do not yearn for me. We are not hankerers after pleasures. What are you to those (*i. e.* to us) who are free from desires? We now wish to live on barley-flour obtained by begging (and placed) in a hollowed vessel of *palâsa* leaves, stitched together at the moment.

95. Like a king possessed of by no means small wealth an ascetic, with ashes profusely besmeared (to his body) and peaceful, sleeps quietly, delighted in the company of the woman *viz.* indifference (to worldly attachments), the earth (being to him) a delightful bed, his creeper-like arm a spacious pillow, the sky his canopy, the favourable breeze (or, the breeze, always at his service) his fan, and the moon a brilliant lamp.

96. There is (rarely found) an ascetic, living on alms, free from attachment (though) in the midst of the people, his movements ever under his control, attached to the path which is free from giving and taking, wearing a wallet made of old threadbare clothes thrown away in the streets, not caring for honour, not proud, and wishing solely for the enjoyment of tranquil pleasure.

97. Is he a Cháṇḍal (pariah) or a Bráhmaṇa (twiceborn), is he a S'údra or an ascetic, or is he some great saint, whose intellect is acute enough to understand philosophical truths: ascetics, although thus spoken of by people, garrulous on account of the doubts rising within them quietly (or, self-delighted) go their way neither offended nor please at heart.

98. The creator ordained the air to serve the serpents as food—not involving the sin of destroying life, and assessible without any effort; animals living on land be made to eat grass; (but) to men, whose talents are capable of bearing them over the ocean of life, he has assigned such a living that while in pursuit of it all their good qualities are invariably brought to an end (exhausted).

99. Can those blessed days be (in store) for me, when I, having fixed myself in the *Padmâsana* posture on a slab in the Himálayas on the bank of the Ganges, and having gone to the sleep of concentration while in the act of constantly contemplating Brahman, the old stags (growing) fearless will rub their bodies against mine?

100. Those blessed ones–whose hand is (to them) a clean pot, and alms acquired by wandering (an) inexhaustible (supply of) food, to whom the extensive ten quarters are as a spotless garment, and the earth as a spacious bed, whose development is in accepting renunciation, who are contented with themselves, and who have got rid of a number of opportunities of humiliation—root out *Karma*.

101. O mother, earth; O father, wind; O friend, light; O water, my good relation, and O brother, sky; here do I fold, for the last time, my palms in salutation to you; by means of poor knowledge resulting from the preponderance of merit accumulated by virtue of association with you, all the trammels of infatuation having been removed, I now merge in the Supreme Brahman.

MISCELLANEOUS.

1. The sun is covered by day with the same strip of *Ambara* (sky; cloth) with which the moon is covered at night: oh the misery of these !

2. When self-restraint developed by discrimination becomes manifest, and when the strong-hold desire has upon man is relaxed, there appears that perfection (the last stage of contemplation) wherein even the lord of gods, becomes an object of pity, wretched (as he is under the influence of desire) on account of the strong distraction caused by the enjoyment of greatness worn out of age.

3. Learning formerly served to remove the pain (of existence) of those who possessed self-restraint. In course of time it came to be used for securing sensual happiness to sensualists. Seeing that the rulers of the earth are now averse to learning, alas ! it is even going down and down every day.

4. The time (that was) happy on account of the enjoyment of lovely women is passed; and having, for long, wandered along this avenue of the world we are exhausted; now (stationed) on the bank of the Ganges (lit. the river of heaven) we send forth (lit. extend) with deep sight (the cries of invocation) with the words—S'iva, S'iva, S'iva.

5. Mahadeva is the god, and the stream of the gods (the Ganges) alone is the stream (for me); caves are (my) abode, and even the quarters (my) raiment; the Destroyer is (to me) as a friend; and my vow—such conduct (as is) free from meanness; or why say more (on this subject), let me be wedded to the *Vata* tree alone (lead a life of seclusion and piety).

6. How very blessed, indeed, are some persons who with their shackles of worldly ties snapped and not looking out for the irregular course of serpentine

sensualism, pass, in the farthest corner of a forest, the night, delightful on account of the expanse of the sky being brightened up by the winter moonshine, solely intent on storing up merit.

7. Our view (at first) was that you were we and we were you (*i. e.* you and we were the same, and had no diverging interests); what has happened now by which you are you and we are we (*i. e.* you and we have had diverging interests)?

8. What is one has a threadbare wallet or a spotless white silken cloth? What if one has only one's wife or is surrounded by a splendid army of horses and elephants? What if delicious food is eaten, or coarse food towards the close of the day? What if there is not the light (of the knowledge of Brahman) manifested inside (*i. e.* in the heart) or what if there is the glorification in which the fear of worldly existence is destroyed?

9. When there was ignorance (in us) produced by the influence of the darkness of passion, even the whole world was then looked upon (by us) as consisting of women only; now having applied the collyrium of better judgment, our sight has been restored to its normal state and regards the whole world as Brahman.

10. Knowledge in the case of the good does away with conceit, vanity and the like; in the case of others (lit. some) it is the cause of haughtiness and vanity. A secluded place in the case of self-restraining persons leads to salvation; in the case of love-sick persons it is a further incitement to love.

11. I consider those men to be supremely rich, who have never joined their palms overhead in token of submission, to whom a slab on some mountain is as a couch and a cave in mountain as a home, to whom the barks of trees are as raiment and the deer as friends, whose subsistence

is by the sweet fruits of trees, who find an agreeable beverage in spring water, and to whom learning is as a pleasure-giving consort.

12. When there is the river of the three worlds, the lustre of whose waist garment touches the head of S'iva, and which with good fruits and with the barks of the trees lining its bank furnishes a splendid living, what wise man is there, who, with the intense pain from the fever of poverty, would face harrowing miseries, if he had no commiseration for his ill-placed family ?

13. Alas! why do wise men live elsewhere, rejecting Kâśi where the most rigorous penance (a life of entire abstinence) is (like) varied dinners given in gardens, where a strip of cloth to cover (the body) is decent raiment, where the glory is an unlimited wandering for alms, and where approaching death is like a blessing.

14. Oh heart, leave those at whose gate (are heard) such replies as "this is not the time for you (to see the master)," "(he is) now in private," "the master is asleep" and "If you were to see him after waiting he would get angry"; and do you go to the temple of the Lord, the ruler of the world, which gives unbounded happiness, which is free from harshness, and where the cruel words of gatekeepers are not heard.

15. May my days pass in some sacred forest, while muttering the words " Śiva, S'iva, S'iva " with an eye regarding equally a serpent or a wreath, a powerful enemy or a friend, a gem or a clod of earth, a bed of flowers or a stone, a blade of grass or a group of damsels.

16. Every thing gives happiness (lit. all directions are full of happiness) to a man who is poor, self-restrained, peaceful, of an equilibrating mind, and ever content at heart.

17. Time never returns; it passes uselessly, a fact which was never considered (by you); (you) accommodated (yourself) to the various conditions, which are adverse on account of the concurrence of a hundred difficulties; or what shall we say? What harm have you not done yourself? Every now and then you have been repeatedly doing the same.

18. "Arise, my friend, and bear for a moment the heavy burden of my poverty. I am now tired, and shall long enjoy the happiness you enjoyed from death." Thus addressed by a poor man who had hurried to the cemetery, the corpse remained silent, knowing that death was better, far better, than destitution.

19. These (*i. e.* women) laugh and cry as suits their purpose; make (others) confide in them, but themselves confide not; therefore a man, possessed of nobility of birth and character, should abandon women as one does jars in a cemetery.

20. To brutes alone would be dear those fawn-eyed (women) in whose case faults (demerits) are a recommendation (*lit.* merits) for, their hardness of the breasts, unsteadiness of the eyes, and falsehood on the tongue (*lit.* mouth) are praised; crookedness of hair, dulness of the face, and plumpness of the hips, commended; and timidity of the heart and deceitful tricks towards their beloved (husbands) always mentioned (with approbation).

21. In some places there is music of the lute, in others cries of alas! alas!; in some places there is the conversation of learned men, in others the brawls of men intoxicated with drink; in some places there are charming ladies, in others (men or) women with leprous bodies; I do not know whether worldly life is full of sweets or bitters.

22. Deformed in limbs and lisping in speech, here are you that have been made the buffoon of a farce, while flattering; what part (I do not know) will prolonged life make you play, such as you are, with your ears bordered with grey hair.

23. Wealth is evanescent; life is unsteady; and youth in life is fickle; in wordly existence, which is fleeting, merit alone is unchangeable.

24. That Tortoise alone was born who offered to bear on his back (*lit.* offered his back for) the heavy burden of the world; the birth of Dhruva (alone) is to be praised, regulated by whom the planetary system revolves; other creatures in the world are, like the insects in an *udumbara* fruit, which possess wings to no purpose, as it were born and dead (simultaneously), since they are not able in any way to do good to others (and since) (both) the present world and the next have become unavailable to them.

25. Possessed of abuses as you are, you may pour abuses; ay, you may; fot want of them, we are unable to give you abuses; it is known all the world over, that what there is can be given; no one ever gives to another the horn of a hare.

26. Alms are not unattainable to me in my path lined by rich gardens; the earth is full of fruits, and the skins of deer and the barks of trees (serve as) raiment; with joys or with sorrows, there is in fact the same result. Who will then give up the three-eyed God, and bow to the men blinded by pride for a particle of wealth?

27. With a sword we did not cut asunder elephants. we did not harass our enemies; * * * * we did not sip the noisy water of the streamlets of the Himâlayas; we passed our time like crows desirous of obtaining a morsel from others.

[Extra S'l. in the foot-notes—By you Bali was not liberated from the nether world; death was not done away with; the dark spot on the Moon was not wiped away, nor were diseases rooted out; nor was S'esha's burden lightened (by you) for a moment by supporting the Earth. O heart, you suffer torment day and night by the false pride of being good.]

28. My mind desires to go to S'aṃkara, its scruples in the investigation of scriptural meaning being completely set at rest, its delight in poetry full of various sentiments being turned away, and all the different wild doubts (*lit.* expanse of doubts) being totally dispelled.

29. What if (you have) excellent rice, or a coarse meal at the close of the day? What if (you have) a strip of cloth or a long white garment? What if (you have) one wife or a number of them endowed with a hundred qualities? And what if you wander all alone, or are surrounded by hundreds of elephants and horses?

30 Charity is a cow that yields all desires; a wallet protects from cold; (my) devotion to S'iva is firm; what then is the use of riches?

31. An ascetic, though he has abandoned all desires, lies down on the ground like a king, having the Earth for his couch, his creeper-like arm for a pillow, the sky for canopy and the Moon for his lamp, experiencing pleasure in his union with the woman called Renunciation, and fanned from all sides by the attendant maids—the quarters, with their chowries—the winds.

32. Tell me, O deer, where you performed penance and of what name, that (by virtue of it) you have never to see the face of the rich or to tell lying flatteries; you do not hear their haughty words, nor run to them with some expectation, but you eat tender grass when it is time (to eat) and lie down at ease when sleep comes (to your eyes).

33. O brute, how many times and what preparations of yours, desirous of drinking of the water of the ocean of

mirage in the form of wealth, have not been baffled? (Very often they have been). Yet your hope is not dispelled; your heart must certainly be formed of adamantine stone, since it has not yet been broken into a hundred pieces.

34. What is it that lovely-eyed (women) do not do? Having entered the affectionate heart of men they fascinate them, madden them, mock them, despise them, gladden them and cause grief to them.

35. A lion, strong and living on the flesh of elephants and hogs, ruts, it is said, once in a year. The dove, eating only hard pebbles, ruts daily. Say what the cause here is.

36. Residence in a sacred forest, and, O joy, association with the deer, sacred maintenance on fruits, stones for couches on the bank of every river—such are the materials for those that like devotion to God. To those whose minds are fixed on renunciation alone, whether (they live in) a house or a forest, it is all the same.

37. We are quite content with those delicious syllables (utterances) sweeter than honey or clarified butter which the Divine speech (the Upanishads) sends forth from its ambrosial and immortal body; as long as there is, under our arm, a quantity of barley-meal procured by begging for our maintenance, so long we do not wish to live on wealth acquired by servitude.

38. A dog, lean, blind of an eye, lame, crop-eared and tail-less (through disease), suffering from abscesses, clammed with pus, and with his body covered with hundreds of worms, exhausted through starvation, decayed with age, and having the brim of an earthen jar placed round its neck, follows a bitch. *Madana* scruples not to smite even one that has already been smitten.

39. Desist, O wise men, from associating with women—from the momentary happiness. Be attached to Mercy, Friendship and Reason. Neither the fully-developed orbs of breasts covered with a wreath, nor the

round hips having a tinkling girdle round them set with diamonds, can be your salvation in hell.

40. Why are those suggestive glances, O young women, darted from your sportively half-closed (eyes)? Desist, Oh, desist; vain is this effort (of yours). Now changed beings are we; youth is gone; our yearning (is only) for the farthest part of a forest; infatuation has subsided, and we look upon the meshes of the world as straw.

41. This young woman constantly darts towards me her eye that steals the beauty of the blue lotus-leaf. What is designed by her? Our infatuation is gone; the feverish flame produced by the striking of the flowery arrows of the God of love has been blown out; and yet the poor girl persists!

42. Why do you, O God of love, trouble your hand with the twangings of your bow? Why do you, O Cuckoo, chatter ineffectually with your soft and sweet notes? O young woman, enough of your glances, affectionate, artful, charming, sweet and unsteady; our heart has tasted the nectar-like contemplation of the Moon-crested God.

43. If you do not want to be engulfed in the ocean of worldly existence, then leave at a distance this river in the form of a woman, having about (the banks) cruel monsters in the shape of cruel thoughts, encircled by the waves of the three furrows on the belly, having a pair of *chakravâka* birds on their wing in the form of two high and plump breasts, and decked with a lotus in the shape of the face.

44. By the five senses, clever in ministering to their own advantage, which have marred supreme bliss, have I been duped, being revolved (among their objects) thus—Here is melodious music, here a dance, these are sweet flavoured viands, here is a spreading perfume, and here the touch of breasts.

NOTES
ON
NITIS'ATAKA.

S'l. 1. The poet begins with a salutation to Brahman, the *Supreme Ens,* which is one of the three modes prescribed for the opening of a poem by Sanskṛt writers on Poetics, *viz.* आशीर्नमस्क्रिया वस्तुनिर्देशो वापि तन्मुखम्*—A blessing (to be conferred on the readers), a salutation (to the favourite Deity) and an indication of the subject matter are the three prescribed forms of introduction to a poem. It is also usual with Sanskṛt writers to have what is technically called *Maṅgalácharaṅa.* This is done either directly by an appeal to the favourite deity itself or to some of its attributes, or by the use of some such word as अथ and the like. The efficacy of this *Maṅgala* is emphasised by all kinds of writers; see Patañ. quoted in the com.

The Vedântic character of the s'l. the student will easily mark. दिक्काल–space and time; अवच्छिन्न is lit. what is cut off from all sides, is contained in another, is measured: अनवच्छिन्न means what is unmeasured; hence undefined, unconditioned. आदि refers to qualities (*guṅas*) such as धर्म, अधर्म &c., as well as to कार्य्s (effects) &c. न विद्यते अन्तः यस्य तदनन्तं infinite. चिन्मात्रमूर्ति—चिन्मात्र pure intelligence or knowledge. A Karm. of the मयूरव्यंसकादि class. ०मूर्तिः–whose form is pure intelligence. दिक्का ०ये—A *Tripada* Karm. This is the best way of taking the Comp. The attributes of Bramha, here expressed, are summed up in the *mahâwákya*—'सत्यं ज्ञानमनन्तं ब्रह्म' of the Taittirîya Upanishad. Another way is to analyse the Comp. as a Bah. with मूर्ति as the second member, with all that precedes as its attributive member, itself being a Comp. of three adjectives. मूर्ति is derived from मूर्च्छ् 1. P. to settle into a solid form ×क्तिन्; and literally means what is visible to the senses; hence secondarily what is perceptible

* Daṇḍin, Kâvyâdars'a. 1.

by the mind. The Dat. sing, of *neu.* adjs. ending in इ is optionaly formed like that of *mas.* nouns; so-मूर्तये or त्विषे. see Gr. §69. Pán. VII. I. 74.

स्वानुभूति &c.-स्वानुभूति-self-perception, manifestation of Brahma in contemplation. एक means 'principal, chief,' rather than 'sole;' *cf.* the couplet. एकोल्पार्थे प्रधाने च &c. quoted in Gr. § 154; also Amara 'एकेमुख्यान्यकेवलाः' । मान—मीयतेऽनेनेति मानम् from मा + ल्युट् (अन), a measure; hence the means of arriving at correct knowledge. In this sense the word प्रमाण is more common. The *pramáṇas,* according to the Vedantins, are प्रत्यक्षानुमानागमाः प्रमाणानि to which the Naiyáyikas add उपमान. Brahma is specially regarded as प्रत्यक्षप्रमाणगम्य 'capable of being realised by perception, although there are other means of knowing it such as आगम &c. Another reading here is स्वानुभूत्येकसाराय which Mr. Telang interpretes in two ways:- (1) to him who is the sole essence of self-knowledge, or (2) to him whose sole (or principal.) essence is self-knowledge, preferring the former, as that, he thinks, gives the अद्वैत view of the Vedánta.

शान्ताय &c.—The Dat. by नमःस्वस्तिस्वाहास्वधालंवषड्योगाच' Pán. II. 3. 16. शान्तं is one of the attributes of Brahma, *cf.* the S'ruti 'निष्कलं निष्क्रियं शान्तं निरवद्यं निरञ्जनम् ।' तेजसे- refers to Brahma and not to the third element. Brahma is often called परं ज्योतिः in the Upanishads. Comp. एष संप्रसादः ....परं ज्योतिरुपसम्पद्य &c. Chhándogya; also the S'ruti तद्देवा ज्योतिषां ज्योतिः (उपासते). For the idea comp. Pañchadaśí, quoted in the com.

" For the idea may be compared Geography Nyssen's description of the divine nature quoted by the late Mr. Mansel in his philosophy of the conditioned (p. 16):—It is neither in place nor in time, but before these and above these in an unspeakable manner, contemplated itself by itself through faith alone, neither measured by ages, nor moving alone with times."

S'l. 2. The present S'loka is said by the Commentators (whose remarks are perhaps based on a tradition which is almost universal) to refer to a family intrigue the incidental discovery of which filled Bhartṛhari with disgust for worldly life. It is this:-Once upon a time, a Bráhmaṇa*, who had come by a fruit which conferred immortality on any one who ate it, gave it to Bhartṛhari, as the worthiest person to receive it, being the protector of many people. Bhartṛhari gave it to his wife who gave it to her paramour, who in his turn gave it to a sweet-heart of his, who again presented it to Bhartṛhari. The s'loka, however, is quite out of place here as it has no connection with any things that follow. If it be supposed that it is the expression of the abhorrence of the intrigues and sins of the world felt by some one disgusted with it, then the most natural place for it would be the *Vairágyas'ataka*. Many manuscripts, however, agree in giving it here.

चिन्तयामि—Think with affectionate regard or love. मयि विरक्ता. Words implying love, attachment (or disattachment) &c. govern the Loc. of the person or thing for whom or which the feeling is shown. Mr. Telang considers the Loc. to be वैषयिक being equivalent to मद्विषयकानुरागवती. अन्यसक्तः—अन्यस्यां सक्तः attached or devoted to. अन्या become अन्य *i. e.* assumes पुंवद्भाव by the Várt. सर्वनाम्नः वृत्तिमात्रे (in Samása and the other Vṛttis) पुंवद्भावः See Malli. on अनन्यभाजं पतिमाप्नुहीति &c. Kum. III. 63.

कृते—For, for the sake of (*Indec.*) is often compounded as here. *Cf.* काव्यं यशसेर्थकृते &c. Káv. P. I. when not compounded it governs the Gen.; अमीषां प्राणानां कृते Vair. S'at. 36. परिशुष्यति—pines for, feels ardent love for. This reading is evidently preferable (as Mr. Telang also thinks) to परितुष्यति which may be best rendered as "delighted with all I do."

धिक्—is used with the Acc. मदन—from मद् (माद्यत्यनेन)+अन Lit. the intoxicating god. च इमाम्—The hiatus here is allowed by the rule संहितैकपदे &c. Sid. Kau.; see com.—*Sandhi* is absolutely necessary in a grammatical form, in the case of a

* According to another version king Vikrama obtained the fruit from a Yogin, he gave it to a Bráhmana, he to Bhartṛhari and so on.

preposition and a root, as also in compounds; but in composition it depends on the will of the writer. Rhetoricians, however, consider it a fault called 'विसंधिदोष' See Kâv. P. VII.

S'l. 3. अज्ञ—जानातीति ज्ञः (ज्ञा+क) न ज्ञः अज्ञः । सुखं, सुखतर used as *adverbs* विशेषं जानातीति विशेषज्ञः । ज्ञानलव॰—लव *m.* is derived from लू to cut, to divide; a particle. दुर्विदग्ध-विदग्ध properly means what is well burnt, polished and burnished; hence refined with culture, learned; दुष्टं यथा तथा विदग्धः दुर्विदग्ध badly learned or wise, vain, arrogant (with little learning; ज्ञानलवेन दुर्विदग्धः) दुर्विदग्धो दुश्चतुरः अर्धज्वलित इत्यर्थः । Râmarshi. *Cf.* Little knowledge is a dangerous thing. ब्रह्मा-derived fr. बृह् 1. 6. P. to grow+मनिन्, the ऋ being changed to र् before it by Uṇ. IV. 145. रञ्जयति—रञ्ज् Cau. means to colour, to impart one's hue to; hence to win over, to gratify or propitiate. The Cau. form is रजयति when the meaning is to sport with or hunt deer; see Kir. VI. 24. Some read the line as ब्रह्मापि तं नरं &c. but this violates the laws of metre (as it makes 17 *mátrás* in Pâda instead of 15 or 18) and is therefore inadmissible.

Śl. 4. प्रसह्य—*Indec.*. with great force. मणि from. मण् sound +इ (न्). मकर०–मं विषं किरतीति (कॄ+अच्) a crocodile, a shark. वक्त्र—वक्त्यनेनेति from वच्+ष्ट्रन् करणे. दंष्ट्रा–also der. with ष्ट्रन् from दंश् to bite. ०—अङ्कुर *V. l.*—from अङ्क् to mark, stamp+उरच्, means pointed, sharp दंष्ट्राङ्कुरात्—from the tips or points (*i. e.* when held fast between the points) of the jaws; sing. for pl. *Cf.* दर्भाङ्कुर S'âk. and दीपाङ्कुर Vair. S'at. 63. प्रचलद०–ruffled or agitated with a series of rolling billows. ऊर्मि *m. f.* from ॠ+मि, अर्तेरूच्च Uṇ. IV. 44.

भुजङ्गः—भुजः (bent, curved कुटिलीभवन्) सन् गच्छतीति; भुज्+मुम्+खच्; मुम् (the nasal) inserted by 'णरुर्द्विषदजन्तस्य मुम्' Pân. VI. 3. 67.—Before the aff. खच् and खश् the words अरुस्, द्विषत्, and such as end in अ take the aug. म् when used prepositionally with verbs. पुष्पवत्—पुष्पेण तुल्यम् like a flower. तेन तुल्यं क्रिया चेद्वतिः Pán. V. I. 15. वत् is attached to a noun in the sense of तेन तुल्यं 'equally with that' when the equality refers to an act. प्रतिनिविष्ट—obstination, holding contrary opinions, perverse, *Cf.* निविशते Vair. S'at. Mis. s'l. 19.

S'l. 5. सिकतासु—The word सिकता is always used in the plural. यत्नतः–fr. यत्+नङ् (भावे). तस् here stands for the Instr. मृगतृष्णा एव मृगतृष्णिका by adding क स्वार्थे mirage. It is a phenomenon observed in sandy tracts or deserts when the floating vapour or air is heated by the tropical sun and presents the appearance of water. It is so called because it attracts and deceives the deer and other animals. सिकता–सुतैलं excellent oil &c, मृगतृष्णिका–सुसलिलं sweet water—may also be regarded as compound words. This way of taking the expression is perhaps better as it adds to the force of the argument, and avoids प्रक्रमभङ्ग. It does not, however, look natural. सलिल—सलति गच्छतीति, सल्+इलच्. *Cf.* the *Subháshita* एष वन्ध्यासुतो याति खपुष्पकृतशेखरः । मृगतृष्णाम्भसि स्नातः शशशृङ्गधनुर्धरः ॥ wherein all the things generally spoken as absolute impossibilities are brought together. Some discover in this s'l. the fault *yatibhaṅga* or wrong Cæsura; see com.

S'l. 6. व्याल—A wild elephant. Some take it to mean 'a serpent' but without property, as it considerably impairs the force of the argument. Besides, a serpent is not known to be tied down while an elephant always is; *cf.* śl. 17. रोद्धुम्—To tie down. For the *inf.* see Apte's G. § 176 and note. बालमृणाल॰—मृणाल is *m. n.* तन्तु is from तन्+तुन्. समुज्जृम्भते—has a metaphorical meaning here; strives, makes efforts. वज्रमणिः—a diamond. प्रान्तः—प्रकृष्टोन्तः—extreme edge. शिरीष is known to be the softest flower. This shows the extreme folly of the act. सन्नह्यते—prepares, makes himself ready for. It properly means to put on an armour and thus to equip one's self for battle; *cf.* Mah. Bhár. युद्धाय सन्नह्यते. It is Atm. in this sense. पथि—The root नी governs two objects and the Acc. would have been more idiomatic. But as पथि is not the principal object but only secondary, it depends upon the will of the speaker to put it in the Acc. or in its natural case. सुधास्यन्दिभिः—shedding nectar, mellifluous. The root is sometimes used transitively. *Cf.* हालाहलं खलु पिपासति कौतुकेन कालानलं परिचुचुम्बिषति प्रकामम्। व्यालाधिपं च यतते परिरब्धुमद्धा यो दुर्जनं वशयितुं कुरुते मनीषाम्। Bhâm. Vil. I. 93; also 96. where the idea is somewhat differently expressed.

The rhetorical fig. here is *Nidars'aná* (मालानिद॰। which is defined as–निदर्शना। 'अभवन्वस्तुसम्बन्ध उपमापरिकल्पकः॥' when an impossible connection of things implies a comparison it is निदर्शनं दृष्टान्तकरणम् (citing of an instance). We have here a *M'alánidars'aná* (a string of illustrations) as the *upamánas* or 'things compared to' are many.

S'l. 7. स्वायत्तम्—at one's command, within one's control. एकान्तगुणं—एकान्तः always leading to one result; hence, never failing in its effect. With this sense *cf.* 'एकान्तविध्वंसिषु मद्विधाना. Rag. II. 57. गुण—efficacy, advantage. अपण्डिताः—पण्डा acute intellect, learning; see com.; Nañ. Tat.

S'l. 8. किंचिज्ज्ञः—Knowing a little. *cf.* ज्ञानलव॰ sl. 3. *supra.* Mr. Telang separates यदा अकिञ्चिज्ज्ञः to mark distinctly, as he says, the contrast with the third line. But this hardly improves the sense. A man is likely to be puffed up with little knowledge, not with great knowledge. द्विप—द्वाभ्यां with two (*i. e.* the mouth and the trunk), पिबतीति—an elephant. किंचित्किंचित—When I knew something (of reality) every day. The repetition of किंचित् shows continuous increase of knowledge, the continuity of action being one of the senses of वीप्सा or repetition. मद—mark the double meaning of this word here; (1) rut. (2) vanity, arrogance.

S'l. 9. कृमि॰—Covered with, or full of a swarm of insects. विगन्धि—giving out a bad stench. This is grammatically inaccurate. विरुद्धः गन्धः अस्य gives विगन्धम्. So to explain the form we must add इन् मत्वर्थे विरुद्धः गन्धः विगन्धः Karm. सोस्त्यस्य. But this is against the rule न कर्मधारयान्मत्वर्थीयः बहुव्रीहिश्चेत्तदर्थ-प्रतिपत्तिकरः। No affix showing possession should be added to a Karm. if its sense can be conveyed by a Bah. So this way of defending the form is not very satisfactory. See, however, our note on तुल्यगान्धिषु Rag. IV. 45. जुगुप्सित—censured, condemned. निरुपम°—Avya.; °रसप्रीत्या *v. l.* see com.; (eating it) with a relish the flavour of which is unparalled. न शङ्कते—has no fear or misgiving; does not think that he is doing something censurable or disgusting. परिग्रहफल्गुता—the worthlessness of one's belonging. The fig. here is अर्थान्तरन्यास—Def. सामान्यं वा विशेषो वा तदन्येन समर्थ्यते । यत्र सोऽर्थान्तरन्यासः साधर्म्येणेतरेण वा । Where a particular proposition is corroborate by a general proposition or a general proposition is supported by a particular instance either under a resemblance or contrast, that is *Arthántaranyása* or corroboration. There is also अप्रस्तुतप्रशंसा in the first three lines.

Śl. 10. शार्वम्–शर्वस्येदं of Śiva. Bhagîrath, a king of the solar race, wishing to procure the salvation of his 60,000 ancestors that had been reduced to ashes by Kapila's curse, propitiated by his penance, Gaṅgâ, and induced her to come down to the earth. The river complied with his request but directed him to find out some one who would bear her force as she would fall down from heaven. Bhagîratha then propitiated S'iva who agreed to allow the river to fall on his head. Bhágîrathî, accordingly, fell from heaven on S'iva's head, thence descended to the peak of Himálaya, thence to the earth and thence to the nether world where her waters sanctified the offspring of Sagara. The whole story is given in Rámâ. I.35-44. For पशुपति°—some read पतति शिरसः तस्क्षितिधरम् (his *i. e.* S'iva's mountain). महीध्र—महीं धरतीति, धृक्+क (अ); a mountain. अधोधः—The Ganges comes down to a lower and lower position. स्तोक—low, base. अथवा—or rather, what wonder if. विवेकभ्रष्टानाम्—Gaṅgá, in her arrogance thought that she would bear down even S'iva and enter into the nether world with him; she was punished for this by S'iva. See Rám. विनिपातः—Mark the *double entendre* on this word which means (i) great fall, and (ii) destruction, ruin. शतमुख–applies to

the river in its literal sense; in the other case it means, in a hundred ways.' The fig. is *Arthántaranyása.*

S'l. 11. हुतभुक्—हुतं भुंक्ते (aff. क्विप्) fire. सूर्य—सरति आकाशे यद्वा सुवति कर्मणि लोकं प्रेरयति (urges men to action) इति. See Sid. Kau. on Pán. III, 1. 114. नाग— न गच्छतीति अगः न नागः यद्वा नगे भवः । नागेषु इन्द्रः श्रेष्ठः यद्वा नागोयमिन्द्र इव *upmita samása.*

निशित—p. p. of शो to sharpen; also शात. मन्त्रप्रयोग—मन्त्र is a spell, a charm. प्रयोग is its employment for practical purposes. विष—is *m.* and *neu.* औषध—from ओषधी + अण् medicine. ओषः पाकः धीयते अस्यामिति ओषधिः । विहित prescribed or laid down in the *S'ástras.* मूर्खस्य &c.—*i. e.* for his folly.

S'l. 12. साहित्य—The best way is to take the Comp. as consisting of three things, *viz.* साहित्य (सहितस्य भावः ष्यञ्) poetic, compositions, सङ्गीत music and कला or arts. See com. जीवमानः—The verb जीव् is not Atm. and so the pre. p. ought to be जीवत्. But the form is defended by the following rule of Pán. ताच्छील्यवयोवचनशक्तिषु चानश्. The term. आन (चानश् and not शानच्) is applied to a root when it implies habit, age or power; भोगं भुञ्जानः (habit), कवचं बिभ्राणः (age, a young man), शत्रुन् निघ्नानः (power). जीवमानः may, therefore, mean 'accustomed to live ' (ताच्छील्य); living. भागधेय-भाग एव भागधेयं Good luck. धेय is added to रूप, नाम and भाग स्वार्थे *i. e.* without any alteration of sense.

S'l. 13. ज्ञानम्—may here refer to 'knowledge of the self, or higher knowledge. गुणः—Such a courage, generosity of mind &c. धर्मः—discharge of duty or religious merit. भुवि भारभूताः—a burden to the earth. मर्त्यलोके In this world of mortals—should be construed with चरन्ति.

मनुष्यरूपेण &c.—The fig. here is *Apahnuti* ' प्रकृतं यन्निषिध्यान्यत्स्थाप्यते सात्वपह्नुतिः ' where the real thing (the matter in hand, the उपमेय) is denied and some thing unreal (the उपमान) is affirmed in its place, is *Apahnuti. cf.* विद्याविहीनः पशुः Sl. 20.

S'l. 14. पर्वत-fr. (पर्वन् a joint, a part). दुर्ग—the impassable place. भ्रान्तम् p. p. used as a noun; for a similar use *cf.* गतं

(gait) तिरश्चीनमनुसारथेः S'is. I. 2. उभावलंचक्रतुरञ्चिताभ्यां तपोवनावृत्तिपथं गताभ्याम् Rag. II. 18. सुर—The derivation of this word is far-fetched. सुष्ठु राति इति सुरः he who grants what is desired, यद्वा समुद्रोत्था सुरा (nectar churned out of the sea) अस्त्यस्य; अर्शआदित्वात् अच् Pân. V. 2. 127. *cf.* Râmâ. सुरापरिग्रहाद्देवाः सुरा इत्यभिविश्रुताः । The word, however, is of later growth, the original word being असुर from which it was derived. See note on असुर Rag. II. 37.

S'l. 15. शास्त्रोपस्कृत—शास्त्रैः (such as grammar, rhetoric &c.) उपस्कृताः (refined, polished) ये शब्दाः तैः सुन्दरा agreeable, charming गीः येषाम् । उपस्कृत–उपात्प्रतियत्नवैकृतवाक्याध्याहारेषु च । Pân. VI. 1. 139. उपात्कृञः सुट् स्यादेषु अर्थेषु द्योत्येषु-स् is inserted between उप and कृ when these senses are to be implied; चात्प्रागुक्तयोरर्थयोः- by च we ought to understand that स् is inserted to express the senses already given (*i. e.* भूषणे समवाये च Pân. VI. 1. 137, 138). प्रतियत्नो गुणाधानं adding a property or excellence; विकृतमेव वैकृतं विकारः; वाक्यस्य अध्याहारः आकाङ्क्षितैकदेशपूरणम् । उपस्कृता कन्या अलंकृता इत्यर्थः । This sense will do in the present case; उपस्कृता ब्राह्मणाः समुदिताः (collected together) इत्यर्थः । एधो दकस्योपस्कुरुते गुणाधानं करोतीत्यर्थः । उपस्कृतं भुंक्ते विकृतमित्यर्थः; उपस्कृतं ब्रूते । वाक्याध्याहारेण ब्रूते । Sid. Kau. This last sense will also do—whose speeches are embellished with quotations from the different *S'âstras.*

शिष्यप्रदेयागमाः—आगम properly means the Vedas, but here it means literary acquirements, knowledge of the different branches of learning. कवि—a learned man. जाड्यं—stupidity, inability to appreciate the merits of. ईश्वरः-ईशितुं शीलमस्य; from ईश्+वरच् । 'स्थेशभासपिसकसो वरच्' Pân. III. 2. 175. These roots take this aff. ताच्छील्ये; स्थावर, भास्वर, पेस्वर &c. ईश्वर means 'rich' here. *Cf.* 'मा प्रयच्छेश्वरे धनम्' H. I. कुत्स्याः—from कुत्स् 10 A. to censure, fit to be censured, fit to blame. अर्घतः पातिताः-Valued lower than their real worth. The fig. in the first three lines is विरोधाभास in as much as the poets are spoken of as ईश्वर, though without wealth, which apparent Virodha or incongruity is removed by taking

ईश्वर to mean rich in the store of knowledge. The fig. in the last line is दृष्टान्त.

S'l. 16. गोचरम्—गावः चरन्ति यस्मिन् over which the eyes (गो=eye) move, hence visible to; it generally means 'within the scope of' (गो meaning an *indriya*); it also means a pasturage, where गो means a cow. The word is irregularly formed by 'गोचरसंचर &c. Pân III. 3. 119. किमपि–indescribable. पुष्णाति—पुष् here means 'to bring about.' *Cf.* for this sense किमभिलषितं पुष्यति न ते Vair. S'at. 34. The word very often occurs in S'âkuntala. कल्पान्तेषु—कल्प is a day of Brahmâ equal in duration to the four *Yugas* (4,320,000 years) rolling on 1000 times, which also measures the duration of creation. Vidyá is not destroyed like every other thing at the end of a *Kalpa. Cf.* for the idea विद्या कुलजवधूरिव जहाति नो जन्म जन्मापि। and Kum. I. 30; also न चोरहार्यं न च राजहार्यं न भ्रातृभाज्यं न च भारकारि। व्यये कृते वर्धत एव नित्यं विद्याधनं सर्वधनप्रधानम् ॥ Subhâ. तान् प्रति &c.–Give up your pride or sense of personal greatness towards them *i. e.* act with courtesy and humility towards them. तैः सह—स्पर्ध् is used with the Inst.; *cf.* 'अस्पर्धिष्ट च रामेण' Bk. XV. 65. The fig.s are व्यतिरेक and विरोधाभास (in the 2nd l.).

S'l. 17. परमार्थ—the highest object to be aimed at; the highest truth *i. e.* Knowledge about Brahma or the Surpreme Spirit. पण्डित.—see s'l. 7. लघुलक्ष्मीः—Wealth that insignificant thing (like grass). The contrast is betweeen परमार्थ and तृणमिव लघुलक्ष्मी. वारणम्—a hindrance.

S'l. 18. The idea expressed in the s'l. is this—A king, even though angry with a learned man, can at the most deprive him of his external comforts but do him no further injury—he cannot deprive him of his great inherent virtues. अम्भोजिनी०—वनं a bed. नितराम् may mean 'wholly, entirely,' if taken with हन्ति; or 'exceedingly, very much,' when taken with कुपित. दुग्धजलभेद०–The power of separating milk from water is supposed to belong to all swans. *Cf.* सारं ततो ग्राह्यमपास्य फाल्गु हंसैर्यथा क्षीरमिवाम्बुमध्यात्। Pan. Tan. I. नीरक्षीरविवेके हंसालस्यं त्वमेव तनुषे चेत्। विश्वस्मिन्नधुनान्यः

कुलव्रतं पालयिष्यति कः ॥ Bhâm. ViI. I. 12. वैदग्ध्य—विदग्धस्य भावः । See note on दुर्विदग्ध s'l. 3. The word is used here in the sense of 'natural skill or capacity.' कृत्यवस्तुषु चातुर्यं वैदग्ध्यं परिकीर्त्यते ।

Śl. 19. केयूरः—an armlet. संस्कृताः—polished or refined by culture. *Cf.* Kâli. 'संस्कारवत्येव गिरा मनीषी तया स पूतश्च विभूषितश्च' Kum. I. 28, where Malli, renders the word संस्कार by व्याकरणजन्या शुद्धिः । Here of course the word means more than that· सतत—Lasting for ever.

S'l. 20. नाम—is used here प्राकाश्ये 'as is well known'; or it may have the sense of 'indeed, verily' as in मया नाम जितं or न नाम शरासनम् Vik. प्रच्छन्नगुप्त—The Comp. may be taken in two ways प्रच्छन्नं यथा तथा गुप्तं very carefully protected, or प्रच्छन्नमत एव गुप्तं च carefully concealed (from view and protected) *Cf.* हर्तुर्याति न गोचरं *supra* s'l. 16. भोगकरी—contributing to pleasures. from भोग + कृ + टः (अ) added हेतौ + ई see com., ट is attached to कृ in these senses:–यशस्करी विद्या, श्राद्धकरः (ताच्छील्य), वचनकरः (आनुलोम्य); Sid. Kau. गुरूणां गुरुः the preceptor of preceptors, or the greatest of the great. For the Gen. गुरूणां see Pân II. 3. 41. (यतश्च निर्धारणम्) and Apte's G. § 82. The *fem.* of गुरु is गुर्वी or गुरुः । The rule is 'वोतो गुणवचनात्' । Pân. IV. 1. 44. खरुसंयोगोपधान्न । Vârt.-Adjectives of quality ending in उ not preceded by a conjunct consonant, except खरु, form their *fem.* by adding ई optionally. See Gr. § 319. बन्धुः—बध्नाति मनः स्नेहादिनेति बन्धुः । बन्ध् + उ Uṇ. I. 10. राजसु पूजिता—The construction is rather unidiomatic from a grammatical point of view. The rule of Pân. is 'क्तस्य च वर्तमाने' II. 3. 67. Past. p. participles ending in त, when used in the sense of the present tense, are used with the Gen.; राज्ञां मतः, बुद्धः, पूजितो वा. The Loc. may be explained as विषयाधिकरणे, राजसु विषये पूजिता or the whole may be taken as a Comp. word meaning well (सु) respected (पूजिता) by kings (राजभिः). विद्याविहीनः पशुः—Comp. s'l.s 12, 13.

Fig.—As there are many *rúpakas* in this s'l. the figure of speech is *Málá-rúpaka.* A रूपक is defined as तद्रूपकमभेदो यः उपमानोपमेययोः—the identity of the उपमान and उपमेय is *Rúpaka i. e.* when two things known to be quite different from each other are identified together to show their great resemblance to each other the fig. is *Rúpaka.*

S'l. 21. क्षान्तिश्चेत्—*cf.* क्षमाशस्त्रं करे यस्य दुर्जनः किं करिष्यति। कवचेन is undoubtedly a better reading. The other reading वचनेन means 'why need conciliatory words' *i. e.* these are superfluous. क्रोधः—Anger itself is a great enemy as it causes much restlessness and worry to a man. ज्ञाति &c.—Because the *dáyádas* are a fire that internally consumes. हृदय becomes हृत् after सु or दुर् when the sense is 'a friend or a foe'; (see com.); अन्यत्र सुहृदयः दुर्हृदयः। Sid. Kau. अनवद्या—न अवद्या (न वद्या अवद्या) अनवद्या blameless, commendable and not अभिचारादिविद्या. Mark the difference of meaning between अवद्य and अनुद्य both formed by the aff. य; the former means what is not fit to be spoken, what deserves blame; the latter 'what ought not to be named;' as अवद्यं पापं, अनुद्यं गुरुनाम. See Kau. on Pân. III. 1. 101, (अवद्यपण्यवर्या गर्ह्यपणितव्यानिरोधेषु।) व्रीडा—modesty. सुकविता—is used here in the sense of 'good power of composition, poetic genius'. *Cf.* लोभश्चेदगुणेन किं s'l. 55, further on.

S'l. 22. दाक्षिण्यं—generosity, kindness. *Cf.* दक्षिणा परिजने S'ák. and दाक्षिण्यरूढेन Rag I. 31. शाठ्य—शठस्य भावः। This is to pay tit for tat. नयः—politic behaviour; a conduct of policy. आर्जवम्—rectitude, straightforwardness. धूर्तता—catiousness, shrewdness. लोकस्थितिः—stability or preservation of social order.

S'l. 23. सिञ्चति वाचि सत्यम्—a curious phrase. It means 'causes men to be always truthful.' सत्यं—सति साधु सत्+यत्. दिशति—brings about; lit. grants. प्रसादयति—purifies, enlightens. कथय—*cf.* the similar use of 'say' in English poetry. *Cf.* दूरीकरोति कुमतिं विमलीकरोति चेतश्चिरन्तनमघं चुलुकीकरोति। भूतेषु किं च करुणां बहुलीकरोति सङ्गः सतां किमु न मङ्गलमातनोति ॥ Bhâm. Vil. I, 119; also महाजनस्य संसर्गः कस्य नोन्नतिकारकः; सतां हि सङ्गः सकलं प्रसूते &c. Fig.—In the last line there is अर्थान्तरन्यास अलङ्कार. There is also दीपकालङ्कार (कारकदीपक) in the first three lines, सैव (सकृद्वृत्तिः) क्रियासु बह्वीषु कारकस्येति दीपकम्. When a case noun occurring once is connected with a plurality of verbs we have the (second) of दीपकालङ्कार.

Śl. 24. जयन्ति-Glory to; veneration to (implied). सुकृतिन् —'इनिः'। Pán. V. 2. 115; (1) meritorious, whose works are good. (2) adepts in the preparation of medicines. रससिद्धाः- see com.; perfect or accomplished in the *Rasas* or sentiments *i. e.* capable of depicting the various sentiments, and, thereby touching the passions and feelings of men (what constitutes the soul of poetry); masters of the poetic art. The *Rasas* are eight in number; *viz.* शृङ्गारवीरकरुणाद्भुतहास्यभयानकाः'। बीभत्सरौद्रौ च रसाः (शान्तस्तु नवमः स्मृतः ॥ शान्त is also added). Some also add a tenth-वात्सल्यरस. The *Rasasa* are more or less a necessary factor of every poetic composition. But according to Vis'vanâtha they constitute the very essence of poetry (since he defines .काव्य as वाक्यं रसात्मकं काव्यम्). रससिद्ध is also a *S'lishta* word. The side meaning is who are skilled in managing mercury (रस), which, when prepared in a particular way, is supposed to grant exemption from old age.' यशःकाये— यशोरूपः कायः। काय irregularly derived from चि; चीयतेऽस्मिन्नस्थ्यादिकमिति, चीयते अन्नादिनति वा कायः। चि+घञ्, चस्य कः। Pân. III. 3. 41. जरा fr. ज+अङ् *Cf.* कतिपयनिमेषवर्तिनि जन्मजरामरणविह्वले जगति। कल्पान्तकोटिबन्धुः स्फुरति कवीनां यशःप्रसरः॥ Subhá. The fig. in this ś1. is S'lesha.

S'l. 25. सूनुः—a son; सूयते इति। सुवः किद् इति नुः। Uṇ. III. 35. सचरितः—well-behaved. सती—सती साध्वी पतिव्रता Amara. प्रसादोन्मुखः—ready to favour, favourably disposed. अवदात- अवदायते स्म इति। from दै to purify &c.+क्तः कर्मणि। refined, polished: hence elegant or beautiful with. विष्टपहारिन्—ताच्छील्ये णिनिः। habitually pleasing the world, joy of the world (Vishṇu being the most popular deity). The fig. here is तुल्ययोगिता (and not दीपक) which is defined as नियतानां सकृद्धर्मः सा पुनस्तुल्ययोगिता। K. P.—a combination of several objects having the same attribute (here acquisition of the various things mentioned) the objects being either all relevant or all irrelevant.

S'l. 26. संयमः—restraint over the mind (*i. e.* checking such a desire). काले—at the proper time, timely (charity). शक्त्या—*i. e.* यथाशक्ति according to one's power or means. युवति॰ —maintaining silence with regard to speaking about other people's wives; in such cases जन means 'a collection.' परेषां-is connected with युवती॰ by सापेक्षत्वेपि गमकत्वात् (when the connection is easily understood) समासः। For a similar idea *cf.* अनिर्वर्णनीयं परकलत्रं नाम । S'ák V. युवति is the *fem.* of युवन्, Pán. IV. 1. 77. तृष्णास्रोतः—The idea recurs in Vai. S'at. śl. 45. (आशा नाम नदी &c.) सामान्यः—सह मानेन वर्तते समानः। ततः स्वार्थे ष्यञ्। See Vârt. on Pan. V. 1. 124. Common to all the *S'ástras.* अनुपहतः॰—whose application (operation) is unobstructed *i. e.* which never fails to produce the desired effect. 'Which violates no rules or ordinance.' K. T. Telang. श्रेयसां—Blessings of all kinds.

S'l. 27. नीचैः—by law or poor-spirited men, men incapable of sustained exertion. निकृष्टाम् ईं शोभां चिनोतीति; नि+ई +चि+डः। मध्याः—men of the 2nd class. *Cf.* Mud· II. 70.

S'l. 28. प्रिया—Agreeable and yet not departing from, standing to, justice, just. वृत्तिः—course of conduct, behaviour. मलिन—मलोऽस्यास्ति । मल्+इनच् अस्त्यर्थे। see Pân. V. 2. 114 A dirty or foul deed. असन्तः &c.—Because अनिष्टादिष्टलाभेपि न गतिर्जायते शुभा। सुहृद्—For deri. see *supra.* 21. Mr. Joglekar takes this in the general sense of 'a noble-minded person,' deriving it as शोभनं हृत् यस्य, as opposed to असन्तः. But I am inclined to take it rather in its restricted sense of 'a friend' who alone may be appealed to for help under any circumstances, and not every good person. The force of अपि is then properly brought out. The use of the sing. सुहृद् also shows that that is the intention of the poet. Otherwise he should have used the plural corresponding to सन्तः उच्चैः. स्थेयम्—Acting nobly, keeping up one's dignity. *Cf.* S'is. IX. 5. पदमनुविधेयं &c.—Tread, follow, in the foot-steps (of the great). उद्दिष्ट—is here used for उपदिष्ट advised, dictated. असिधाराव्रतम्—Three meanings can be assigned to this:—(1)

असिधारायां शयनमिव दुष्करं व्रतं the vow difficult like that of lying on the edge of a sword. *Cf.* कण्टकव्रतशयनलीलाम् Kâd. p. 396: (2) or as Malli. explains it (Rag. XIII. 67.) युवा युवत्या सार्धं यन्मुग्धभर्तृवदाचरेत् । अन्तर्निवृत्तसङ्गः स्यादसिधारं व्रतं हि तत् ॥ इति यादवः । इदं चासिधाराचंक्रमेण (moving on) तुल्यत्वादसिधाराव्रतमित्युक्तम् । Or (3) according to some शयने मध्ये खड्गं निधाय स्त्रीपुंसौ यत्र ब्रह्मचर्येण स्वपतस्तत् । Or (see com.). This explains the extreme difficulty of the course of conduct marked out for themselves by the good.

S'l. 29. An *Anyokti*. क्षाम–parched with; क्षै+कर्तरि क्तः । कृश—p. p. of कृश्. to be reduced: Pân. VII. 2. 55. शिथिलप्रायः—Almost full of wrinkles, or decayed. *N. B.* At the end of a Comp. प्रायः may be translated by (1) for the most part, almost; as मृतप्रायः (2) abounding or rich in, full of; as शालिप्रायो देशः; and like, resembling; as वर्षशतप्रायं दिनम्. विपन्नदीधितिः—दीधिति means तेजस् lustre, fire; hence vigour, energy.

मत्तेभेन्द्र &c.—मत्ताः intoxicated, furious. कवल—a mouthful. तस्य &c. whose desire is fixed solely on eating &c. मानमहताम्—great by self-respect or honour. अग्रेसरः—अग्रमग्रेणाग्रे वा सरतीति अग्रेसरः । (see com.). सूत्रेऽग्रे इति एदन्तत्वमपि निपात्यते । कथं तर्हि 'यूथं तदग्रसरगर्वितकृष्णसारम् (Rag. IX. 55.) इति । बाहुलकादीति हरदत्तः । Sid. Kau. The change of अग्र to अग्रे is irregular. केसरिन्—केसरः अस्यास्तीति; as applied to the pollen of flowers, both केसर and केशर are correct; but as applied to the mane of a lion केसर is the only correct form. Hence केसरिन् is the only correct form and not केशरिन् when meaning a lion (as written in some lexicons).

S'l. 30. निर्मांस—The word मांस is curiously derived in Manu Sm. V. 55. मां स भक्षयिताऽमुत्र यस्य मांसमिहाद्म्यहम् । एतन्मांसस्य मांसत्वं प्रवदन्ति मनीषिणः ॥ अस्थिकं—a small bone; क in such cases is used in a diminutive sense; it may also have a deprecatory sense here; कुत्सितमस्थि अस्थिकम्. The reading अस्थि गोः has no special propriety here. सिंहः—हिनस्तीति, a word of the पृषोदरादि class; सिंहो वर्णविपर्ययात् । Sid. Kau. सत्त्वानुरूपं worthy of, in keeping with, one's greatness or magnanimity of heart, inherent disposition or character (according to Malli; see com. on Rag. V. 21.) Fig—*Arthântaranyâsa.* For the idea comp. जरठज्वलनैज्वलतात्यपगतशङ्का समागतापि पुरः । करिणामरिणा हरिणा हरिणाली हन्यतां तु कथम् ॥ Bha. VI. 1. 49.

S'l. 31. अधश्चरणावपातम्—(1) He falls down on his knees; (2) falls at the feet of another. Both the senses seem to be intended. पिण्डद—the giver of food. गजपुङ्गव—पुङ्गव at the end of a Comp. indicates excellence. Compare the similar use of such words as ऋषभ, कुञ्जर &c. see com. धैर्यम्—with patience or seriousness. चाटुशतैः—with hundreds of cajoling expressions or words of coaxing (addressed to him). An *Anyôkti* (a kind of *Aprastutaprars'amsâ*).

S'l. 32. परिवर्तिनि—Rotating, revolving:—an idea that fits in well with *Samsâra* which means 'that in which the soul passes from one corporeal existence to another.' मृतः को वा न जायते—who, indeed, being dead is not born again? This is the sense in which the late Mr. Telang seems to take this passage. But the condition of death must follow that of birth, so it is better to construe it as कः न मृतः को वा न जायते who is not born and who is not dead; birth and death are the necessary conditions through which every one must pass. *Cf.* Bg II. 27. quoted in the com. समुन्नति—elevation, eminence, a rise in status.

S'l. 33. द्वयी—द्वौ अवयवौ यस्याः; 'two fold' संख्याया अवयवे तयप् । द्वित्रिभ्यां तयस्यायज्वा । Pân. V. 2. 42, 43. अय is optionally substituted for तय in the case of द्वि or त्रि; द्वितयं, द्वयं; त्रितयं, त्रयम्. मनस्विन्—noble-minded, high-souled. द्वे गती स्तः &c. *v. l.* means:—There are two courses (of action) for &c. The former is preferable as it implies an amount of consideration and determination on the part of the *Manishin.* मूर्ध्नि वा &c.—(1) at the head of all; (2) on the head &c. For the idea expressed here comp. नैसर्गिकी सुरभिणः कुसुमस्य सिद्धा मूर्ध्नि स्थितिर्न चरणैरवताडनानि ॥ Uttar. I. विशीर्येत०—A high-minded man rather than occupy a low position retires from society and leads a secluded life. Fig. *Upamâ.*

Śl. 34. बृहस्पति—from बृहत् speech + पति the lord of; here the planet Jupiter, 'तद्बृहतोः करपत्योश्चोरदेवतयोः सुट् तलोपश्च' Vârt. on Pán. VI. 1. 157. स् is substituted for the final of बृहत् and तत् when followed by पति and कर when the sense is a particular deity and a thief respectively; so तत् + कर = तस्कर. सम्भाविताः—well respected or esteemed *i. e.* of middle size.

विशेष°—see com.; or विशेष्यत इति विशेषः unusual, uncommon; or शिष्यते इति शेषः। विगतः शेषः यस्य complete, hence uncommon; विशेषः विक्रमः विशेष° तत्र रुचिः यस्य bent on performing deeds of unusual valour. वैरायते A denom. from वैर meaning वैरं करोति; derived with the aff. क्यङ्; see com. भास्वरौ–brilliant. भ्रान्तः–*v. l.* revolving; कर्तरि क्तः by गत्यर्थाकर्मक &c. Pán. III. 4. 72. पर्वन्—The time of new or full moon (opposition or conjunction). शीर्षाव°—The allusion here is to the severance of the demon's head at the time when the nectar that was churned out of the ocean was served to the gods, and Ráhu attempted to drink it by joining their line. The sun and the moon informed Vishṇu of the fraud, whereupon he severed the demon's head with his discus. But as the demon had tasted a little quantity of *Amṛta* the head lived and is supposed to wreak its vengeance on the two luminaries. See Mat. Pu. Adh. II. 5. 13. 16. Bhâg. P. VIII. 9. 23–26. The fig. is अप्रस्तुतप्रशंसा as the action of Râhu which is not the matter in hand (अप्रस्तुत) implies the action of an inveterate wicked man which is the matter intended to be described.

Śl. 35. फणाफलक The flat surface of (extensive board formed by) his hoods. Comp. Mat. Pu. CCLIX. 7. मध्येपृष्ठम्—on the back. Avy. Com. This is less common though by no means very rare: comp. Bv. I. 60; Nai. III. 40; Śis. III. 70. VII. 32 and 70 Bhaṭṭi. V. 4. पारे मध्ये षष्ठ्या वा। Pân. II. 1. 18. The words पार and मध्य are optionally compounded with a noun in the Gen. case forming an Avy., the final अ of these being irregularly (निपातनात् एदन्तत्वं चानयोर्निपात्यते। Sid. Kau.) changed to ए; optionally there may be Gen. Tat, *e. g.*

गङ्गापारात्, गङ्गामध्यात्. When the last word has the sense of the Loc. the final may be changed to अम् as here, the sense being पृष्ठस्य मध्ये. See Gr. § 274. क्रोडाधीन—क्रोडे properly means the bosom (भुजान्तर see Amara. II. 77.); hence a portion, a corner of the ocean's surface. क्रोडे अधि क्रोडाधीनं Loc. Tat. The Tad. aff. अ (ईन) is necessarily added to a Tat. ending in अधि by Pân. V. 4. 7. अनादरात् with but scanty regard. The ocean seems to take but little notice of the Tortoise with his immense body. For the story, see Mat. Pu. Chap. CCXLIX. 26, 26. अहह expresses here 'wonder, astonishment,' (अद्भुते). निःसीमानः—न विद्यते सीमा यासां. The *fem.* of निःसीमन् is formed in three ways; so the other forms of the pl. are निःसीमाः and निःसीम्न्यः; see बहुराजन् Gr. § 329. The fig. in the first three lines is Máladîpaka, and in the fourth *arthántaranyâsa* (confirming the general proposition about the magnanimity of the actions of the great by the particular instance of the sea).

Śl. 36. मघवन्—Indra. The word here may be मघवन् or मघवत्; मह्यते पूज्यते इति मघवा or—वान्. The former is derived by 'श्वन्नक्षन्'—Uṇ I. 159. the latter by 'मघवा बहुलम्' Pân. VI. 4. 128. तुषाराद्रेः सूनुः—Mainaka, son of Himálaya and Menâ. *Cf.* असूत सा नागवधूपभोग्यं मैनाकमम्भोनिधिबद्धसख्यम् । क्रुद्धेपि पक्षच्छिदि वृत्रशत्राववेदनाज्ञं कुलिशक्षतानाम् Kum. I. 20. Allusion–Formerly the mountains had wings with which they flew about and grew very troublesome. To stop the evil Indra lopped off their wings with his thunderbolt when hundreds of them flew to the sea for protection. Only Mainâka escaped the fate which overtook others. For this legend, see Rámâ. Sun. K. Adh. I. 115–119. For the physical explanation, see Notes on Rag. I. 68. Mark the use of the word उचित here. In the construction of वरम् न च or न पुनः, such a word is not usual, its signification being implied in the construction itself. Mr. Telang's notes.

Śl. 37. यत्–तत्—since then; in as much as. पादैः स्पृष्टः (1) touched with the rays; (2) with feet. तेजस्वी—of pre-eminent valour. विन् showing excess (भूमन्) 'अस्मायामेधास्रजो विनिः Pân. V.

Sl. 121. विकृति—insult. *Cf.* न तेजस्तेजस्वी प्रसृतमितरेषां प्रसहते स तस्य स्वो भावः प्रकृतिनियतत्वादकृतकः । मयूखैरश्रान्तं तपति यदि देवो दिनकरः किमाग्नेयग्रावा निकृत इव तेजांसि वमति ॥ Uttar. VI. 14; also पुरःसरा धामवतां यशोधनाः सुदुःसहं प्राप्य निकारमीदृशम् । भवादृशाश्चेदधिकुर्वते रतिं निराश्रया हन्त हता मनस्विता ॥ Kir. I 43, where निकार is the same as निकृति. *Cf.* also III. 44. विकृती *V. l.* which nearly means the same thing. It properly means 'change, agitation;' hence what causes such agitation, offence, injury. Fig. Dṛśtânta.

Śl. 38. मदमलिन—मदेन मलिने कपोलभित्ती येषां तेषु । प्रशस्तौ कपोलौ कपोलभित्ती (wall-like), excellent cheeks; the excellence consisting in their breadth or massiveness. मतल्लिकोद्धमिश्राः स्युःप्रकाण्ड-स्थलभित्तयः' *Gaṇaratnamahodadhi* quoted by Malli. in his com.on Rag. V. 43. Or this may mean 'the temples and cheeks.' भित्ति properly means a wall, fr. भिद् to separate: a wall separates two rooms; hence any thing that separates, distinguishes (used at the end of a Karm. Comp.). प्रकृति—'nature,' a permanent trait in one's character; opp. to विकृति. Comp. śl. 52, last line. Fot the idea comp. Kâlidása—तेजसां हि न वयः समीक्ष्यते Rag. XI. 1. and तेजसा सह जातानां वयः कुत्रोपयुज्यते।

Śl. 39. जातिर्यातु &c.—The idea of the śl. is that all these qualities sink into utter insignificance when compared to money. If one has money these are nothing to him. Comp. śl. 41. रसातलं—one of the seven regions below the earth. These are अतल, वितल, सुतल, रसातल, तलातल, महातल and पाताल. शील—Virtuous conduct, character. It is a word of constant occurrence in Bhar.; *cf.* S'lokas 13, 42, 82, 109, &c. अभिजनः—nobility of birth. *Cf* Mál. Mád. II. 13. Śák IV. 18. शौर्ये वैरिणि—Bravery is said here to be an enemy as it often proves an obstacle to earning money. A brave man can never stoop to such mean acts as it sometimes becomes necessary for a seeker of wealth to perform. येनैकेन &c.—This explains why wealth is desired at the cost of जाति &c., and so the fig. is Kâvyaliṅga.

Śl. 40. इन्द्रियाणि—इन्द्रिय is peculiarly derived by Pân. (V. 2. 93.) इन्द्रियमिन्द्रलिङ्गमिन्द्रदृष्टमिन्द्रसृष्टमिन्द्रजुष्टमिन्द्रदत्तमिति वा ॥ इन्द्र is the soul, the lord of the body. It is thus explained by Vámana. इन्द्रस्य लिङ्गमिन्द्रियम् । इन्द्र आत्मा स चक्षुरादिना करणेनानुमीयते । नाकर्तृकं करणमस्ति । इन्द्रेण दृष्टमात्मना दृष्टमित्यर्थः । इन्द्रेण सृष्टमात्मना सृष्टम् । तत्कृतेन शुभाशुभकर्मणोत्पन्नमिति कृत्वा । इन्द्रेण जुष्टमात्मना सेवितम् । तद्द्वारेण विज्ञानोत्पादनात् ॥ इन्द्रेण दत्तमात्मना विषयेभ्यो यथायर्थं ग्रहणाय । Also. इन्द्रेणात्मना दुर्जयम् । Bhaṭṭoji. There are two kinds of *Indriyas—Jnânendriyas* and *Karmendriyas,* thus given by Manu—श्रोत्रं त्वक्चक्षुषी जिह्वा नासिका चैव पञ्चमी । पायूपस्थं हस्तपादं वाक् चैव दशमी स्मृता ॥ मनस् is the eleventh organ of sense which is internal. In the Vedânta मनस्, बुद्धि, अहंकार and चित्त are said to be the four internal organs. According to some these are the different faculties constituting the mind or अन्तः-करण. Others add अन्तःकरण to the list making up a पञ्चक. बुद्धि is evidently used here for the mind and not in the sense of the *Vedántins.* अप्रतिहत—unrepulsed, in full (un-impaired) vigour. वचनम्—power or manner of speech. अर्थोष्मन्—Comp. वित्तज उष्मा Pt. II. शौर्योष्मन् Mv. अन्यः &c.—becomes quite a changed man (inasmuch as he is differently treated by the world at large); see the next śl.

Śl. 41. कुलीनः—nobly born. *Cf.* for the idea in the s'lokas 39–41 the well-known *Subhâshita* यस्यार्थास्तस्य मित्राणि यस्यार्थास्तस्य बान्धवाः । यस्यार्थाः स पुमान् लोके यस्यार्थाः स च पण्डितः ॥ Also धनमर्जय काकुत्स्थ धनमूलमिदं जगत् । अन्तरं नैव पश्यामि निर्धनस्य मृतस्य च ॥ ब्रह्मघ्नोपि नरः पूज्यो यस्यास्ति विपुलं धनम् । शशिना तुल्यवंशोपि निर्धनः परिभूयते ॥ Fig. Kâvyaliṅga, सर्वे गुणाः काञ्चनमाश्रयन्ते explaining the reason of a wealthy man being considered कुलीन &c.

Śl. 42. दौर्मन्त्र्यात्—see com. सङ्ग—attachment to wordly objects, association with men. कुतनयः—तनोति कुलमिति तनयः from तन्+कयन् (अय). खलोपासन—serving, propitiating a wicked man. In doing this one is likely by habit to loss one's good disposition. अनय—impudence, impolitic conduct. अनवेक्षण—want of proper care or supervision. त्यागप्रमाद—carelessness or indiscretion (not exercising prudence and judgment) in expenditure, including charity, is evidently a better reading than

त्यागात् &c. where त्याग means 'liberality, giving away.' It also keeps up symmetry. Fig. तुल्ययोगिता, विनश्यति indicating the common attribute.

Śl. 43. **गतिः**—passage out; money goes out in these three ways. **यो** &c.—The language here is rather condensed. **वित्तं** must be supplied from the first line as the object of ददाति and वित्तस्य after तस्य which means 'his' answering to यः.

Śl. 44. **शाणोल्लीढः**—Cut or polished on a polishing stone. हेतिनिहत—forcibly struck *i. e.* wounded with weapons. दलित *v.l.* means 'shattered, hewn, and is a stronger term than **निहतः**. **मदक्षीणः**—मदेन क्षीणः Inst. Tat; reduced by the flow of rut. Here क्षीणः has the same meaning as श्लक्ष्ण (thin, which is a mark of beauty). This is preferable to क्षीणमदः which is a Bah. and implies the cessation of the flow of rut, and therefore the poet uses the rather unusual Inst. Tat. **आश्यान॰**—श्यान from श्यै to become dry or thick + क्तः shrunken. *Cf.* शनैः श्यानीभूताः सितजलधरच्छेदपुलिनाः । + + + नभस्तः स्यन्दन्ते सरित इव दीर्घा दशादिशः ॥ Mud. III. 7. As the floods subside in autumn the rivers shrink back into their proper beds and look beautiful with their pellucid water. *Cf.* वनस्पतीनां सरसां नदीनां तेजस्विनां कान्तिभृतां दिशां च । निर्याय तस्याः स पुरः समन्ताच्छ्रियं दधानां शरदं ददर्श । Bhaṭṭi. II. 1. Also Rag. IV. 19. 21.

कलाशेष—(एका) कला एव शेषो यस्य सः । Such a moon is considered not only beautiful but also an object of reverence. *Cf.* Rag. V. 16. quoted in the Com. also प्रणमन्त्यनपायमुत्थितं प्रतिपच्चन्द्रमिव प्रजा नृपम् । Kir. II. 11. For the poetical account of the waning of the moon, supposed to be drunk in turns by the gods, *pitṛs &c.*, see our Raghu (V. 16) and note thereon. **तनिमन्**—An abs. noun from तनु. The aff. इमनिच् (इमन्) is optionally added, to form abstract nouns, to पृथु, मृदु, महत्, पटु, लघु &c. 'पृथ्वादिभ्य इमनिज्वा' Pân. V. 1. 122. **अर्थिषु** &c.—as Chârudatta, the hero of the Mṛch.; and not in vices.

Fig. *dîpaka,* as the common attribute शोभा is mentioned once with regard to 'जन' which is प्रकृत (matter in hand) and with respect to मणि &c. which are अप्रस्तुत. 'सकृद्वृत्तिस्तु धर्मस्य प्रकृताऽप्रकृतात्मनाम् (दीपकं) K. P. X.

Śl. 45. परिक्षीण:—Reduced in circumstances every way (परि); completely poverty-stricken. प्रसृति properly means the palm hollowed, hence by *Lakshaṇá* what is contained therein; also a measure equal to two *palas.* स्पृहयति—स्पृह् governs the Dat. See Pân. I. 4. 56. सम्पूर्ण: full of, *scil.* wealth. opp. to परिक्षीण:. Mark the force of the prepositions परि and सम् कलयति (a verb capable of a very large number of meanings according to context); here, thinks, considers.

अत:—hence; *i. e.* because of the fact mentioned above. अनैकान्त्यं—The state of having no fixity, uncertainty न एकान्तमनैकान्तं तस्य भाव: । The last two lines are somewhat puzzling and have been differently interpreted. For construction see com. The meaning is that since there is variability with regard to the greatness or smallness of the same thing it must be concluded that it is the state of life of those possessed of wealth that causes the things so to appear.

Śl. 46. दुधुक्षसि—desiderative of दुह्; although a द्विकर्मक root; it is here used with one object. क्षितिधेनुम्—a Karm. and the Fig. properly is रूपक. तेन—equivalent to तर्हि अद्य seems to have been used here in a wider sense:—now, at present. This verse gives a very sound advice to princes to secure the prosperity of their states. The last three lines contain an उपमा and the metaphor of the first has not been kept up. क्षिति० therefore should be taken as in the Com. *Cf.* Rag. I. 26. दुदोह गां &c.

Śl. 47. हिंस्र—murderous, cruel, bloody. From हिंस्+र added ताच्छील्ये by 'नमिकम्पि &c.' Pân. III. 2. 147. अर्थपरा-अर्थ एव परं यस्या: । with an eye solely to wealth; greedy. वदान्य—liberal, munificent. नित्य may be taken either as *adj.* or *adv.* in the dissolution of the compounds, नित्यव्यया and प्रचुरनित्यधनागमा. The fig. is Upamâ.

Śl. 48. आज्ञा—power to enforce command. Râmarshi considers the word ब्राह्मणानाम् to be an उपलक्षण *i. e.* as including all people. The Brâhmaṇas are specially mentioned as most deserving help and protection, their priestly avocation making it impossible for them to defend themselves with arms &c. येषां एते &c. who have not gained these six qualities (special advantages). पार्थिवोपाश्रय—taking shelter with a king *i. e.* becoming royal servants or favourites. Or पार्थिव may be taken as Voc. singular; in this case तेषां may refer to kings; what is the use of resorting to those kings who do not &c.

Śl. 49. मरुस्थले—मरु is the waterless tract now known as Mârwâr. म्रियन्तेऽस्मिन् भूतानि जलाभावात् इति मरुः, fr. मृ+उ Uṇ. I. 7. मेरौ—on the mountain Meru, the store-house of wealth. According to the Purâṇas the mountain Meru is formed of gold and jewels. It is the loftiest mountain on earth and the centre round which the whole firmament revolves. कृपणां वृत्तिं मा कृथाः—do not act or behave in an abject manner. The last line shows that on the *capacity* of a man depends his fortune, and it should be rightly understood to counteract the effect of the first which is fatalistic. The fig. is Dṛṣṭânta. See śl. 57.

Śl. 50. गोचर—moving within the range of the senses (गो); hence, known. See *supra* śl. 16. कार्पण्योक्तिः—words expressive of our pitiful condition, supplication. The fig. here is अप्रस्तुत-प्रशंसा. Some liberal person is addressed with these words which apparently refer to the cloud. अप्रस्तुतप्रशंसा is thus defined:—अप्रस्तुतप्रशंसा सा या सैव प्रस्तुताश्रया K. P. X.

Śl. 51. सावधानमनसा—with close or assiduous attention. एतादृशाः—such referring to चातकाधार in the above Śloka. Alhough the ślokas are not much connected with each other still the poet allows the ellipsis to remain because it is so easy to supply it. केचित्......केचित्–some...others. यं यं पश्यसि तस्य तस्य पुरतः—before every one that you see. The fig. is अप्रस्तुतप्रशंसा here.

Śl. 52. अकारणविग्रहः—causeless strife, unprovoked quarrel. इदम् refers to each of the foregoing nominatives.

Śl. 53. Every serpent of a particular species is supposed to have in its crest a jewel which shines by night. 'The verse is attributed to Chánâkya. See Kâvyasaṅgraha p. 293. and Śarangadhara p. 63.' Telang. The fig. is दृष्टांत by साधर्म्य. There is however a mixture of वस्तुप्रतिवस्तुभाव also.

Śl. 54. The language here is somewhat condensed. गुणः, दुर्जनैः and गण्यते have to be supplied with every clause. ह्रीमति यः ह्रीरूपः गुणः स जाड्यमिति गण्यते &c. व्रतरुचि--one who likes to stick fast to religious observances. मुनि—ordinarily means मननशील (from मन् + इन् the अ being changed to उ by Uṇ. IV. 123) one given to contemplation; hence here, a man of reserve, one who keeps silence. 'वाचंयमो मुनिः' Amara. for the Vedântic meaning see Bg. II. 56. quoted in the com. मुखरता—मुखरस्य भावः । fr. मुख + र. The possessive aff. र here implies censure. नाम is used here सम्भाव्ये *i. e.* to express possibility; or it may have the sense of 'indeed.' अङ्कितः—branded.

Śl. 55. लोभः—is regarded as the greatest of all evils being the origin of most of them. *Cf.* 'लोभः पापस्य कारणम्' Hit. I. 27. see com. अगुण--Here the नञ् shows विरोध or opposition. निजैः—If a man has सौजन्य his courteous conduct will easily win over strangers and so there will be no lack of relatives to him wherever he may go. धनैः—The other reading जनैः does not yield a good sense. Bhartṛhari considers *Vidyá* as the best treasure. *Cf.* Śl. 16, 20, 21, and 103. अपयशः—*Cf.* Bg. II. 34. quoted in the com. न भीतो मरणादस्मि केवलं दूषितं यशः । Mṛch.

Śl. 56. दिवसं०—दिवसेन (Inst. हेतौ) धूसरः rendered pale by (the overpowering light of) day; अनक्षरम्–अविद्यमानमक्षरं यत्र

ित् । Nan. Bah. स्वाकृतेः-सुष्टु आकृतिर्यस्य तस्य । *Cf.* 'unlettered, illiterate' in English. Want of learning becomes a disgrace more marked in such a case. सततदुर्गतः—Here the word सतत is to be emphasised. नृपाङ्गण-Both अङ्गन and अङ्गण are found used by classical writers, though the former is the correct form. The change of न to ण in अङ्गण is explained by referring it to the पृषोदरादि group. ०गतः खलः a wicked man gone to the courtyard of a king's palace. This may also be metaphorical--who has curried royal favour. This ś1. is quoted in the K. P. as an instance of the fig. समुच्चय-अत्र शशिनि धूसरे शल्ये शल्यान्तराणीति शोभनाशोभनयोगः (of causes which are partly agreeable and partly otherwise). For definition see com. Here the moon alone obscured by day is sufficient to become a *s'alya* (sore affliction) and yet others are mentioned.

Śl. 57. होतारम्--Here the word is used in its general sense; any sacrificer (comp. या च होत्री Śák I. 1.) and has nothing to do with the priest of that name at a great sacrifice. जुह्वान-This is not the pre. p. of the root as it is always Par.; but formed with the aff. चानश्; see noted on जीवमानः Śl. 12. पावकः--पुनातीति fire; पू + ण्वुल (अक). The fig. is Dṛṣṭánta which is thus defined—दृष्टान्तः पुनरेतेषां (उपमानोपमेयसाधर्म्याणां) सर्वेषां प्रतिबिम्बनम् । K. P. X.

Śl. 58. चाटुलः--चटुल एव चाटुलः । चटुल from चटु+ल (लच्) a possessive affix added to the words of the सिध्मादि class; see Pán. V. 2. 97; garrulous, officious. जल्पकः—The proper form is जल्पाकः; if we add आक (षाकन्) by जल्पभिक्ष—Pân. III. 2. 155. *Cf.* Amara 'स्याज्जल्पाकस्तु वाचालः'. But as the form stands, it must be explained as जल्पतीति जल्पः, कुत्सितः जल्पः जल्पकः. अप्रगल्भ-timid. For the meaning of प्रगल्भ *cf.* 'पुंवत् प्रगल्भा प्रतिहाररक्षी' Rag. VI. 20. अभिजातः—noble-born, polite in behaviour, courteous. योगिनामपि—Yogins have superhuman power by their practice of contemplation and so they must know every thing. But this is unfathomable even to them. अगम्यः—difficult to obtain success in; difficult properly to carry out.

The other reading वातुल: for चाटुल: avoids repetition, the meaning in that case being 'delirious'; but when we look to what the common parlance is in this connection, this reading does not seem to be preferable.

Śl. 59. उद्भा०—of one that has brightened all wicked men, *i. e.* a scoundrel of the first rank, who has brought credit to the whole class. विशृङ्खल—unbridled; one licensed as it were to indulge in all sorts of wicked deeds. प्राग्जाता &c.—see com. It will be inappropriate to analyse as कर्मसु वृत्तिः since it continues even now. With the reading विस्तृत for विस्मृत the sense is-'whose indulgence in wicked conduct commenced before is now developed.'–Telang. In this case dissolve प्राग्जाता पश्चात् विस्तृता निजाधमकर्मसु वृत्तिः यस्य ।

Śl. 60. This verse very cleverly describes friendship as we find it in the world. Insincere friendship shows at its highest at the very beginning, but gradually vanishes and is compared to the shadow in the morning which is longest at sunrise and goes on contracting till noon. A good man's friendship, however, is hardly preceptible, like the mid-day shadow, at first, but goes on steadily increasing.

गुर्वी—*Fem.* of गुरु; also गुरु; see notes on Śl· 20. विनस्य—to be connected with पूर्वार्ध &c. by what is called एकदेशी अन्वय like देवदत्तस्य गुरुकुलम्; see note on परेषां Śl. 20. The fig. is *Upamá* mixed with यथासंख्य

Śl. 61. तृण: &c.–निष्कारण–those that are *causelessly* enemies; निष्कारणं वैरिणः । The fig. of speech here is यथासंख्य which is defined as यथासंख्यं क्रमेणैव क्रमिकाणां समन्वयः K. P. X. Here लुब्धक, धीवर and पिशुन are mentioned as the respective enemies of मृग, मीन and सज्जन.

Śl. 62. व्यसनं—close application, strong attachment.. खले संसर्गमुक्तिः—There is एकदेशी अन्वय here, खले यः संसर्गः तस्मात् मुक्तिः । We have preferred the sing. to the plural as it keeps up the uniformity of construction with regard to the use of the sing. throughout.

Śl. 63. वाक्पटुता—cleverness in speech, command over language, eloquence. व्यसनं श्रुतौ—From the way in which the study of the Vedas is frequently referred to in the *S'atakas* we may infer that Bhartṛhari was not a Buddhist. *Cf.* Śl. 66, 67; see Introduction.

Śl. 64. संभ्रम—means आदर; see com.; it also means haste which sense will also do here if we take विधि to mean आदरविधि as remarked by Mr. Telang—'It would mean the flutter of preparation to do due honour.' कथनं चाप्युपकृतेः *v. l.* will mean-proclaiming the good deeds of others in an assembly. निरभिभव° -अभिभवः (insult, contempt); सारः essence, gist; conversation about others without meaning the least offence; even the pith of which is free from disrespect to others. असिधाराव्रतम्—the vow of lying on the edge of a sword; also, explained otherwise as the practice of continence even in the company of a young wife. See note on Śl. 28. This Śl. is quoted in the Kuvalayânanda as an instance of समुच्चयालङ्कार, with some variations—
प्रदानं प्रच्छन्नं गृहमुपगते संभ्रमविधिर्निरुत्सेको लक्ष्म्यामनभिभवगन्धाः परकथाः। प्रियं कृत्वा मौनं सदसि कथनं चाप्युपकृतेः श्रुतेत्यन्तासक्तिः पुरुषमभिजातं कथयति ॥

Śl. 65. त्याग charity. *Cf.* दानेन पाणिः s'l. 71. श्लाघ्यः—some take this with त्याग as well as with the nominatives following it, with the necessary change of gender. विजयि° विजयते तच्छीलौ विजयिनौ ever victorious; तौ च तौ भुजौ च &c. Some separate विजयी making it an *adj*. to वीर्यम्. हृदि—Loc. sing. of हृदय which optionally becomes हृद् from the Acc. plural. हृत् also occurs as a word by itself, but its use is rare. 'स्वान्तं हृन्मानसं मनः' । Amara. श्रुतम्—Holy knowledge: or knowledge in general. *Cf.* श्रोत्रं श्रुतेनैव न कुण्डलेन s'l. 71 *infra*. The fig. is विभावना since there is the manifestation of the effect, मण्डन, although its cause ऐश्वर्य has been denied; क्रियायाः [हेतोः] प्रतिषेधेऽपि फलव्यक्तिर्विभावना । K. P. X.

Śl. 66. महाशैल &c.-शिलानां संघातः शिलासंघातः । महांश्वासौ शैलश्च महाशैलः तस्य शिलासंघातः like a dense (सं) line (घात) of rocks &c. The fig. here is Upamá वत् the simile-expressing aff. being omitted in the compound उत्पलकोमलम्. For a similar idea, see śl. 63.

Śl. 67. नामापि न श्रूयते—even its name is not heard *i. e.* no trace of it is left. ज्ञायते *V. l.* known *i. e.* through the medium of the ears. मुक्ताकारतया—by reason of its assuming the form of a pearl. स्वात्याम—In Sváti *i. e.* while the sun is in conjunction with the constellation Sváti. It is supposed that at the time of the sun coming in conjunction with this constellation the pearlshells burst open and the rain-drops that they receive into their cavity form pearls, see Bṛhatsamhitâ of Varâhamihira XV. 13. *Cf.* पात्रविशेषे न्यस्तं गुणान्तरं व्रजति शिल्पमाधातुः । जलमिव समुद्रशुक्तौ मुक्ताफलतां पयोदस्य ॥ Mâl. I. 6. सन्मौक्तिकम्—A good or faultless pearl. सत् is evidently preferable to तत्. जायते—Since this verb is repeated a strict rhetorician would detect in this कथितपददोष (the fault of repeating a word with the same meaning). The reading—जुषां &c. is free from this fault. The figure is Arthantaranyâsa.

Śl. 68. Some take एव with भर्तुः, but that is not good; the construction should be यद्भर्तुर्हितमेवेच्छति तत्कलत्रम्-meaning 'she that desires the *good only* of her husband deserves to be called 'wife.' कलत्रम् Mark the gender of this word which is *neu*; the gender of Sanskṛt words in some cases is quite arbitrary as remarked by Pán.—लिङ्गमशिष्यं लोकाश्रयात्वाल्लिङ्गस्य । *Cf.* the word दार which is *mas.* and is alwsys used in the plural. पुण्यकृतः--पुण्यं कृतवान् पुण्यकृत्. The aff. क्विप् (०—त्) is added to कृ after the words mentioned in the sútra सुकर्मपापमन्त्रपुण्येषु कृञः । Pân. III. 2. 89.

Śl. 69. नम्रत्वेनोन्नमन्तः—rising to greatness by humility. ख्यापयन्तः—pres. p. of causal of ख्या. Their appreciation of other people's merits is in itself a sign of their possessing merits. स्विसत०—दूषयन्तः—rebuking. Contemptuous silence is the best treatment of a caluminator. साश्चर्यचर्याः—आश्चर्यसहिता admirable, चर्या (चरितम्) येषां ते. The fig. here is Virôdhâbhâsa.

Śl. 70. भूरिविलम्बिनः—hanging very low. This reading is preferable to भूमि० as the point here is नम्रत्व. अनुद्धताः—Not haughty. समृद्धिभिः—with the acquisition of wealth. This s'l. occurs in the Ś âk. Act. V. The figures in this s'l. according to Rághavabhaṭṭa are क्रियादीपक. मालाप्रतिवस्तूपमा (विनयस्य साधारणधर्मस्य नम्रदूरविलम्ब्यनुद्धतशब्दैर्नोक्तेः), अप्रस्तुतप्रशंसा and अर्थान्तरन्यास (स्वभाव इत्यादिस्तु हिशब्दानुपादानेऽर्थान्तरन्यासः).

Śl. 71. *Cf.* s'l. 65 *supra*. The fig. here is परिसंख्या as the *S'ástras* &c. are specially mentioned as imparting beauty to the ear &c to the exclusion of the ear-ornaments &c. It is thus defined—किंचित्पृष्टमपृष्टं वा कथितं यत्प्रकल्पते। तादृगन्यव्यपोहाय परिसंख्या तु सा स्मृता ॥ K. P. X.

Śl. 72. पापात्—That from which a person is warded off is put in the Abl. case; see. com. हिताय योजयते—may mean (1) हितं साधयितुं (हितकरे कर्मणि) मित्रं प्रवर्तयति urges (his friend) to apply himself to a work beneficial to him; or (2) आत्मानं योजयते—sets himself about the accomplishment of his friend's good. The Dat. is to be explained by 'क्रियार्थोपपदस्य च कर्मणि स्थानिनः' Pân. II. 3. 14. When an infinitive of purpose is not actually used in a sentence its object is put in the Dat. case; फलेभ्यो याति, फलान्याहर्तुं यातीत्यर्थः Sid. Kau.

Śl. 73. विकचीकरोति—cause to bloom, opens. A denom. verb derived from विकच with the aff. च्वि (०). विकच—विगतः कचः (fold) अस्मात्; full blown or expanded. कैरव—a white lotus. Like कुमुद it is a lotus blooming at moon-rise. चक्रवाल—a collection of; properly a circle of; 'चक्रवालं तु मण्डलम्'। Amara. नाभ्यर्थितः to be taken with all the three—दिनकर, चन्द्र and जलधर. अभियोगः—application, resolutely setting oneself about. Fig. *Arthántaranyása*.

Śl. 74. एते—Mr. Telang reads एके 'some'. ते एते, however, serves as a better correlative of ये and gives proper force to the main assertion. घटकाः—who bring about, accomplish. उद्यमभृतः-

उद्यमं बिभ्रतीति; सोद्यमा इत्यर्थः । स्वार्थाविरोधेन—विरोधस्याभावः अविरोधः; स्वार्थेन अविरोधः, तेन *i.e.* without sacrificing their own good. स्वार्थाय—*i. e.* स्वार्थं साधयितुम्. See note on हिताय Śl. 72.

Śl. 75. पुरा—at first *i.e.* before it was placed on fire. ताप—(1) heat; (2) trouble. हि—अवधारणे Mark! ; or, surely, verily. उन्मनस्—eager, तेन जलेन युक्तम्—reunited with the same water. शाम्यति—becomes calm, settles down. The stanza draws a very nice moral lesson from a common occurrence in the kitchen. The milk on being well heated begins to boil over; but if water is added to it, it settles down. The fig.s are क्रियास्वरूपोत्प्रेक्षा supported by अर्थान्तरन्यास.

Śl. 76. इतः—when repeated this has the sense of here-there, in one place, in another केशव or विष्णु is called जलशायी, 'जलशायी विष्णुरूपो' Amara, and क्षीराब्धिनिवासी. कुलं-family, a host of (सजातीयैः कुलम्). तदीयद्विषाम्—Of Keśava's enemies, the demons. For the account of the Kâlakeyas hiding themselves in the sea, see Mah. Bhar. Van. P. 101, 105. शरणार्थिनः&c.—chains of mountains seeking shelter (*scil.* from the wrath of Indra). See notes on s'l. 36. Comp. पक्षच्छिदा गोत्रभिदात्तगन्धाः शरण्यमेनं शतशो महीध्राः । नृपा इवोपप्लविनः परेभ्यो धर्मोत्तरं मध्यममाश्रयन्ते । According to the Hariv. Mainâka appears to be the only mountain that took refuge in the sea. The poets speak of more mountains as having taken refuge probably only to magnify the greatness of the sea. संवर्तकैः—with the fires that destroy the world at the end of the creation. The Commentator Râmarshi gives to this word the sense सकलजलचरजीवविशेष, in addition, but this is quite obscure. संवर्त is also a particular cloud though it is not intended here. For वडवानल see Matsya Purāṇa CLXXIV.49. *et. sep.* and Mis. śl. 9. भर०—सहते इति सहं भरस्य सहं भर० able to bear a great load, mighty. This may be looked upon as an instance of अप्रस्तुतप्रशंसा the अप्रस्तुत not being directly mentioned.

Śl. 77. In line 3 the Nirṇayasâgar Edition reads प्रख्यापय for प्रच्छादय which will suit only with the reading प्रश्रयम् for स्वान् गुणान् see com.; as it stands, however, it is entirely objectionable. Mr. Telang thinks the construction of the stanza to be similar to that of Siś. I. 51, which is according to the Sútra समुच्चयेऽन्यतरस्याम्. In such constructions all the verbs must be in the Imperative mood. Here मावमंस्था: must be considered as equivalent in sense to the Imperative mood. लक्षणम्--Mr. Telang adopts the reading चेष्टितम्. But then what does एतद् refer to? Certainly to the actions indicated by छिन्धि &c.; so this amounts to एतत् चेष्टितं सतां चेष्टितम्. लक्षणं is therefore better. Such acts are the sign of &c.

Śl. 78. पुण्यपीयूष०--full of nectarious holiness or holy thought &c. पर्वतीकृत्य—magnifying to the size of a mountain, making much of. कियन्त:—some, few, rare. Mr. Telang compares with this the use of कश्चित् in Bhâg. VII. 3. एतेन वाचा कर्मणा च सर्वेषामुपकारवन्त इत्यर्थ: । Rámarshi.

Śl. 79. हेमगिरि—the mountain of gold, मेरु. रजताद्रि–Kailása, being white (on account of being covered with snow), is considered to be a mountain of silver. This cannot be Himálaya as some take it. *Cf.* Meg. I. 58. यत्र &c.—The trees on other mountains are the same that they are; they are not changed into sandal trees as they would be if they grew on the Malaya mountain. Malaya, a mountain in the south of India, famed for its sandal trees. मन्यामहे—we honour. *Cf.* अहमेव मतो महीपते: Rag. VIII. 8. and Mallinátha's com. thereon. The fig. is Viródhábhása.

Śl. 80. रत्नैर्महार्हैः—with the 13 valuable jewels (churned out of the ocean before obtaining the 14th—nectar). भीमविषेण &c. –did not take affright at the appearance of the dreadful poison. निश्चितार्थात्—The Abl. by the Várt. जुगुप्सा &c. see com. See Apte's G.§ 76. *Cf.* प्रारब्धमुत्तमजना न परित्यजन्ति । The fourteen jewels are mentioned in the following verse—लक्ष्मी: कौस्तुभपारिजातकसुरा धन्वन्तरिश्चन्द्रमा गावः कामदुघाः सुरेश्वरगजो रम्भादिदेवाङ्गनाः। अश्वः सप्तमुखो विषं हरिधनुः शंखोमृतं चाम्बुधे रत्नानीह चतुर्दश प्रतिदिनं कुर्वन्तु वो मङ्गलम् ॥ For the story, see Râmá. Bal. K. XLV. Bhâg. P. VII. 9–8. Nî. Śat. 27. The fig. here is Arthântaranyâsa.

Śl. 81. क्वचित्-may better be taken as an *adv.* of time; at one time; at another, भूमिशायी is a better reading than भूमौ शायी as keeping up symmetry. शाल्योदन॰—Having a liking for Śâli (a superior kind of paddy) only. कन्थाधारी—One wearing a wallet. मनस्वी—from मनस्+विनिः high-souled, also wise विन् shows प्राशस्त्य. कार्यार्थी (कार्यं अर्थयते इति) One that seeks to gain his object. This as well as कन्थाधारी and शाकाहारी are formed by affixing इन् (णिनिः) by सुप्यजातौ णिनिस्ताच्छील्ये (इन् is added to a root in the sense of 'in the habit of' when it is preceded by a noun not denoting a class). कार्यार्थी may also be taken as in the com.

Śl. 82. उपशम—Subduing the passions, tranquillity. प्रभवित्व—One possessing absolute power. This is the only concrete noun used in the s'loka for प्रभावस्य. निर्व्याजता—freedom from hypocrisy. सर्वेषाम् &c.—Some take this to mean 'of all persons,' in which sense अपि would be superfluous. सर्वकारणम् cause of all *i. e.* of ऐश्वर्य. सुजनता &c. शील–virtuous or good conduct.

Śl. 83. नीति—The conduct of human affairs, rules of life. यदि वा—is equivalent here to अथवा न्याय्यात्–see śl. 28. *supra.* धीराः—धियं बुद्धिमीरयन्ति सर्वतः प्रवर्तयन्तीति । Râmarshi. The wise.

Śl. 84 कदर्थितस्य p. p. of कदर्थय् denom. fr. कदर्थ (कुत्सितोऽर्थः) of one who is despised, afflicted, worried. प्रमार्ष्टुम्—to wipe off completely, to obliterate. Mr. Telang rightly remarks that अधोमुखस्य कृतस्य is not a usual construction and that therefore the reading तनूनपातः (see foot-note p. 34) is better. This however, is open to another objection; for it involves the दोष—अप्रयुक्तत्व, the word तनूनपात्—though given by the lexicographers for fire, being hardly, if ever, used by the poets. The fig. is Dṛṣṭânta.

Śl. 85. न लुनन्ति 'cut or wound', or pierce. कटाक्षविशिखाः—arrows in the form of glances. कृशानुः–कृशयति that which reduces size; hence fire; कृश्+आनु (क). Construe यस्य चित्तं कान्ता॰ न खनन्ति ॰तापः न दहति and so on.

Śl. 86. साधु &c.—The word वृत्त has a double application here; as applied to the ball साधुवृत्त means (साधु यथा तथा वृत्ताः) well-rounded, perfectly spherical, is the other case it means 'of virtuous conduct, whose course of actions is well-regulated.' *Cf.* 'वृत्ते स्थितस्याधिपतेः प्रजानाम्' Rag. V. 33. अस्थायिन्यः—not abiding, short-lived. The Figures are *Arthántaranyása* and *S'les'a*.

Śl. 87. शृङ्ग—The top or peak of a mountain. गुरु—great, stupendous. विषम—विगतं विरुद्धं वा समम्; lit. uneven surface; न कृतः शीलविलयः—*i. e.* one should value character above every thing else. *Cf.* मनस्वी म्रियते कामं कार्पण्यं न तु गच्छति.

Śl. 88. तस्य जलायते—तस्य towards him; in his case. जलायते &c. are denominative verbs, formed by adding य in the sense of 'acts like that;' see com.; and are conjugated in the A'tmanepada. कुल्यायते—acts like a canal. *i. e.* assumes the narrowness of a canal. कुरङ्गायते—becomes tame like a deer. माल्यगुण—a wreath of flowers, a garland. पीयूषवर्षायते—produces the effects of a shower of nectar.

Śl. 89. उपचीयते—increases, waxes. The root चि with उप pass. means to grow in bulk, to thrive, as अपाच means to decrease in bulk. सन्तप्यन्ते—are not grieved. विप्लुताः—overpowered by difficulties. न ते विपदा—is a better reading being easier.

Śl. 90. नेता—guide, adviser. *Cf.* अमात्ये नेतरि सुलभमेतत्कुमारस्य Mud. II. बृहस्पति—The spiritual adviser and counsellor of Indra. For derivation see sl. 34. अनुग्रहः किल हरेः, who, as is well-known (किल) enjoys the favour of Hari. ऐरावतः—इर आपः सन्त्यस्मिन् इरावान् तत्र भवः (अण्); lit. sprung from water. The name of Indra's elephant obtained at the churning of the milky ocean. ऐश्वर्यबल—may be taken as a Tat. or a Dwandwa. The latter is preferable. ऐश्वर्य—means here the accompaniments of royalty. भग्नः had to yield, was routed. दैवशरणं *v. l.*—A poetical license. The poet's meaning is दैवं शरणं (रक्षिता) वरं, and so the two words cannot be compounded. As it stands we may explain दैवं शरणं दैवशरणम् । धिक् धिक् &c.—This may be taken in two ways:—धिग्धिक् as an interjection and वृथा पौरुषं separately; or the whole together as meaning—'Fie upon vain valour.'

Śl. 91. भग्नाशस्य—whose hopes (of escape) had baffled. करण्ड &c.—whose body was pressed in the basket. म्लाने॰—weakened (by hunger). पिशितं—from पिश् to shape+इत, (पिश् अवयवे; पिशेः किच्च Uṇ. III. 95. इति इतन्) raw flesh. वृद्धौ क्षये—When a noun indicating 'cause,' is used, the effect is often put in the Loc. See Apte's Guide § 95.

Śl. 92. फलं *i. e.* the good or bad result of their actions, happiness or misery. कर्मायत्तं—*Cf.* Śl. s. 99, 101, 102. Here there is a reference to the two of the three divisions of *Karman* viz. सञ्चित, प्रारब्ध and क्रियमाण. सुधिया सुविचार्यैव कुर्वता भाव्यम्= सुधिया सुविचार्यैव व्यवहारः कार्यः। The construction should be noted. When the potential pass. p. is used as predicate the noun or adjective coming after it (as कुर्वता here) must agree with the agent (सुधिया here).

Śl. 93. खल्वाटः—a bald-headed man. सशब्दं—*i. e.* the fruit making a loud noise as it fell. "The fact of the tree being ताल (Palm) adds to the force of the lines as it gives little or no shade" Telang. The fig. is *Arthántaranyása.*

Śl. 94. ग्रहपीडनम्—trouble from ग्रह—*viz.* Ráhu. मतिमतां here the aff. मत् expresses प्राशस्त्य or excellence. *Cf.* the last line with लिखितमपि ललाटे प्रोज्झितुं कः समर्थः H. 'In the Kâvya-saṅgraha this stanza is given as Vetâlabhaṭṭa's p. 39.' Mr. Telang's note. The figures are *Arthântaranyâsa* and *Kâvyalinga.*

Śl. 95. सृजति the subject to this is विधि to be supplied from the context. तावत्—some Commentators interpret this as प्रथमम्. It seems, however, to be used here अवधारणे 'indeed', does create. पुरुषरत्नम्—The jewel of a man (पुरुष एव रत्नम्); the best of men. It may also be explained though not preferably as पुरुषः रत्नमिव (jewel-like) *Cf.* जातौ जातौ यदुत्कृष्टं तद्रत्नमिति कथ्यते। Malli. on Rag. XVI. 1. अलङ्करणम्—an ornament (beautifier) of. Here ल्युट् (अन) is added कर्तरि. तदपि—तत् refers to पुरुषरत्न. Some take this to be equivalent to तथापि. तत्क्षणभङ्गि—स एव क्षणः तत्क्षणः the moment a man becomes a *Purusharatna*; तस्मिन् भज्यते इत्ये वंशीलम्।

Śl. 96. नायकोप्योष॰ओषः (fr. उष् to burn) पाको धीयते अत्र इति ओषधिः। A plant, a medicinal drug; also an herb which dies when its fruit becomes ripe. The moon is often called the Lord of herbs, probably because plants thrive under the influence of moon-light. *Cf.* Rg. X. 84.—'सोमेनादित्या बलिनः सोमेन पृथिवी मही।' where Sâyana says-अमृतसेकेनौषध्यभिवृद्ध्या पृथिव्या बलवत्त्वम्। 'ततस्तस्मै ददौ राज्यं ब्रह्मा ब्रह्मविदां वरः। बीजौषधीनां विप्राणामपां च जनमेजय'॥ Hv. XXV. See also Vây. P. XXVIII. 12. 16. Mat. P. XXIII. 10–13. More probably, however, औषधीनाथ is *Soma*, the plant, the juice of which formed the well-known beverage of the ancient Ṛshis. By a curious misapplication of names the term *Soma* came to be an appellation of the moon and so all the epithets of Soma, the plant, were transferred to Soma, the moon. See notes on Rag. II. 73. भिषक्–बिभेत्यस्माद्रोगः a physician. शतभिषक्—(1) a hundred physicians; (2) name of the 24th lunar mansion (the Śatatárakâs) containing one hundred stars. अवतंस—an ear-ring or an ornament worn on the head. All these adjectives indicate that the moon had the means to counteract the effect of the disease. राजयक्ष्मा—consumption which attacked the moon; also consumption in general. So called because it is, as it were, the prince of diseases (यक्ष्मणां रोगाणां राजा). *Cf.* राजयक्ष्मेव रोगाणां समूहः स महीभृताम् Śis. II. 96, commenting on which Malli. quotes from Vâgbhaṭṭa—अनेकरोगानु॰ (see com.)—शोषो रोगराडिति च स्मृतः॥ नक्षत्राणां द्विजानां च राज्ञोऽभूयदयं पुरा। यच्च राजा च यक्ष्मा च राजयक्ष्मा ततो मतः॥ The moon was cursed to be eternally consumptive by his father-in-law, Daksha, for paying sole attention to Rohiṇi and neglecting his other daughters. At the intercession of his wives the sentence of enternal consumption was commuted to one of periodical consumption.

Śl. 97. प्रभुणा—प्रभवतीति प्रभुः, used in a literal sense, powerful, having power to dispense. प्रमाणीकृतं—प्राप्यत्वेन निर्णीतम्

Râmarshi; marked or settled as one's measure *i. e.* portion destined to fall to one's share. उपनमेत्–Lit. go to, fall to one's lot. Comp. for this sense of नम् with उप, इदमुपनतमेवं रूपमक्लिष्टकान्ति Śâk. V. 19. कस्यात्यन्तं सुखमुपनतं &c. Meg. Some read उपनयेत् supplying दैवं as the subject, but then the construction becomes clumsy. कारणम्—*i. e.* to obtain more. आशा—directions; there is also an indirect reference to the other meaning—'hopes, expectations'. वर्षति—Loc. of the pres. p of वृष्, which, though trans., is here used intransitively as its object जल is well-known. *Cf.* धातोरथान्तरे वृत्तेर्धात्वर्थेनोपसंग्रहात् । प्रसिद्धेरविवक्षातः कर्मणोऽकर्मिका क्रिया ॥ Sid.Kau. द्वित्राः—A Bah. Comp.; संख्येये यो बहुव्रीहिस्तस्मात् डच् (अ substituted for the final vowel) स्यात् । Sid. Kau. on Pân. V. 4. 73. See com. बहुव्रीहौ &c.

Śl. 98. यदा—is equivalent here to यदि. शोषाः &c.—The spring is the season for the trees to put forth new leaves. करीर a thorny shrub growing in desert; it is eaten by sheep and camels. उलूक—an owl. आप stands for च. सूर्यस्य—सरति आकाशे सूर्यः । यद्वा सुवति कर्मणि लोकं प्रेरयति (urges men to action); from सू+र्य (क्यप् कर्तरि; क्यपो रुट्); it is irregularly derived by 'राजसूय सूर्य &c.' Pan. III. 1. 114. चातकमुखे—The bird चातक is supposed to drink only a few drops of rain water when the sun is in *Sváti.* Various discrepant stories are current about this bird with which every one is familiar. मेघः—मेहति सिञ्चतीति.

Śl. 99. नमस्यामः—A denominative, य (क्यच्) is added to नमः in the sense of 'paying homage to'; नमस्यति देवान् । पूजयतीत्यर्थः । Sid. Kau. on Pân. III. 1. 19. ननु—here used to introduce an objection—but, are they not &c. हतविधी–accursed fate. *Cf.* हतहृदयं Śâk. VI. 6. हतविधिलसितानां हि विचित्रो विपाकः । Śis. XI. 64. The word दग्ध is also similarly used. See Vai. Śat. śl. 22. The word हतक is more commonly used in this sense but at the end of a Comp.; न खलु विदितास्ते चाणक्यहतकेन । Mud. II. परिभूताः स्थ रामहतकेन । Uttar. I. वशगाः—वशं गच्छन्तीति वशगाः । under the power of fate. The gods, Indra included, are finite beings, whose existence as separate deities terminates at the end of a *Kalpa* and whose sovereignty in heaven is not permanent. प्रतिनियत &c.—एकं केवलमेव फलमेकफलं कर्मण एकफलं कर्मैकफलं; प्रतिनियतं व्यवस्थितं pre-determined, fixed; कर्मैकफलं ददाति इति. Even *Vidhi* has no arbitrary power to dispense fruits. It is entirely guided by men's actions in the distribution thereof. The poet here distinguishes between *Vidhi* and *Karman*.—कर्मभ्यः—Every action must bear its fruit, good or bad. *Cf.* 'न हि कर्माणि क्षीयन्ते।' Mahâbhârata, and the well-known Smṛti 'नाभुक्तं क्षीयते कर्म।' न येभ्यः प्रभवति–The Dat. by 'नमःस्वस्तिस्वाहास्वधालंवषड्योगाच्च'। Pân. II. 3. 16. Here न प्रभवति is equivalent to नालम्। The Gen. may also be used with words like प्रभु &c.; 'प्रभ्वादियोगे षष्ठ्यपि साधुः। तेन प्रभुर्बुभूषुर्भुवनत्रयस्येति सिद्धम्। Sid. Kau. The Fig. here is *Sára* which is defined as उत्तरोत्तरमुत्कर्षो भवेत्सारः परावधिः। K. P. X. Sâra or climax is that in which excellence rising successively ultimately reaches its culminating point.

Śl. 100. कुलालवत्—Like a potter. Here the aff. वत् refers to the क्रिया *viz.* the work of forming things which Brahmâ has to do like a potter fashioning his clay-things. ब्रह्माण्डभाण्डोदरे—in the cavity of the immense vessel of the primordial egg, (bursting which Brahmâ came out and out of which the universe sprang); See Manu. I. 11—13 and Mat. P. II. 24. *et. seq.* उदरे—because the two shelves of the egg from the extreme boundaries of the universe within which every existing thing is situated. नियमित–restrained, chained down as it were. विष्णुः—The name is thus popularly derived–यस्माद्विश्वमिदं सर्वं तस्य शक्त्या महात्मनः। तस्माद्देवोच्यते विष्णुर्विशधातोः प्रवेशनात्॥ दशावतार॰–two constructions are possible:—(1) गहन may be taken as meaning a forest (दशवतारा एव गहनं) and महासंकटे as a Bah. Comp. meaning 'bese with great difficulty.' (2) The other way is to take गहन as an *adj.* qualifying महासङ्कटे (a noun) meaning 'the great difficulty.' The latter way is preferable. Vishṇu was cursed by Durvâsas to undergo the penalty of being born on the earth ten times. The ten incarnations are given in the following couplet—मत्स्यः कूर्मो वराहश्च नरसिंहोथ वामनः। रामो

रामश्च कृष्णश्च बुद्धः कल्की च ते दश ॥ रुद्रः—रोदयत्यसुरान् इति fr. रुद्+र Uṇ. II. 22. The Śrutis derive the word differently. *Cf.* सोऽरोदीयदरोदीत्तद्रुद्रस्य रुद्रत्वम्' । Also रुजः सर्वगता यस्मात् हारयामि जगत्त्रयम्। रोदनं हन्मि यस्माच्च रुद्रस्तस्मादहं प्रिये ॥ Ska. P. कपालपाणिपुटके—कपालसहितं पाणिपुटकं कपाल°; a Madhyamapadalopi Comp. कपाल—a human skull. The story of Rudra's begging with a skull in his hand is given in the Ska. P. सूर्यः—see sl. 98. According to Rámarshi the term सूर्य includes the stars and other heavenly bodies (श्रीसूर्य इत्युपलक्षणम् । चन्द्रादयो ग्रहा अपि भ्रमन्ति ।). We extract the following from Mr. Telang's notes:—The sentiment of this stanza again shocks the orthodoxy of the Commentator. One copy of the commentary has the following. ब्रह्माविष्णुसूर्यादीनां प्राचीनकर्म वर्तते इति वक्तुं नैवोचितम् । दृष्टान्तस्तत्रदेकदेशी वर्तते । तैर्यत्कार्यमङ्गीकृतं तत्कुर्वन्ति । दृष्टान्तस्तु लोकव्यवहारार्थं लिखितः कर्माणि सहत्त्वस्थापनार्थम् ॥ but the idea is not so uncommon a one as this indicates. Thus in the Yoga-Vâsishṭha quoted in the commentary on the Rámâyaṇa p. 12 (Bom. Ed.), we read तेनापि शापितो विष्णुः सर्वज्ञत्वं तवास्ति यत् । किंचित्कालं हि तत्त्यक्त्वा त्वमज्ञानी भविष्यसि ॥ And this is given as the occasion of Vishṇu's incarnations. Another account of them may be seen at Matsya Puráṇa XLVII., 103. 4, where Bhṛgu says to Vishṇu: 'यस्मात्ते जानतो धर्ममवन्ध्या स्त्री निषूदिता ॥ तस्मात्त्वं सप्तकृत्वेह मानुषेषूपपत्स्यसि ॥ ततस्तेनाभिशापेन नष्टे धर्मे पुनः पुनः ॥ लोकस्य च हितार्थाय जायते मानुषेष्विह ॥' This stanza occurs in Kâvyasaṅgraha p. 6.

Remarks:—The sl. is faulty in many ways as regards the construction and meaning of almost every line. The Tad. aff. वत् is used in such instances as ब्राह्मणवदधीते (see Pân. V. I. 115.). Here वत् has a distinct relation with अधीते *i. e.* the क्रिया. Now here कुलालवत् is to be taken with नियमित wherein the action is implied. Then the construction becomes ब्रह्मा येन कुलालवत् ब्रह्माण्डभाण्डोदरे नियमितः &c. Here °भाण्डोदरे goes well with Brahmâ but not with कुलाल as it is absurd to suppose a कुलाल to be confined in a pot. Again Râmarshi says ब्रह्माण्डभाण्डे नियमितः *i. e.* ब्रह्माण्डभाण्डानि विधातुं नियमितः—but then what is the meaning

of गहन ? In the second line there is nothing objectionable but the construction is ambiguous, गहन being a noun as well as an adjective. In the third line the Comp. कपालपाणिपुटके is to be understood as a Madhyamapadalopî. Then follows भिक्षाटनम्. Now what relation is there between कपाल० and भिक्षाटनम् ? If any sense is to be given to the clause we must understand पुटके भिक्षा तदर्थमटनम् taking it as एकदेशी अन्वय. Perhaps the poet wrote ०पुटकः qualifying रुद्रः, के being a mistake for को committed by some careless scribe. Again in the fourth line the casual sense so prominently expressed by नियमित, क्षिप्त and कारित altogether disappears भ्राम्यति being used. Thus there is the fault called प्रक्रमभङ्ग.

Śl. 101. आकृतिः—stands for शोभनाकृति a graceful form. फलति—bears the desired fruit. सञ्चितानि—Fate is of three kinds; सञ्चित, प्रारब्ध and क्रियमाण. There is a reference here to the first kind. The fig. is Dîpaka the predicate expressing the धर्म being only once expressed. There is also *Upamá.*

Śl. 102. महार्णवे—अर्णांसि सन्त्यस्मिन् इति अर्णवः fr. अर्णस् water + the *matub.* aff. व, the स् being irregularly dropped before it. विषमस्थितम्—in a critical or trying position. विषम is a generic term for difficulty. *Cf.* Bhaṭṭi. VI. 88 and Bg. II. 2. where the venerable Ś aṇkarácharya renders विषमे by सभयस्थाने. पुराकृतानि पुण्यानि—This and the preceding śl. show that the author believed in a former birth, which Buddism does not recognise. See Introduction. *Cf.* अरक्षितं तिष्ठति दैवरक्षितम् । Pt. I.

Śl. 103. हित—a well-wisher. *Cf.* हितान्न यः संशृणुते स किं प्रभुः । Kir. I. 5. प्रत्यक्षम्—अक्ष्णोः प्रति अभिमुखं Avya. अक्षि is changed to अक्ष at the end of an Avya. when preceded by प्रति, पर changed to परो, सम् and अनु, by प्रतिपरसमनुभ्योऽक्ष्णः । or better अक्षमिन्द्रियं प्रतिगतम् Tat. by the Várt. 'अत्यादयः क्रान्ताद्यर्थे द्वितीयया' । अक्षि when compounded has the general sense of an organ of sense वृत्तिविषये अक्षिशब्द इन्द्रियमात्रपरः । Manoramá. हालाहलम्—Properly the very deadly poison produced at the churning off the ocean; hence any Virulent poison. सत्क्रिया—virtuous conduct. *Cf.* 'शकुन्तला

मूर्तिमती च सत्क्रिया' Śák. V. 15. "With the reading वक्रिकाम् which would seem to mean "crookedness" the meaning of the Stanza must be 'that which makes wicked men of good ones,' &c.. This is also the meaning according to Râmarshi with the reading चक्रिकाम्, which he interprets to be either सरस्वती or लक्ष्मी, "वक्रेण विनास्मिन्युगे फलं न भवति (commentaty.)" Mr. Telang. व्यसनैः—used adverbially here, meaning 'with persistent application (for the acquisition of merits)'. आस्था—an energetic effort.

Śl. 104. विभ्रम—amorous sport; it is also one of the *Bhávas* of love (Śṛngára.) श्वेतातपत्रोज्ज्वलाः—*i. e.* universal sovereignty. An emperor only has the privilege of using a white umbrella. *Cf* अनुदितान्यसितातपवारणः Rag. IX. 15. अनुस्यूत—interwoven *i.e.* continuous. विच्छिन्ने—when the continuity is broken. अनङ्ग°—may also be taken as अनङ्गकलहेषु (in love quarrels) क्रीडासु (and sports) च त्रुटन्तः &c. The propriety of the words अनङ्ग° is not clear. Probably the idea is that pearls dropped down at such a time are not noticed; so Lakshmí vanishes imperceptibly. दिशः&c.—see com.; दिशो दृश्यताम्—*v. l.* Lit. the state of being visible only at the end of quarters *i. e.* not within the reach of eyesight. The words may also be taken separately दिशोऽदृश्यताम् दिशः प्रश्यदृश्यतां प्रयाति Running in all directions disappears. Mr. Telang proposes the reading दृशोऽदृश्यताम्° Fig. *Upamá.*

Śl. 105. गुणवत्–गुणा विद्यन्तेऽस्मिन्. अवधार्या–should be thought over or considered. आविपत्तेः—till death; *cf.* हिमसेकविपत्तिः, and 'नरेन्द्रविपत्तिशोकात्' Rag. VIII. 45, XIX. 56 also Veṇî. IV. 6. विपाकः—from वि+पच्+अ (अञ् or कन्) originally means cooking and thence, ripeness, developmet, consequence. हृदयदाही–burning (*i. e.* giving pain to) the vitals of the heart like the barb of an arrow (supposed to be poisoned that it should cause burning). *Cf.* सविषमिव शल्यं दहति माम् । Śák. VI. 9.

Śl. 106. स्थाली–a cooking vessel; स्थलाति तिष्ठत्यन्नमत्र । वैदूर्य–*lapis-lazuli*; विदूरे अद्रौ भवम् (ष्यञ् *i. e.* अ) so called because first obtained from the mountain Vidûra. तिलखली—The cake of sesamum after oil has been pressed out of it; oil-cake. विलिखति–Scratches, ploughs. अर्कमूलस्य—The root of the *Arka* (*colatropis Gigantia*, रुई in Marâthi) is a worthless plant. *Cf.* the proverb अर्के चेन्मधु विन्देत किमर्थं पर्वतं व्रजेत्। कर्पूरखण्डान्—(खण्ड m=a collection) a collection of *Karpura* plant. वृति—from वृ to cover, to surround+ति (क्तिन्) what surrounds, a hedge. कोद्रवाणाम्—कोद्रव is a kind of very poor and coarse grain, and is commonly known as हरीक. कर्मभूमि—lit. the land of religious rites *i. e.* this world as opposed भोगभूमि (such as Swarga, the world of the moon &c.) 'The idea is somewhat similar to that of Bishop Butler who calls this a world for man's probation.'—Telang. Hindu writers refer by this to India (the land of Bharata भरतवर्ष) which is the fittest land for the performance of religious rites. It is laid down in Śruti (see Chhánd. Up.) that men repair to the world of the moon &c. to reap the benefits of their meritorious deeds; and when the fund of happiness laid in store there for them is exhausted they come down again to this world of mortals to perform *Karman. Cf.* कर्मभूमिभूतेऽस्मिन् भारते वर्षे। Kad. p. 457. कर्मभूमिमिमां प्राप्य कर्तव्यं कर्म यच्छुभम्'। Rámá. Ayod. K. कर्मभूमिरियं ब्रह्मन् फलभूमिरसौ मता। quoted by Mr. Telang from Muir. V. 324. तपस्—is used here in a wider sense; as meaning the performance of one's religious duties of all sorts, necessary to elevate one to heaven. The idea expressed here is this:–Men, who waste the opportunity of securing heaven (or *Moksha*) by practising *tapas*, given to them by birth in this world, are as foolish as one who &c. The fig. is *Málánidars'aná.*

Śl. 107. The moral Mr. Telang draws from his verse is "A man may do the most difficult and dangerous things in order to do what is fated not to happen, or to avoid what is fated to happen. But he will fail." There is no reference in this verse, however, to "*avoiding* what is fated to happen." The verse says that although a man may dive into the sea (for pearls or other gems), go to the golden mountain, Meru, conquer enemies in battle, or carry on trade and so forth, no wealth comes to him if it is fated not to come (यत्कर्मवशतोऽभाव्यं तन्न भवतीह); for how can that be counteracted which *is* destined to happen? मज्जतु &c.—*i. e.* for pearls &c. आहव आहूयन्ते अरयोत्र । **सकला: विद्या:**—According to some the *vidyas* are three, *viz.* आन्वीक्षिकी or metaphysics (आध्यात्मविद्या); त्रयी the three Vedas, and नीति or दण्डनीति administration of justice. According to some they are four *viz.* आन्वीक्षिकी त्रयी वार्ता दण्डनीतिश्च शाश्वती । Kâmandaka. The usual number of *Vidyas,* however, is fourteen--अङ्गानि वेदाश्चत्वारो मीमांसा न्यायविस्तरः । पुराणं धर्मशास्त्रं च विद्या ह्येताश्चतुर्दश । See Rag. V. 21 **कला:**—These are said to be 64. * **भाग्यवशत:**—in obedience to the power of fate.

Śl. 108. **तस्य** &c —is friendly disposed towards him. **सन्निधि॰** –सत् may qualify निधि as well as रत्न सन्ति; च तानि (निधयो रत्नानि च) निधिरत्नानि च; or **सन्निधि**—collections of choice things and jewels. Rámarshi takes it as सन्निधौ समीपे रत्नैरुत्कृष्टवस्तुभिर्गवाश्वान्नवस्त्रादिभिर्वा पूर्णा । For the alleged fatalistic tendency of the Hindus in general, see Introduction.

---

* The following are the names of these :—

गीतं, वाद्यं, नृत्यं, आलेख्यं, विशेषकच्छेद्यं, तण्डुलकुसुमवलिविकाराः, पुष्पास्तरणं, दशनवसनाङ्गरागः, मणिभूमिकाकर्म, शयनरचनं, उदकवाद्यं, उदकाघातः, चित्राश्च योगः, माल्यग्रथनविकल्पाः, शेखरकापीडयोजनं, नेपथ्यप्रयोगाः, कर्णपत्रभङ्गाः, गन्धयुक्तिः, भूषणयोजनं, ऐन्द्रजालाः, कौचुमाराश्च, योगाः, हस्तलाघवं, विचित्रशाकयूषभक्ष्यविकारक्रिया, पानकरसरागासवयोजनं, सूचिवानकर्माणि सूत्रक्रीडा, वीणाडमरुकवाद्यानि, प्रहेलिका, प्रतिमाला, दुर्वाचकयोगाः, पुस्तकवाचनं, नाटकाख्यायिकादर्शनं, काव्यसमस्यापूरणं, पट्टिकावेत्रवानविकल्पाः, तक्षकर्माणि, तक्षणं, वास्तुविद्या, रूप्यरत्नपरीक्षा, धातुवादः, मणिरागाकरज्ञानं, वृक्षायुर्वेदयोगाः, मेषकुक्कटलावकयुद्धविधिः, शुकसारिकाप्रलापनं, उत्सादने संवाहने केशमर्दने च कौशलं, अक्षरमुष्टिकाकथनं, म्लेच्छितविकल्पाः, देशभाषाविज्ञानं, पुष्पशकटिका, निमित्तज्ञानं, यन्त्रमातृका, धारणमातृका, संपाठ्यं, मानसी काव्यक्रिया, अभिधानकोषः, छन्दज्ञानं, क्रियाकल्पः, छलितकयोगाः, वस्त्रगोपनानि, द्यूतविशेषः, आकर्षक्रीडा, बालक्रीडनकानि, वैनयिकीनां वैजयिकीनां व्यायामिकीनां च विद्यानां ज्ञानं, इति चतुःषष्टिरङ्गविद्याः *Vát. Kám. Sút.*

MISCELLANEOUS.

Śl. 1. **मनुष्यः**—मनोरपत्यम् । मनोजीतावञ्यतौ षुक् च Pân. IV. 1. 151; मनु+य with augment षु, मनुष्य; with अञ् we have मानुष. **नावसीदति**—Does not suffer, is not ruined. The construction of the second line is rhetorically faulty as यं refers to उद्यम which is not prominent being the member of a compound. The Fig. is *Rúpaka* in the first half and *Upamá* in the second.

Śl. 2. **समच्युतिः**—losing an opportunity, letting slip right time; see com.; समय may also mean 'a condition, an engagement'; not keeping an engagement. **अनुव्रता**—See com. Obedient or devoted to her husband. **आज्ञाफलम्**—आज्ञा power to enforce obedience. The fig. is *Parisaṅkhyá*; see s'l. 71.

Śl. 3. **गती ह**—Not separable as गती इह as गती is a dual form. ह must be taken as a particle laying stress on the preceding word. Verily there are &c. it is, however, rarely used in classical literature. Mr. Telang remarks—"The first line is ungrammatical unless ह is taken as an expletive by itself. But ह is not used in the class of works to which these *S'atakas* belong." The verse is the same as sl. 33 (*q. v.*) with some variations. Fig. *Upamá*.

Śl. 4. **अप्रियवचनदरिद्रैः**—by those who are poor only in harsh words, *i. e.* who will not utter harsh words. **आढ्य**—rich in. **स्वदारपरितुष्टैः**—For a similar expression, *cf.* स्वयोषिति रतिः, sl. 63; परिवाद or परीवाद=censure: 'अवर्णाऽक्षेपनिर्वादपरीवादापवादवत् । उपक्रोशो जुगुप्सा च कुत्सा निन्दा च गर्हणे ॥' Amara.

Śl. 5. **पादाक्रान्तम्**—(1) covered over with his rays; (2) trodden under the feet, subdued. Mr. Telang thinks that in the latter sense there would seem to be an allusion to the Vâmana incarnation of Vishṇu. **स्फार**—(from स्फाय+रक् Uṇ. 2. 33.) profuse, wide. **तेजस्**—(1) valour; (2) lustre; light. The figures are *Upamá* and *S'les'a*.

Śl. 6. **लज्जा** &c.—This is interpreted in three ways:—(1) लज्जा एव गुणः तस्यौघः; (2) लज्जादयो ये गुणास्तेषां &c. and (3)

लज्जाया ये गुणाः &c. For taking आदि understood in (2) there is no authority. (2), though not quite unacceptable, does not seem to be intended. In (1) the word ओघ has hardly any propriety. It is, therefore, better to take it as लज्जा च गुणौघश्च modesty and many other qualities (as Mr. Telang does). अत्यन्तशुद्धहृदया and अनुवर्तमाना may also be taken with both, प्रतिज्ञा and जननी and interpreted as (1) अत्यन्तं शुद्धं हृदयं यस्यां in which the heart, *i. e.* motive, is pure; (3)...हृदयं यस्याः whose heart is pure; अनु—(1) always going with one, binding; (2) devoted or attached to, lit. always following one. सुखमसूनपि—सुखं may here be taken as a noun in the Acc. (comforts and even life), or as an *adverb*, meaning 'easily, willingly' (and this is preferable being more forcible); *cf.* त्यजन्त्यसून्शर्म च मानिनो वरं त्यजन्ति न त्वेकमयाचितव्रतम् ॥ Nai. I. 56; for the former sense comp. स्नेहं दयां च सौख्यं च यदि वा जानकीमपि । आराधनाय लोकानां मुञ्चतो नास्ति मे व्यथा ॥ Uttar. I 12; for सत्यव्रतव्यसन see slokas 62, 102. The aff. इन् is added for the metre, as a Bah would have expressed the same sense. See note on विगन्धि Sl. 9 *supra*. Fig. *Upamá*.

Śl. 7. The word स्त्रीणां, in the second line, is to be construed with each of the first three lines. स्त्रीणां हृदयमग्राह्यम्—the heart of women cannot be comprehended (lit. seized); अग्राह्य has a twofold sense (1) not to be fathomed &c.; (2) not to be felt or touched by the hand. भाव —Real feeling, inward motive. 'भावोऽभिप्राय आशयः' Yâdava-kosha; see Malli. in his com. on Rag. II. 26. विषमः–crooked or difficult to be perceived like the narrow mountain-path. पुष्करपत्रतोयतरलं—a common expression to denote unsteadiness. आशंसित—is used here for शंसित told, described. नाम—Mr. Telang takes this in the sense of—verily; it may perhaps be taken in the sense of प्राकाश्य—as is well-known. *Cf.* नलिनीदलगतसलिलं तरलं । तद्वज्जीवितमतिशयचपलम्—Mohamudgara. दोषैः समं वर्धिताः—growing with the faults; *i. e.* as the woman grows the faults develop in her. The fig. is *Upamâ*.

Śl. 8. अभिमुख &c –killed with his face towards (not turned away from) the enemy, or in the front line ' For the idea of the first line comp. Manus. VII.89. quoted in the com.; also Bg. II. 38. or the following stanza quoted by Madhusûdana Saraswati under Gîtâ I. 31.—द्वाविमौ पुरुषौ लोके सूर्यमण्डलभेदिनौ। परिव्राड् योगयुक्तश्च रणे चाभिमुखो हतः॥ तिष्ठतु तावत्--let that be apart, leave aside all consideration about. *Cf.* तिष्ठतु तावद्भवतो धीरता Vik. साधुवादः--praise--साधु इति वादः वचनम्। श्रवणसुखः--श्रवणं सुखयतीति. Leaving aside all considerations of the attainment of heaven or victory, the applause of both the armies is not an insignificant gain for a man who falls *wounded in the front rank in a battle.*

Śl. 9. इयति—of this extent. एतस्मिन्–seems to mean–of this nature. प्रभवति—stands at the top; appears pre-eminently in the front. वराह—the third incarnation of Vishṇu who lifted up the earth when the demon Hiraṇyáksha, brother of Hiraṇyakashipu, was carrying it with him into the depths of the ocean, and killed the demon. The reading दन्तसलिलैः is evidently a misprint occasioned by a copyist's blunder, and so it has been changed to हन्त सलिले. The former hardly gives any sense. दन्तमुकुलैः *v. l.* will not do, as the tusks of such Varâha cannot, with any propriety, be compared to *Mukulas.* परः—the other *i. e.* Ráhu. For the allusion see note on शीर्षावशेषीकृतः Śl. 34. The greatness of Varâha consists in lifting up the earth on his tusk, and of Râhu in being generous enough to let go an enemy whom he has in his clutches. The figures are *Kávyaliṅga* and *Yathasaṅkhya.*

Śl. 10. उदन्वत्—the ocean, उदकानि सन्त्यत्र; from उदक+वत्; उदक is changed to उदन् by 'उदन्वानुदधौ च' । Pân. VIII. 2. 13. सदा पान्थः–ever moving along a path पान्थ is derived as पन्थानं नित्यं गच्छतीति; fr. पथिन्+अ (अण्, पन्थादेशः). The space of the sky, although it may appear extensive, is every day traversed by the sun. कलयति—comprehends, takes the measure of. भावाः--things. स्फुरत्–clear, well-defined. अवधिमुद्रा--boundary-marks. मुकुलिताः–encased, as the flower is in the bud; hence confined, delimited. प्रज्ञोन्मेष--opening, blooming of the intellect, hence its brilliancy. The fig. in this śl. is *Vyatireka* which is defined as उपमानाद्यदन्यस्य व्यतिरेकः स एव सः। There is व्य० when the superiority over the उपमान (the standard of comparison) of what is different from it is mentioned, as that of सतां प्रज्ञोन्मेष over भू &c., here.

Śl. 11. The idea of the śl. is that one should make once for all a choice of the alternatives stated and act accordingly; भार्या—भ्रियते इति भार्या fr. भृ+य (ण्यत्), भर्तुं योग्या वा; he should have the one or the other and nothing between these.

Śl. 12. कमठ—के जले मठति इति; aff. अ (अच्); a tortoise. Here the great Tortoise—Vishṇu's कूर्मावतार. कुलाचल—Name of the seven principal mountain chains, for which see com. दिग्गज—The elephants of the quarters, supporting and guarding them. The names are thus given by Amarasimha-ऐरावतः पुण्डरीको वामनः कुमुदोऽञ्जनः॥ पुष्पदन्तः सार्वभौमः सुप्रतीकश्च दिग्गजाः॥ The Rámâyaṇa gives them differently, *viz.* Virupâksha for the East, Saumanasa for the West, Mahâpadma for the South, and Bhadra for the North.

प्रतिपन्न—what is undertaken. अमलमनसाम्—of those whose minds are pure, *i. e.* who never use equivocal language but state in unmistakable terms what they *would* do. It is not clear what the gist of the śl. is. The connection between strong-mindedness and *amalamanasatva* is not very clear. Probably the poet expresses here the same idea as he does in the last line of the next śloka. The fig is *Vyatireka.*

Śl. 13 कूर्मस्य—कौ जले ऊर्मिः वेगो अस्य। A tortoise. Here the second incarnation of Vishṇu. Mr. Telang reads the third line as किं त्वङ्गी०—न मनसा, suggesting that the line should be taken as a question and that for this it would be better to read किं चाङ्गीकृतम्, and further remarks—"The reading किंतु is more appropriate to what I think is the intended sense, but to obtain that न must be got rid of." But the third line makes a general statement and supports the figure in the line, while the questions in the first two lines refer to specific objects. निर्वाहः &c.—construe सतामेतद्धि गोत्रव्रतं (यत्) प्रतिपन्नवस्तुषु निर्वाहः। व्रत—

An observance that is binding. The s'loka occurs in Mud. II. The fig. is *Arthántaranyása.*

Śl. 14. पिण्ड—a ball of rice. *Cf.* 'ननु पश्य आश्वासितः पिशाचोपि भोजनेन'। Vik. II. This metaphorically means 'when bribed.' मृदङ्ग—Tabors were originally made of earth. मुखलेपेन—refers to the practice of applying kneaded flour to a *Mṛdanga* before it is played upon. The fig. is *Arthántaranyása.*

Śl. 15. स्वभरण०—solely bent upon, exerting themselves for. *Cf.* जठरं को न बिभर्ति केवलम्। Hit. अग्रणीः—The leader of; अग्रं नयतीति fr. अग्र+नी+क्विप् (०) by 'सत्सूद्विष &c.' Pán. III. 2 61. The न is changed to ण after अग्र and ग्राम by the Vârt. अग्रग्रामाभ्यां नयतेर्णो वाच्यः। दुष्पूर०—दुःखेन पूर्यते इति; shows the extreme selfishness of Vâḍava. वाडवः—The submarine fire; also called Aurva; see s'l. 76. जीमूतः—जीवनस्यमूत—पटबन्धः जीमूतः, a Comp. of the पृषोदरादि class. संभृत—qualifies सन्ताप; caused or intensified by. विच्छित्तये—for entirely removing or annihilating. The Dat. is तादर्थ्ये by the Vârt. तादर्थ्ये चतुर्थी वाच्या। The cloud is mentioned here as the type of सत्.

Śl. 16. In this sl. a minister and a poet are described as having a similar function to do by epithets which are *slishta.* दूरात्—(1) from afar; may also be metaphorical; (2) far apart *i. e.* by using words in a *slishta* or secondary (लाक्षणिक) sense; by presenting a striking picture to the mind far beyond the conception of ordinary men. अर्थ—(1) wealth or a political end; (2) the intended sense. अपशब्दं त्यक्त्वा—Avoiding wrangling; or offensive words; or take the whole as चापशब्दं the twanging sound of the bow *i. e.* achieving lofty aims by a wise stroke of policy without having recourse to war.; (2) faulty or offensive expressions, wrong words. सत्सभा—(1) assemblies of good (or politically clever) people, political bodies; (2) assemblies of learned (able to appreciate) सहृदय men. पदम्—(1) step; (2) words. लोकाचित्त०—(1) by consulting public opinion; (2) by going along with the current of ideas and conforming to the tastes of his times. For a similar comparison between a minister and a poet, see Mud. IV. 2; Śis. XI. 6.

Śl. 17. परिचरितव्याः-should be attended upon. यद्यपि॰ &c.–i.e. if they do not give special instruction &c. न—It will be better to read नो to suit the metre. स्वैरकथाः—random talk; स्वेन ईर्ते ईरति वा। पचाद्यच्। शास्त्राणि—precepts, information that can be safely relied upon.

Śl. 18. कन्दुकपातेन—a curious phrase probably used for the metre; the regular one would be कन्दुकपातं पतति, in the manner of the fall of a ball i. e. to rise again. केन तुल्यं कन्दुकपातेन कन्दुकपातवत् यथा कन्दुकः पतन्नुत्पतति। Rámarshi. *Cf.* प्रायेण साधुवृत्तानां &c. *supra* sl. 86. आर्यः—An honourable man, a man of merit. मृत्पिण्ड –a lump of clay, which remains sticking to the ground and never rises up.

Śl. 19. अवकर *m*. sweepings, dust; from अवकॄ + अ (अप्, अवकीर्यते इति). कृकवाक—कृकेण गलेन वक्तीति a cock. हंसः—a word of the पृषोदरादि class; fr. हन् to go or हस्; भवेद्वर्णागमात् हंसः (the न् or स् comes in irregularly). Fig. *Aprastutaprashamsá.*

Śl. 20. मदभिन्न *V. l.*—In this case गण्ड must be taken in the sense of cheeks, and करट the frontal globes. निद्रालसाः—dull with the nightly sleep. वीणा &c.—For the idea expressed here, comp. Kir. I. 38. and Rag. V. 65. सुरलोकदेव—the lord of the world of gods i. e. Indra; or it may mean the gods of heaven. सदृशं—qualifies तदैश्वर्यं understood. विस्फूर्जितं—properly a flash of lightning; hence manifestation. Construe नागाः निद्रालसाः तिष्ठन्ति इति यत् &c.—When the relative stands for a whole sentence such as is represented by 'that' in English, it is always used in the sing. number and *neuter* gender. See Apte's Guide. § 25. The fig. is *Udâtta* which is described as उदात्तं वस्तुनः संपत् the description of the excellence of a thing.

Śl. 21. परोपकारित्वम्—परस्य उपकरोतीति परोपकारी तस्य भावः। त्रितयम्। See com. and Pán. V. 2. 42. quoted therein.

Śl. 22. गजाङ्गनाया *V. l.*—गजस्य इव अङ्गनं गमनं यस्याः; with the gait of an elephant; hence a beautiful woman. If the reading be कटे, गजाङ्गना would mean a female elephant; protuberant temples being regarded as a mark of ugliness in her case. The reading लज्जाङ्गनाया: &c. is better; it also explains the force of च. शीलं &c.—*Cf.* सर्वेषामपि सर्वकारणमिदं शीलं परं भूषणम् । s'l. 87, above.

S'l. 23. प्रिय०–०सख *v. l.*, for readings see next p., foot notes. विपद्दण्ड &c.—प्रपात is preferable to प्रताप which requires a straining. अत्र—In this case or in this world. Fig. *Upamá.* The mind is here identified with clay, fate with a potter, anxiety with his wheel, and calamities with his rod. Fate whirls the minds of men by causing them anxiety and plunging them into misery.

S'l. 24. विरस:—painful, disagreeable on account of constant disappointment. आयास—an effort accompanied with bodily or mental trouble. अध्यवसाय—a resolute undertaking. दुरध्यवसाय means here 'a foolish attempt.' विपदि &c.—*Cf.* 'दर्शितभयेपि धातरि धैर्यध्वंसो भवेन्न धीराणाम्' । कल्पापाये—कल्पे य: अपाय: destruction of every thing तस्मिन्सति । This corresponds to 'विपदि' in the case of the *mahats.* व्यपेतनिजक्रमा:—who depart from their usual course, *viz.* (1) remaining firm and supporting the earth: and (2) keeping within proper limits. Men truly great are not व्यपेतनिजक्रम in विपद् but the mountains and the oceans are Thus the former are superior even to the latter. कुलशिखरिण:—see note on कुलपर्वत mis. s'l. 12. क्षुद्रा:—*mean*, and not '*small*'. Mr. Telang says—"I, however, prefer कल्पापायेपि अव्यपेतनिजक्रमा एते कुलशिखरिण: क्षुद्रा न भवन्ति न वैते जलराशय:. It may also do to take it as कल्पापायेपि कुलशिखरिण: व्यपेतनिजक्रमा: क्षुद्राश्च न (भवन्ति) न वैते जलराशय: ।" Râmarshi's comment runs as follows:-एते महान्त: क्षुद्रा: लघव: (*sc.*) कुलशिखरिण: कुलपर्वता: न भवन्ति । अथवा एते जलराशय: समुद्रा न । किंभूता: क्षुद्रा: लघव: । पुन: किंलक्षणा: उभये कल्पापाये कल्पस्य अपायोन्त: तस्मिन् व्यपेतनिजक्रमा: व्यपेत: गत: निजक्रमो गुरुत्वगाम्भीर्यादि: येषां ते तथा. The idea of the stanza, as explained by us, is a common one. Comp. Kir. XI. 54, and still better because more closely alike is Vîracharita p. 110 (Trith.) "न कम्पन्ते झञ्झामरुति किल वाति प्रतिदिशम् । समुन्मूर्च्छसारा: कुलशिखरिण: किंचिदपि

ते । न मर्यादां तेपि प्रतिजहति गाम्भीर्यगरिमस्फुरद्वार्ब्रह्माणोकलितमहिमानोम्बुनिधयः।।" It will be seen, however, that Rámarshi's explanation is more to the point, as already explained by us above. *Cf.* Bhâg. P. VIII. 24. Mr. Joglekar quotes–गिरयो गुरवस्तेभ्योऽप्युर्वी गुर्वी ततोति जगदण्डम् । तस्मादप्यतिगुरवः प्रलयेप्यचला महात्मानः ॥ Bhám. Vil. I. The fig. is *Vyatireka*; see mis. śl. 10.

Śl 25. स्पृहयति–स्पृह् generally governs the Dative but when there is ardent longing or a strong desire, it governs the Acc.: प्रकर्षविवक्षायां तु परत्वात्कर्मसंज्ञा । पुष्पाणि स्पृहयति । Sid. Kau. भुजयोरन्तरम्–The space between the arms, *i.e.* the chest. करवालकररुह— applies to श्री and वनिता; (1) करवालः कररुह इव the nail-like sword. (2) आयताःकरवाल इव कररुहाः long nails piercing like a sword. For the idea of the nail-marks inflicted by lovers on the bodies of their beloveds, comp. सद्यो वसन्तेन समागतानां नखक्षतानीव वनस्थलीनाम् ॥ Kum. III. 29. उपहितं शिशिरापगमश्रिया मुकुलजालमशोभत किंशुके । प्रणयिनीव नखक्षतमण्डनं प्रमदया मदयापितलज्जया ॥ Rag. IX. 31. व्युत्पन्न–instructed in, well versed in (love affairs). वनिता—'वनिता जनितात्यर्थानुरागायां च योषिति' Amara.; a woman in whom amour is produced. Since the words व्युत्पन्न and प्रौढ are used. वनिता here simply means a woman. The fig. *Upamá.*

NOTES ON
VAIRA'GYAS'ATAKA.

Śl. 1. चूडोत्तंसित &c.—In this śl. Hara is described as a lamp having for its flame the crescent moon, burning the moth of Kâma, and dispelling the darkness in the form of मोह. उत्तंसित worn as a head-ornament. चञ्चन्ती—moving, quivering. लीला-दग्ध॰–see Kum. III. 72. दशा—(1) a wick; (2) the condition of. प्राग्भार–a mass or heap of; (an uncommon word; see Mâl. Mâd. V. 29.) उच्चाटयन्—removing, entirely dispelling. *Cf.* Nai. III. 7. विजयते-सर्वोत्कर्षेण वर्तते–shines pre-eminently. Fig. *Rúpaka.*

Śl. 2. The poet herein gives three causes of the decadence of learning—first, learned men themselves do not encourage it being jealous of new aspirants for literary honours; secondly, wealthy men in their own self-sufficiency despise knowledge; and lastly, ignorant men do not encourage it because they cannot appreciate it. प्रभवः—the great, the rich. अबोधोपहताः—Lit. smitten by ignorance or want of understanding; incapable of appreciating merits. जीर्ण—p. p. of जॄ, absorbed; see *infra.* śl. 84 and *cf.* Mis. śl. 3.

Śl. 3. निधिशङ्कया—in the expectation of (finding) a treasure. ध्माताः–fused, smelted. There may also be a reference to alchemy here. धातवः— Metallic ores, minerals. मन्त्राराधन—here means securing the magical power with which some incantations are supposed to endow a man who repeats them according to the rules or manner prescribed in the *Tantras.* श्मशाने–the cemetery being the usual place for such practices. काण॰ &c.—a broken cowrie shell. श्मशान—derived as शवाः शेरते अत्र; a Comp. of the पृषोदरादि class.

Sl. 4. देशं भ्रान्तम्—traversed (by me). The construction is peculiar. The subj. मया is understood. By the sútra 'गत्यर्थाकर्मक' Pán. III. 4. 12, त is added भावे to verbs implying motion or used intransitively. देशं is an Acc of place. Mr. Telang cites as a parallel instance 'निजाश्रमपदं प्रति गतं च मुनिना' Pra. II; *Cf.*

जनस्थाने भ्रान्तं कनकमृग० Uttar. I Or देशं may be taken as Nom. sing. of देश *n.* (which is rare). भुक्तम्—(meals were) eaten (by me). काकवत् आशङ्कया—miserably and with fear like a crow. The meaning is—being an unwelcome guest at the house of strangers I was afraid they might at any moment drive me away just as people drive away a crow. Mr. Telang puts on this a different interpretation. He says.—"The fear, however, would rather seem to be the fear of being seen by others eating at the house of a stranger." There is no warrant, however, to take the word stranger to mean a *person of a different caste.* जृम्भसि—The Paras. is for the metre; it should be जृम्भसे जृम्भ to gape, increase, grow strong. Râmarshi takes पापकर्मनिरता as a Bah. dissolving it as पापकर्मणि निरतः पुमान् यया (हेतुभूतया) सा but this is ungrammatical.

Śl. 5. उल्लापाः—taunting words. आराधन—humouring; pleasing. शून्येन मनसा—with a vacant mind; though my mind was not *sympathetic.* Some construe as (खलानां) हसितमपि शून्येन कार्याकार्यविचारशून्येन मनसा सोढं; but this is rather farfetched and is not so forcible. चित्तस्तम्भः कृतः—(my mind revolted against these things but) I controlled my temper. प्रतिहतधियां (तान् प्रतीत्यर्थः।) of blunted faculties, senseless, wicked. मोघाशे—मोघा आशा यस्याः, तत्सम्बुद्धिः; (O greed), of fruitless expectations. नर्तयसि—To incite to something bad. A derivative of this word is sometimes used in a similar sense in Marathi (नाचवणें).

Śl. 6. तुलित०—this comparison is very common. *Cf.* नलिनीदलगतजलमतितरलं तद्वज्जीवितमतिशयचपलं Moh. M. 5. कृते goes with प्राणानाम्; आढ्य a rich man; derived from आ+ध्यै+क, पृषोदरादि०. निजगुण०—self-praise is forbidden, and is therefore considered to be a sin. *Cf.* ब्रुवते हि फलेन साधवो न तु कण्ठेन निजोपयोगिताम्। Nai. II. 48 इन्द्रोपि लघुतां याति स्वयंप्रख्यापितैर्गुणैः॥ Subh.

Śl. 7. क्षान्तम्—We forbore, pardoned. *Cf.* भ्रान्तम् śl. 4. न क्षमया but not through forgiveness *i. e.* through inability to retaliate. गृहोचित &c.—The happiness which was not ours was as good as relinquished; but we were discontented, and therefore, we could not claim the merit of saints, though we did not enjoy pleasures. सोढाः—We had to put up with the inclemencies of the weather &c. on account of poverty (as Rámarshi suggests) but that does not entitle us to the merit of penance. ध्यातं—We were engaged in contemplation, not of the feet of Siva but of wealth. Thus though we did the same actions that are done by sages, *viz.* forgiving, renunciation, endurance, and contemplation as to the fruits of those actions we have been deceived. We went the wrong way, and hence our disappointment. For नियमितप्राणैर्न शम्भोः पदं *cf.* अन्तर्यश्च मुमुक्षुभिर्नियमितप्राणादिभिर्मृग्यते Vik. I. 1. The fig. is *Vis'eshôkti.*

Śl. 8. वयमेव भुक्ताः—desire (which was never satisfied) has preyed on our minds (like canker on a bud) Some supply कालेन but that idea is expressed in याताः. तप्ताः—*i. e.* with cares and anxieties. वयमेव याताः—our bodies have been wasted away; or it is we (men) that have had our *exits.* In popular language we say that time passes; but really speaking it is not time that passes: time is eternal; but *we* have our *exits* from this world. तृष्णा न जीर्णा—*cf.* next śl. ०जीर्णा weakened by old age.

Śl. 9. All parts of the body indicate the advent of old age. Greed alone grows young. *i. e.* though old we feel as greedy as when we were young, or even more आक्रान्तं—Over-ridden; on which a footing has been made by. पलितं—gray hair; 'पलितं जरसा शौक्ल्यं' Amara. तृष्णा—here may also be taken as an उपलक्षण *i. e.* indicating kindred things—the feelings of the mind. तरुणायते—तरुणी इवाचरति is young. *Cf.* जीर्यन्ते जीर्यतः केशा दन्ता जीर्यन्ति जीर्यतः । जीर्यतश्चक्षुषी श्रोत्रे तृष्णैका तरुणायते Pt. V. 16.

Śl. 10. पुरुषबहुमानः—Rámarshi explains this as equivalent to पुरुषसम्बन्धी पुरुषाणां यूनां यो भवतीत्यर्थः, which is equivalent to पुरुषत्वविषयकः; another way is to take it as पुरुषेषु बहुमानः respect among men. The first is preferable. समानाः—of equal age or rank; contemporary. जीवितसमाः--equal to life, valued or esteemed as life itself. The other interpretation placed on this *viz.* जीवितं समं पूर्णं येषां can hardly be acceptable. स्वर्—The word is an indeclinable ('स्वरव्ययं' Amara.) and has generally the sense of the Acc. or Loc. It is compounded with certain nouns as, स्वर्ग, स्वर्णदी, स्वाराट् (स्वर् + राट्) &c. धृष्टः—impudent, shameless (निर्लज्ज). The fig. of speech is *Vibhávaná*.

Śl. 11. नाम—Verily, forsooth; or 'may well be considered'. ग्राह—A shark. वितर्क—misgivings, doubts; अस्मिन्कृते इदं भविष्यति न भविष्यतीति चेत्यादयः ऊहाः Râmarshi. धैर्यद्रुमध्वंसिनी—felling the tree of courage on its bank. *Cf. infra.* सिकतिलनदीतीरतरुभिः śl. 49. आवर्त—an eddy, a whirlpool. तटी—the bank of a river. The Comp. should properly be तटीका; but it may be defended by the maxim समासान्तविधिरनित्यः. तस्याः पारगताः—Those that have crossed it (the river) *i. e.* have conquered desire.

Śl. 12. संसारोत्पन्नं चरितम्—The course of life in this world; incidents of worldly life. अनुपश्यामि—To expect something good out of, to see in prospect; *cf.* न च श्रेयोऽनुपश्यामि Bhag. I. 31. विपाकः—result. विमृशतः—to me when I reflect, when I take a right view of the matter. See Nît. Śat. 89. चिरपरिगृहीताः-(1) enjoyed for a long time, or (2) enjoyed after a long time, as Râmarshi takes it. The former is, however, preferable; as long enjoyment is required to make a man attached to worldly pleasures which is implied in the succeeding line. महान्तो जायन्ते—become big; assume large proportions; hence tempt men by their magnitude. व्यसनं दातुमिव—their object in assuming big proportions and tempting men away from *Moksha* being as it were to make men happy. The more a man clings to pleasures the more miserable he becomes; for he is always disappointed; *cf.* न जातु कामः कामानामुपभोगेन शाम्यति। हविषा कृष्णवर्त्मेव भूय एवाभिवर्धते॥ Manu. II. 91. Or व्यसन may mean calamity; the fondness for enjoyments throws them into the turmoil of embodied existence; see com. and *infra.* śl. 46. notes. विषयिणां—and not to विरागिणां who at once renounce them and become happy.

Śl. 13. चिरतरमुषित्वापि—even after staying long. वियोगे-is here used in the sense of 'the vanishing of pleasures,' and is explained by the words व्रजतः स्वातन्त्र्यात् below. स्वयम्—of one's own motion, voluntarily. परितापाय–mark the sense of परि; they trouble in every way. शमसुखम्—शम is the same as शान्ति; comp. विहाय कामान्यः सर्वान्पुमांश्चरति निस्पृहः। निर्ममो निरहङ्कारः स शान्तिमाधिगच्छति ॥ Bg. II. 71; also 70, 72. It is not used in its technical Vedantic sense here (for which see Mis. śl. 2).

Śl. 14. ब्रह्म &c.—those who possess विवेक discrimination (between what is real and what is unreal) from their knowledge of Brahman. एकान्ततो निःस्पृहाः—absolutely free from all desires. न च प्राप्तौ दृढप्रत्ययः—(we have) no firm belief in their attainment; we are not sure that they would be attain. . वाञ्छामात्र &c.—Although they (enjoyments) are seized only by desire (*i. e.* by imagination); although their possession is only imaginary.

Śl. 15. शकुनाः—birds. अङ्कशयाः—an *Aluka* Comp. मनोरथ &c.—for the different ways of dissolving the comp. see com. मनोरथोप०—a palace built in the mind &c.; *i. e.* building castles in the air.

Śl. 16. भिक्षाशनं—भिक्षया अशनं livelihood; or भिक्ष्यते इति भिक्षा (food obtained by begging) fr. भिक्ष्+आ; तस्या अशनं eating, maintenance on. तदपि—also goes with एकवारं, even the coarse food is to be had for but one meal; it is not sufficient for the two meals in the day. न जहाति—In spite of abject poverty attachment to worldly objects does not die out. विषया न परित्यजन्ति *v. l.*-in this case some such words as अस्मान् must be supplied. But this reading loses force since there is no beauty in saying that the pleasures do not leave us. It is the mind that must relinquish them. Hence the reading adopted in the text is preferable.

Śl. 17. कविजनविशेषैः—by particular poets. गुरुकृतम्—magnified, praised, made much of.

Śl. 18. रागिन्—one in the power of love, an amorous person. प्रियतमा०—Śiva and Pârvati form together but one body the right half being male and the left one being female. *Cf.* देहद्वयार्धघटनारचितं शरीरमेकं ययोः &c. Intro. ślokas to Kád. Pt. II.

नीरागेषु—Śiva, though the greatest of lover, is also greater than the greatest of those who have renounced the world; for he only could do the two opposite things, *viz*, to yield to the influence of love so far as to allow his wife to share half of his body and also to resist successfully the action of the shafts of Kâma which are irresistible (दुर्वारि) to others *Cf.* न रागि चेतः परमा विलासिता वधूः शरीरेऽस्ति न चास्ति मन्मथः। Kir. XVIII. 31. विभूषणोद्भासि पिनद्धभोगि वा गजाजिनालम्बि दुकूलधारि वा। कपालि वा स्यादथवेन्दुशेखरं न विश्वमूर्तेरवधार्यते वपुः॥ Kum. V. 73. व्याविद्धमुग्ध–lying in a stupor, the poison having pervaded the body. शेषः—other than Śiva. Ordinary people never enjoy pleasures (as they would do, for they are only कामविडम्बित) and also are not able to renounce them.

Śl. 19. For महात्म्यम् some read दाहात्म्यम् which is enquivalent to दाहात्मकताम्—power to burn. माहात्म्यम् can also be easily understood from the context to mean the same thing. बडिशयुतम्—to which a fish-hook is attached. 'बडिशं मत्स्यवेधनम्'। Amara. The moth and the fish are not gifted with the faculty of discernment and they cannot perceive danger, but men, reasoning beings that they are, are ruined by their desires. जटिल–intertwined, complicated. गहनः—inscrutable, mysterious.

Śl. 20. वलित—mixed with. प्रतीकारो व्याधेः सुखम्–The removal of pain is happiness. Really, there is no such thing as happiness says the poet. What is felt to be as such is merely on account of the pain being removed. विपर्यस्यति wrongly thinks; see com.

Śl. 21. तुङ्गं &c.–These, singly or together. कल्याणी–कल्यं नीरुजत्वमाणयतीति, fortunate: *cf.* त्वमेव कल्याणि तयोस्तृतीया। Rag. VI. 29. निविशते–sticks fondly or closely to; विश् with नि is Atm. 'नेर्विशः' Pán. I. 3. 17. संसारकारागृह–कारागृह of course to a philosopher. धन्यः &c.—यः सन्न्यस्यति स धन्यः। सन्न्यास means abandoning all desires. *Cf.* काम्यानां कर्मणां न्यासं सन्न्यासं कवयो विदुः Bg. XVIII. 2.

Śl. 22. The adjectives in the first two lines require to be distributed between शिशुकैः and गेहिनी according as they are in the Instr. or the Nom. शिशुकैः—शिशव एव शिशुकाः । क expresses pity. विधुरा—miserable (दीना), derived as विगता धूः कार्यभारो यस्याः Lit. having nothing to do; hence perplexed, as a loss to know what to do. गद्गद &c.—Avy. Comp. दग्धजठरस्यार्थे–for the sake of the accursed stomach. The word दग्ध is often used in the sense it has here. *Cf.* अस्य दग्धोदरस्यार्थे कः कुर्यात्पातकं महत् । Hit. I. See notes on Nît. Śat. śl. 99. मनस्वी a high-souled person; see Nît. śl. 33.

Śl. 23. अभिमत०—highly valued. The demands of the stomach make one completely forego all self-respect. गुरुतर—nobler; higher. ग्राम—a collection. अम्भोज—the water-lily that blooms at sunrise, but fades when the moon rises. *Cf.* कुमुदवनमपश्रि श्रीमदम्भोजखण्डं Śis. XI. 64. where the sun-rise is described. The moon-light-like जठरपिठरी makes the lotuses of virtues fade away. विपुल०–विपुला (विपुलं यथा तथा वा) विलसन्ती या &c. कुठारिका a small hatchet. पिठरी—a pan or boiler.

Śl. 24. पाली—the edge. सित &c.—The edge of which is covered with a piece of white cloth. कपाली—a broken pot. न्याय—&c. नयन्ति परमं पदं मापयन्ति विवेकेनेति न्यायाः श्रुतिशास्त्रस्मृत्यादयः says Rámarshi. The meaning here is 'the formulæ or systems manifested in the three Vedas'; the proper method of performing (sacrifices). So this means क्रतुमन्त्रविनियोगविधिज्ञाः Malli. commenting on Kum. II. 12 says नीयन्त एभिरर्थविशेषा इति न्यायाः स्वरास्तैरुदात्तानुदात्तस्वरितैः । This meaning will also do here —the Vedas pronounced correctly (with proper intonation and accent.) धूम्र—of a smoky colour, blackened. उपकण्ठम्—the adjacent part. द्वारं द्वारं प्रवृत्तः—going to every door. वरम्—an *indecl.* expressing preference, and used with the clause containing the thing preferred (which is put in the Nom. case). See Apte's Guide § 301.

तुल्यकुल्येषु—कुले भवाः कुल्याः fr. कुल+यत् (य) by 'दिगादिभ्यो' यत् Pân. IV. 3. 54, कुल being a synonym of वंश. कुल्यः कुलोद्भवे मान्ये कुलस्यातिहितेऽपि च । Visva. The sense intended by the poet, however, is तुल्यं च तत् कुलं तुल्यकुलं तत्र भवाः । But this is inadmissible from a grammatical point of view. भवार्थे यत् is to be to simple words, and not to compounds. Vâmana remarks—भवार्थे पुनर्दिगादिपाठेपि वंशशब्दस्य वंशशब्दादेव तत्र प्रत्ययः। ग्रहणवता प्रातिपदिकेन तदन्तविधेः प्रतिषेधात्। The form may be defended by explaining it as तुल्यकुले साधवः, यत् being affixed by 'तत्र साधुः' Pân. IV. 4. 98.

Śl. 25. हिम०—कणशीकर *v. l.* here कण means a drop and शीकर spray. हिमवतः स्थानानि—retreats in the Himâlayas, the favourite haunts of ascetics. सावमान &c.—see com.; given with, accompanied by, indignities; or सावमानं यथा स्यात्तथा with humiliation. रताः—take pleasure in.

Śl. 26. कन्दर—the slopes between two hills; see śl. 79. प्रसभं—प्रगता सभा विचारोऽस्मात् तद्यथा तथा। forcibly *i. e.* against one's thoughts, or wishes. This may also be taken with अपगत०. प्रश्रय—courtesy, courteous behaviour. 'प्रश्रयप्रणयौ समौ' Amara. The last line is *adj.* to मुखानि. लतानि—This refers to the eyebrows of men proud of their wealth which are sometimes raised, at others wrinkled. *Cf* Bhâg. II. 2-5. quoted in the com., reading the 3rd and 4th lines as रुद्धा गुहाः किमजितोऽवति नोपसन्नान् कस्माद्भजन्ति &c.

Śl. 27. The reading प्रिय has been adopted in this Ed. instead of प्रिये, as *Mas.* Vocatives often occur, while a female is rarely addressed in this Śataka. प्रणयिनि violates the metre. प्रणयिनीं—must be taken with वृत्ति somehow. Another reading is प्रियैश्च सलिलैः; but this, too, is not satisfactory, as there is no propriety of प्रियैः. अकरुण *v. l.*—not pleasing, harsh to the touch; rough. याम: is replaced by याव: which is found in one Ed. ईश्वराणां—goes with नामापि and means 'of rich people'; *cf.* (Mis. śl. 11.) वित्त &c.—विकारा such as rudeness, vanity &c. Mr. Telang's reading is चित्तव्याधि which is redundant as we have already got विवेकमूढ. For the idea *cf.* Mis. śl. 32.

Śl. 28. प्रतिवनम्—in every forest. अखेदम्—an *adj.* (Bah. Comp.) or *adv.* For the idea expressed here comp. *infra.* śl. 55.

Śl. 29. वर्धन्ते—appear long. The man who has the misery to supplicate the rich, often in vain, finds the days very long.

आक्षेप means allurement or distraction; one commentary explains it also as आदर. पर्यस्त—lit. tossed about; hence distracted. अल्पत्वं इधति—the man engaged in the pursuit of worldly objects finds time too short to achieve all his ends. वासराणां the Gen. by 'अधीगर्थदयेशां कर्मणी' Pâṇ. II. 3. 52. ध्यानच्छेदे—ध्यान is defined by Patañjali as 'तत्र प्रत्ययैकतानता (sameness of preception; see com. śl. 99). ध्यानम्—(1) at the end of my contemplation; and (2) during the interval between two समाधिs. The idea is this—After I shall have broken my समाधि, I shall smile at the life of misery led by worldly people. May the time come when I shall be free from desire and renouncing the world enjoy the happiness of समाधि.

Śl. 30. सन्तोष॰—सन्तोषेण निरन्तरं always or greatly, highly प्रमुदिताः—delighted. Mr. Telang reads सन्तोषसुखप्रमोदमुदिताः but we do not see the propriety of प्रमोद and मुदित which mean the same thing. भिन्नाः—interrupted, unaltered; they enjoy unmixed felicity (not affected by the report about the treasures of Meru). The joys of ordinary men are often interrupted by misfortunes, the thwarting of their desires &c. हता—mark the contrast. The happiness of the one never comes to an end: the thirst of the other never ends and makes him perpetually miserable. इत्थं &c.—The sentence ends with मेरुः; supply सः or एतद्विधेः कृत्यं as Nom. to रोचते. This indicates Vairâgya, and so the śl. is in its proper place here. The idea seems to be this–A sane person never does any thing without some motive. But it is difficult to see what the motive of Brahmâ was in creating Meru. Those who are self-contented have nothing to do with it. If the object be to gratify the lust for money of avaricious persons, Meru, with its unending treasures, can never fulfil it. "Śârṅgadhara p. 23 ascribes this to Vidyâpati." Mr. Telang.

Śl. 31. अदैन्य–in which there is no self-abasement; in which one has not the misery of undergoing humiliation, or making abject supplication. अप्रतिसुखं—This reading is better than अप्रतिहतं as it nearly means the same thing as अवार्य. अप्रतिहत may mean knowing no obstruction, producing every desired effect.

भीतिच्छद्—*v. l.* shielding (lit. covering) from fear. अभिमान—may also mean 'egotism.' अन्वहं—day after day, always. साधुप्रियं—may also be taken as साधु च तत् प्रियं च। सत्रम्-सीदन्त्यत्र fr. सद्+ष्ट्रन् (त्र). Uṇ. IV. 159. That in which people sit down to worship or contemplate; hence here worship or the system of worship; it may have here the same meaning as that of संप्रदाय or the course of life adopted by the devotees of Śiva. अवार्य—If the reading अप्रतिहत be adopted in the first line this should be taken to mean that cannot be opposed *i. e.* made to give way by being proved inferior. Mr. Telang who does not understand the word अवार्य in this sense suggests that अप्रतिसुखं should be preferred to अप्रतिहतम्. अवार्य may also be taken with अक्षयनिधिम् as we have done in translating.

Śl. 32. कुले—कुल is here used in the same way as 'birth' in English, in the sense of 'noble birth'. The reading मौने for माने in l. 2. is not to be preferred; because मौन by itself is a blemish and cannot be linked with other good things mentioned in the verse; secondly, all the expressions indicating danger are predicated as directly producing evil effects on the objects named while no direct effect can be produced on मौन by the fear of being considered spiritless. There is therefore a want of symmetry if we accept the reading मौने instead of माने. If we take मौन in its Vedantic sense of 'reticense' it will be inappropriate, as Mr. Joglekar remarks, to link it with other material things so opposed to asceticism. गुणे—comp. न दुर्जनानामिह कोपि दोषस्तेषां स्वभावो हि गुणासहिष्णुः। Vikramaṅga. I. 20.

Śl. 33. आक्रान्तं—is more forcible than आघ्रातं. It must be taken with the following expressions also. अत्युज्ज्वलं—this breaks the symmetry as it is the only *adj*. used to qualify one of the several things stated in the śl. विभ्रम—Sportive movements, amorous actions. अस्थैर्येण विभूतयः—affluence (marred) by inconstancy. उपहता—उपहृता *v. l.* does not make good sense.

Śl. 34. आधि—mental torment, anxiety. व्याधि—bodily ailment, disease. विवृतद्वाराः—may also be taken as विवृतं द्वारमासां;

to which a door has been opened, for which an entrance is effected. जातं जातम्—every born being विवश—helpless. आत्मसात् करोति—takes entirely in his custody. आत्मसात्—in one's possession. 'तदधीनवचने' (Páṇ. V. 4. 54.) साति: स्यात्. The aff. सात् is added to express possession and used with a form of the roots कृ, भू or अस् or संपद्. नाम—indeed, I should like to know; *cf.* तत्को नाम गुणो भवेत् स गुणिनां &c. Nît. Śat. śl. 54. सुस्थितम् *v. l.*—Standing well or firmly, secure, safe.

Śl. 35. तुङ्ग—This adds to the चपलत्व. भङ्ग—Mr. Telang translates this by 'breaking' preferring it to its usual sense of 'रचना' (the waves rising in succession) but we think the sense of रचना is more poetical and better as it corresponds to भोग, the idea of breaking or vanishing being left to be implied. दिनानि—The Acc. by 'कालाध्वनोरत्यन्तसंयोगे' Pâṇ II. 3. 5. बोधकाः सन्तः—being instructors of people. The word has no special propriety here; it seems to be for alliteration. पेशल—may also mean चारु beautiful, the चारुत्व lying in its excellence 'चारौ दक्षे च पेशलः' । Amara. यत्नः—effort; may mean an effort to lead people to *Moksha* or may simply refer to the transactions of daily life. *Cf.* Bg. III. 21 quoted in the com.

Śl. 36. वितानं—lit. expansion; a canopy; hence a collection or mass spread all round. सौदामिनी—lightning सुदाम्नि मेघे भवा; fr. सुदामन् a cloud and अण्. भङ्गुरत्—frail, liable to speedy dissolution; from भञ्ज्+घुरच् (उर), see com. यौवनलालना—The indulgences of youth, youthful happiness. Râmarshi explains लालना by धारणा, and another commentary by अतिपालना; but neither of these is satisfactory. लालसा *v. l.*—the ardent desire for pleasures which youth begets. योगे—योग seems to be used here in the sense of Union with, or manifestation in contemplation of, the Supreme Spirit. Its usual meaning is चित्तवृत्तिनिरोधः 'controlling the functions of the mind,' by means of which the individual soul can be in complete union with the Supreme Soul. धैर्यसमाधि &c.-धैर्येण (by patience) या समाधिसिद्धिः success in the acquisition of the Samádhi by patient contemplation. Or Samádhi may simply mean a state of equanimity not allowing the mind to be ruffled or agitated under any circumstances. Some take the Comp. as धैर्यं च समाधिश्च ताभ्यां, but without propriety. The reading ध्येयसमाधि presents no difficulty. Samádhi is the last and the most perfect stage of meditation, the eight stages being यमनियमासनप्राणायामप्रत्याहारधारणाध्यानसमाधयोऽष्टावङ्गानि । विधद्ध्वं 2nd. pers. pl. Imper. of धा with वि. बुद्धिं विधद्ध्वं—From your inclination towards, fix your mind on. The figures are *Upamá* and *Kávyalinga*.

Śl. 37. कल्लोल–a large wave. ०कल्पाः–momentary, transient like thought; कल्प signifies a little less than, almost equal to. ईषदसमाप्तौ कल्पब्देश्यदेशीयरः—Pán. V. 3. 67. घन &c.—विभ्रमाः quick motions, flashes उपगूढम् *subs.* embrace; derived from गुह् with उप + त (नपुंसके भावे क्तः). प्रणितम्—कृतम् Fig. *Kávyalinga.*

Śl. 38. कृच्छ्रेण–with great difficulty: modifies स्थीयते. तनुभिः–क्रतुभिः *v. l.* गर्भवासे—०गर्ते *v. l.* अमेध्य—unfit for sacrifice; hence impure, dirty. नियमित--regulated by boundaries; hence confined in a limited area; pent up. गर्भवासे—गर्भस्य वासः the womb. व्यतिकर—means सम्बन्ध or मिश्रण, and may be translated by 'on account of.' उपभोगः—विप्रयोगः *v. l.* will not do, as it means the same thing as विश्लेष (separation) which has already occurred. नारीणाम् &c. – This is taken by some with the second line; it is, however, preferable to take the third line as one assertion: नारीणामप्यवज्ञा being the reason why old age is an evil. Râmarshi supports this view. For construction see com. वामाक्षीणामवज्ञा० *v. l.*—अवज्ञया विहसितानि तेषां वसतिः.

Śl. 39. परितर्जयन्ती—threatening. देहं प्रहरन्ति—The use of the Loc with प्रहृ is more usual and idiomatic; *cf.* रुद्रौजसा तु प्रहृतं त्वयास्यां; and तस्मिन्प्रजह्रुर्युधि सर्व एव Rag. II. 54 and VII. 59; न प्रहर्तुमनागसि Śák. I, 11., for Acc. see. Rag. V 58. परिस्रवति–oozes out, gently disappears. अहितमाचरति—(people) do injury to themselves, by doing evil deeds, (*i. e.* do not try to obtain *Moksha*). Fig. *Upamá*.

Śl. 40. भङ्गुरवृत्तयः—evanescent or transient by nature. तैरेव चायं भवः—And wordly life (is formed) of them only. कृतम्—enough with. समाधीयताम्—fix in one place. कामोच्छित्तिवशे-which is (now) under control on account of desires being uprooted. स्वधामनि—in its own place or abode, *viz*. स्वयंप्रकाशे आत्मनि.

Śl. 41. तृणलव०-of as little consequence as a small blade of grass. यस्मिन्महाशासने—*V. l.* Some such words as लब्धे or अधिगते सति should be taken as understood after this Locative. महाशासने &c.—The knowledge of Brahma as expounded in the Upanishads; the highest truth taught by them (the four Mahâvâkyas especially); Râmarshi explains this by परमात्मज्ञाने (स्फुरिते सति). Mr. Telang says—"It means whose commands are great; thus in the Upanishads एतस्या वा अक्षरस्य गार्गि प्रशासने सूर्याचन्द्रमसौ तिष्ठतः । or भीषाऽस्माद्वातः पवते &c.; the greatness consisting in the great powers which obey those commands." But Râmarshi's sense seems to be more natural. The knowledge of Brahma is called *Mahás'ásana* because it comes authoritatively from the Vedas, it being the highest truth taught by them. कोऽपि—indescribable. *Cf.* विकारः कोऽप्यन्तर्जडयति च तापं च कुरुते, Uttar. नित्योदित—ever existing, steady, permanent. *Cf.* with this sl. 70 *infra.*; Gîta VI. 22.

Śl. 42. रम्या सा would be better for symmetry. सामन्त (सम्यगन्तः समन्तः border, frontier. तत्र भवः सामन्तः) means a frontier king, a tributary prince. विदग्ध—a wise man. सापि राजपरिषद् *v. l.* involves tautology since सामन्तचक्र has already occurred. उत्सिक्तः-swollen or puffed up with pride, proud. उद्रिक्त *v. l.* (p. p of रिच् with उत्) lit. exceeded, overflowed, hence haughty. निवह—a collection. स्मृतिपथमगात्-became a matter of memory *i. e.* history.

Śl. 43. गृहे—used here in a double sense; (1) a house; (2) a square on a dice board. तदनु बहवः—(And there are) many after him *i e.* many who follow or depend upon him. The last two lines describe the game at dice in which the god of death and his wife (the male and female personifications of the principle of Destruction) are engaged. The world is their dice-board, mortals the dice-pieces (शार Marâthi सोंगट्या,) and day and night the two dice. Śiva may also he regarded as the Destroyer as he is described in the Purāṇas as playing at dice with his wife, Pârvatî.

Śl. 44. व्यापारैः—avocations, affairs. गुरु—momentous, weighty. कालः—Time, *i. e.* the passing away of time. त्रासः—fear or disgust. जन्म &c.—a Comp. of the समाहारद्वंद्व class. मोहमयीं—मोहप्रचुरां the aff. मय is used in the sense of 'excess' (or made of). मदिरा—derived from मद्+किरच् (इर)+टाप् (आ)—that which intoxicates. उन्मत्तभूतम्—उन्मत्तं भूतं; there is no special propriety of taking भूत in the sense of इव. The poet makes a definite assertion here.

Śl. 45. निभृतम्—resolutely, steadily, or secretly. पुनरुक्त—*i. e.* repeatedly enjoyed, hence stale. कदर्थिताः—disgraced; or tormented. See Nît. Śat. śl. 84; and *infra*, कदशनम् Mis śl. 29.

Śl. 46. संसारविच्छित्ति—Cutting asunder, or utter destruction, of the bonds of संसार, leading to *Moksha* (salvation or unification with the Supreme Being). This is attained by means of *Yoga* and then there is no re-birth for man. This is the highest ideal, the next one is स्वर्ग. This is attained by means of religious merit, vows, sacrifices, &c; see com. The reward for these is स्वर्ग, and after the heavenly happiness is enjoyed for the prescribed term, there is again re-birth, again the acquisition of स्वर्ग by religious merit, again re-birth, and so no till the end of the creation. धर्मः—see com. The student can easily see the difference between संसारविच्छित्ति and स्वर्गप्राप्ति. In the eyes of a philosopher, the latter is nothing (तुच्छ) as compared to the former. रामा°—This refers to the third object of human pursuit, *viz.* काम or the enjoyment of worldly pleasures. यौवनवन—Not a happy metaphor, as वन expresses a plurality of ideas. It is probably used for alliteration One the poet may seem to refer by *Vana* to an avenue of trees which gradually disappears as tree after tree is cut down and so to refer to the gradual disappearance of youth. वयम्—The plural is used to indicate self-disparagement.

Śl. 47. यदि &c.—Mr. Telang proposes that this *adj*. and विनीतोचिता should denote two kinds of learning and quotes the *Subhâshita* विद्या विवादाय धनं मदाय &c. to support his position. There, however, two kinds of persons are specially mentioned as possessing two kinds of learning. Here we have no mention made of two persons of different temperaments as in the *Subhâshita*; but the *adj*. विनीतोचिता seems to have been purposely added to signify that the kind of learning meant here is not that which falls under the category (खलस्य) विद्या विवादाय. High learning *is capable* of putting down an antagonist, but it need not at the same time be *prone* to controversy when it is possessed by good men. करिकुम्भ°—*i. e.* the elephants of the enemy. तारुण्य—which is the fittest period of life for achieving the three things mentioned in the foregone lines.

Śl. 48. शुश्रूषा—properly desire to hear; hence 'service, attendance.' समाहितं—सम्यक् आहितं firmly placed, concentrated, devoted. पित्रोः—एकशेषद्वंद्व; माता च पिता च पितरौ; by 'पिता मात्रा' । Pân. I. 2. 70; also (मातापितरौ) तयोः । पर &c.—coveting a morsel of food from others. काकैरिव—*Cf. supra.* śl. 46 and भुक्तं मानविवर्जितं परगृहेष्वाशङ्कया काकवत् । śl. 4.

Śl. 49. परिगताः—died, *cf.* परिगतः *V. l.* Veṇi. III. अपगताः is simpler. To explain गमिताः Râmarshi adds कालेनेति शेषः. This will do very well. But Mr. Telang thinks गमित to be an instance of स्वार्थे णिच् and refers for a parallel instance to Rag. II. 50. In the passage referred to, however, the causal sense is not at all justifiable, which is not the case in the present passage. सिकतिल &c.—see Pân. V. 2. 105. quoted in the com.; चादण् मतुप् च । सिकताः सन्त्यस्मिन्देशे इति सिकातिलः, सैकतः, सिकतावान् Sid. Kau. Fig. *Upamá*.

Śl. 50. तस्यार्धस्य परस्य चार्धम्—Explain तस्यार्धस्य पञ्चाशत्संख्याकस्य अर्धस्य अर्धं सार्धद्वादश वर्षाणि (बाल्ये) पुनः तस्य परस्यार्धस्यार्धं सार्धद्वादश वर्षाणि (वृद्धत्वे) इत्यर्थः । शेषं उर्वरितमायुः पञ्चविंशतिवर्षपरिमितमित्यर्थः । Human life extends over 100 years. Half of this is passed in the night, one fourth of the latter *viz.*

12½ years is passed in childhood and old age each. (In computing this the night-time is not taken into consideration, and the day is supposed to be of 24 hours as usual; this makes the 12½ years equivalent to 25 years for boyhood and for old age.) Mr. Telang suggests that तस्य परस्यार्धस्यार्धम् should be taken to mean रात्रिगतेतरार्ध (*i. e.* दिनगतार्ध) स्यार्धम् *i. e.* half of the 50 years passes by day time. This gives 25 years for youth and old age together. अपरं—may be taken as in the com. or as an *adv.*; besides, another thing is that &c.

Śl. 51. The comparison of man with an actor pervades the whole verse. कामरसिकः—delighting in enjoyments. संसारान्ते—at the close of his wordly existence. यमधानी०—यमस्य धानी, सेव जवनिका a curtain; as an actor having acted his part in several ways, retires behind the curtain on the stage, so man retires to the seat of death from the platform of the world.

Śl. 52. प्रज्ञा refined or acute intellect. अभिमान—just pride. मानद—may mean (1) मानं ददाति (स्वेभ्यः) इति; one who confers honour (on his dependants); and (2) मानं द्यति इति from मान+दो (अवखण्डने) one who subdues the pride (of the enemy or insults others); the second sense, however, seems to be intended here. एकान्ततः—totally, utterly.

Śl. 53. The same idea is rendered clearer in this. वयं—The use of the pl. shows that the speaker wishes to assert his own greatness. यावदर्थम्—यावानर्थः तावत् । we are the sole masters of the wealth of words *i. e.* we rule supreme over the domain of letters. गिरां—The Gen. by the rule अधीगर्थदयेशां कर्मणि (षष्ठी)। Pân. II. 3. 52. Words meaning to remember or remembrance and the roots दय् and ईश् govern the Gen. of their object.

Śl. 54. दुकूलैः—is a better reading than च लक्ष्या as it gives a good contrast with वल्कलैः. निर्विशेषो विशेषः—Ramarshi explains as follows:—अत्र विशेषः अन्तरं भेद इत्यर्थः । निर्विशेषः अनाधिक्यः । अत्र विशेषे अन्तरं नास्तीत्यर्थः । The philosopher says to the king—what you regard as *greater* satisfaction is not so in my estimation. Mr. Telang does not think Râmarshi's explanation to be satisfactory, and proposes that विशेष should be taken to mean 'greatness,' (उत्कर्ष). This is certainly no improvement on Râmarshi's interpretation which is quite unobjectionable and gives good sense. The fig. is *Arthantaranyâsa*.

Śl. 55. फलं—बिसं *v. l.* is not appropriate. शयन—a bed or couch; *fr.* शी + ल्युट् (अन) added अधिकरणे. *Cf.* शय्या च भूः śl. 16 *supra*.; also 27, 95. नवधन &c.—upstart wealth often produces intoxication. अनुमन्तुम्—to consent to, to tolerate. *Cf.* for the idea, *infra*. śl. 27.

Śl. 56. This śl. gives expression to the thoughts of some one disgusted with royal service. अश्रीमहि:—for अश्रीमहि. आशा (the quarters) एव वासः; *cf.* दिगम्बर.

Śl. 57. विटाः—flatterers, panderers. In dramas this word has a technical meaning. It means the companion of the hero or a king who is skilled in one art only. See com. गायनः—ल्युट् (अन) added कर्तरि. नृपस॰—A king's palace is frequented by buffoons, flatteres, and licentious and malicious people. The poet says, as he is none of these, a royal court is not the place for him. Mr. Telang here quotes from Juvenal the following parallel lines:—

> "What's Rome to me, what business have I there?
> I who can neither lie, nor falsely swear,
> Nor praise my patron's under serving rhymes."

Śl. 58. विपुलहृदय–large-hearted, generous-minded–refers to Brahmâ and other Prajápatis, or to Brahmá alone, the pl. being used आदरे. विधृतम्—upheld, preserved-refers to Vishṇu and others or to Vishṇu alone. दत्तं &c.—probably a reference to Paraśuráma, who conquered the world, and presented it to the Brâhmaṅas. कतिपय &c.—when supremacy has been acquired over a few towns. मदज्वर—*Cf.* ज्वर इव मदो मे Nît. Śat. śl. 8.

Śl 59. अभुक्तायां &c.--The sovereign is considered as the husband of the earth by Sanskṛt poets. *Cf* ना विष्णुः पृथिवीपतिः where the king is spoken of as the husband of the earth. क इव बहुमानः--what honour is it, indeed? इव being used for emphas is like वा in मृत: को Nit. Śat. 32. *Cf.* परैस्त्वदन्य: क इवापहारयेत् &c Kir. I. 31. or क इव—what sort of. (what reason have they for) लेशेपि पतय:—the Loc. is noteworthy; see Pân. II. 3. 30. विषादे कर्तव्ये–Mr. Telang here remarks–'for having so litte' they should have grieved; but it would be better to suppose that they should have chiefly grieved for being the lords of भुक्तोच्छिष्टा पृथ्वी.

Śl. 60. मृत्पिण्ड: &c.–The whole earth is a ball of clay encircled by the line of water (sea); it is indeed, very small, and is parcelled out among themselves by a number of kings after hundreds of fights. These petty chiefs are poor and mean-minded. The poet, therefore, despises those that wish to get something out of them. स्वांशीकृत्य is preferable to भागीकृत्य—which simply means 'having divided.'

Śl. 61. कोऽपि—indescribable, unnamable. स जात: आसीत्.—he alone was born; he alone deserves to be counted as having been born, the birth of others is as good as nothing. उच्चै:—on high; or so as to give it high honour. अलङ्कारविधये—for the purpose of decoration, as a decoration, or ornament. It is well known that Śiva decorates himself with a string of the skulls of those who fall on the battle-field &c.; comp. कपालि वा स्यादथ- वेन्दुशेखरम् । Kum. V. 78. That deity does not, however, give preference to one skull in particular, nor does he wear it on his head, as the poet seems to imply. प्रवण derived from प्रु 1. A. to go + ल्युट् (अन) प्रवन्ते अनेन अत्र वा sloping 'प्रवण: क्रमनिम्नोर्व्यां पह्ले ना तु चतुष्पथे । Amara;' inclined, disposed; नृभि: नमद्भि:—Instr. Absolute, same as the Loc. Absolute, नृषु नमत्सु सत्सु or the Intsr. may be हेतौ (the whole being equivalent to नृणां नमनै: as Mr. Telang has it.).दर्पज्वरभर:—excess of feverish or morbid pride.

Śl. 62. प्रसादं नेतुम् to propitiate. क्लेशकलिलम्–The confused mass of misery. *Cf* मोहकलिलम् Bg. XI. 52, कलते कल्यते वा; कल् + इल (च); Uṇ. I. 54. 'कलिलं गहनं समे । Amara.' Mr. Telang reads कलितम्. He says 'कलितं might mean बन्धन but this requires a straining'. स्वयमुदित &c.—चिन्तामणि is a jewel the possession of which is believed to give any desired object.

When the mind is content it has acquired the power of the चिन्तामणि; for having nothing to wish for it can be said that it has given itself all that it longs for. विमुक्तः सङ्कल्पः &c.—When all desires have been foregone, every desire has in fact been gratified. *Cf.* Gita II. 70, 79. यदा सर्वे प्रमुच्यन्ते कामा येऽस्य हृदि स्थिताः। अथ मर्त्योऽमृतो भवत्यत्र ब्रह्म समश्नुते ॥ Kaṭhop. 2. 3, 14.

Śl. 63. स्वयम् &c.–The line gives expression to fatalism. *Cf.* यद्भावि न तद्भावि भावि चेन्न तदन्यथा। इति चिन्ताविषघ्नोऽयमगदः किं न पीयते ॥ Hit. I. The line may also be interpreted as–things happen in the best way when they are allowed their natural way. They are not brought about so well by exertions. असङ्कल्पयन्—not forming anticipations or expectations. अनुभवस्व—भू 'to be' with अनु is Pars.; so this must be taken as a form of भू to get or obtain which is P. A.; or separate अनुभव स्वभोगान्.

Śl. 64. आयासक–troublesome: goes with गहनात्. विरम् governs the Abl. of the object from which cessation is meant. श्रेयोमार्गम् (the obj. of आश्रय in 1. 1.)—the path of final beatitude. अतिशयेन प्रशस्यं श्रेयः what is most to be praised–hence sought, *i. e.* मोक्ष; "मुक्तिःकैवल्यनिर्वाणं श्रेयोनिःश्रेयसामृतम्। मोक्षोपवर्गः–Amara. क्षणात् goes with शमनं. शान्तं भावं, which is necessary for entering on the श्रेयोमार्ग. गति course, movements. *Cf.* विधिगतीः śl. 87 *Infra.* भूयः—again, with persistence.

Śl. 65. Addressed to the mind. मार्गय Imper. 2nd sing. Some read मोहं मार्जयताम्—of those who have swept away infatuation.' ताम् in our reading means प्रसिद्धाम्. तटभुवाम् of the grounds on the bank. आसङ्गमङ्गीकुरु–resort to the vicinity of. को वा प्रत्ययः:–what faith can be placed? The answer being 'none'. स्त्रीषु श्रीषु *v. l.* may equally do. *Cf.* आपण्डितास्ते पुरुषा मता मे ये स्त्रीषु च श्रीषु च विश्वसन्ति। पन्नग–पन्नं पतितं यथा तथा गच्छतीति.

Śl. 66. अस्था—earnestness. भूपाल०—Fortune very often depends upon the royal favour a man enjoys and its stability or otherwise is to be determined from a look of pleasure or a frown that the king's face wears. Lakshmî is, therefore, compared to a dancing girl dancing in imitation of the movements of a prince's eye-brows. **कन्थाकञ्चुकिताः**—कञ्चुकः एषां संजातः कञ्चुकिताः। कञ्चुक is a word of the तारकादि group and therefore it takes the possessive aff. इत. *Cf.* ०स्यूतकन्थाधरः. śl. 96. *Infra.*

Śl. 67. **दाक्षिणात्याः**-Fr. दक्षिण + त्यक् meaning 'of that place'; ports of the Deccan who were masters of the *Vaidarbhi* style of composition which is regarded as the best. The Vaid. style has ten qualities; see Kâvyâ. I. Sâh. Dar. describes it as माधुर्यव्यञ्जकैर्वर्णैः रचिता ललितात्मिका। अवृत्तिरल्पवृत्तिर्वा (having no or very few compounds) वैदर्भीरीतिरिष्यते ॥ **यद्यस्त्येवम्**—but this is not possible except in very few instances, and so the didactic character of the verse cannot be marred by its apparent acquiescence in the enjoyment of pleasures.

Śl. 68. **कल्पं स्थितं**—Nouns showing duration of time are put in the Acc. Pân. II. 3. 5. For कल्प see notes, Nît. Śat. 16.

Śl. 69. **मरणजन्मभयं हृदिस्थम्**—If this fear is present in the mind of man, he will try to obtain final beatitude; but if he is not aware of it, he will not work out his salvation. हृदिस्थम् an *Aluk* Compound. *Cf.* this with the preceding śl.

Śl. 70. **अजर**—not subject to old age as it is निर्विकारः comp. 'सत्यं ज्ञानमनन्तं ब्रह्म' Tait. Up.; पुराणमजरं विदुः। Rag. X. 19. **परमम्**—The highest. परा उत्कृष्टा मा शक्तिन मायाख्या शक्तिर्यस्य। अथवा परा उत्कृष्टा मा शोभा यस्य तत्तथा। Rámarshi. **विकासि**—*Cf.* The Śrutis परास्य शक्तिर्विविधैव श्रूयते स्वाभाविकी ज्ञानबलक्रिया च and तमेव भान्तमनुभाति सर्वं तस्यैव भासा सर्वमिदं विभाति। **विकल्प**—विषय Râmarshi; or rather fancies, dreams, as Mr. Telang takes it. **अनुषङ्गिणः**—those that follow, depend upon. **कृपण०**—highly valued by mean people. कृपण may also mean poor, to be pitied (for losing sight of the real); see com.; *supra*-०गहनाक्षेपकृपणः। Mis. śl. 2.

Śl. 71. **मानस** Voc. sing.; some take मानसचापलेन as a Comp. meaning 'with the swiftness of thought (lit. mind),' and suppose the verse to be addressed to man in general. Rámarshi favours the former view. **जातु**—with the negative means 'Never.' **आत्मनीनम्**—आत्मने हितम् tending to one's benefit. आत्मविश्वजनभोगोत्तरपदात् खः। Pân. V. 1. 9. आत्मन्, विश्वजन, and compounds having भोग for their latter member take ख (ईन) in the sense of 'तस्मै हितम्' as पितृभोगीन &c.

Śl. 72. स्वर्गग्रामकुटी—The comparison of heaven to a village hut shows the contempt with which a Vedántin, longing for *Moksha*, treats the pleasures of heaven. विभ्रम—Sport. भवबन्ध-दुःखरचना–Rámarshi explains रचना by प्राप्ति. Mr. Telang takes it to mean 'expanse', 'large extent,' but without any apparent authority. The meaning which naturally suggests itself from the primary meaning 'arrangement' of the word, is 'predestination, pre-arranging for future births.' स्वात्मानन्द &c.—कलनं the compassing or effecting of &c. Râmarshi explains—स्वात्मानन्द एव परमानन्द एव पदं वस्तु तत्र प्रवेशकलनमनुभवधारणम्। वणिग्वृत्तयः—mercenary doings.

Śl. 73. यदा—since, when. धरणिधरपादैः—by the feet (the hills of the foot) of mountains; the mountains are said to uphold the earth and have a number of synonymous words to denote them from this circumstance, such as महीध्र, भूभृत्, &c. Râmarshi gives as optional meaning 'शेष'. The word पाद presents some difficulty in the way of accepting either sense,as the serpent Śesha has no feet, as also mountains. The adjacent hills or mountains are, however, regarded as their feet and the mountains are described as supporting the earth with their feet. So we may accept the meaning 'mountains' and reject 'Śesha'. The fig. is *Kávyárthapattihi.*

Śl. 74. सङ्कुचितं—Shrunken, shrivalled. आद्रियते—fr. दृ A. 6 cl; न शुश्रूषते does not serve, or attend to. अमित्रायते—अमित्र इवाचरति; denom. verb. *Cf.* Pt. IV. 74.

Śl. 75. जरापरिभव—the injury or ravages done by old age. *Cf.* व्याघ्रीव &c. *supra* śl. 39. The reading तदा पुमांसम् is easier. We need not in this case supply पुंस. fr. पुंसां as object to परिहृत्य. आरोपित—Mr. Telang says that this refers to the bit of bone suspended over a Châṇḍâlakûpa (to distinguish it from wells used by the higher classes).

Śl. 76. स्वस्थ—at ease, lit. in its natural condition *i. e.* not enfeebled by diseases &c. अरुजं—free from disease; as this idea, however, is included in स्वस्थ the reading कलेवरगृहं may be preferred. The human body is frequently referred to as a 'house'; for therein dwells the soul. यावच्च &c.—and as long as the senses retain their faculties unimpaired. The last line very pithily expresses an idea which brings home to the most careless reader the necessity for striving to save his soul.

Śl. 77. "Human life being only as long as a few twinklings of the eye, how are we, the poet asks, to secure the four पुरुषार्थs *viz.* धर्म, अर्थ, काम and मोक्ष ?" This seems to be what Rámarshi thinks of the verse. The reference to अर्थ in the text is of the faintest character. सुरनदीम्—वस् with अधि governs the Acc.; नि however, is not mentioned among the prepositions given in the Sûtra. Mark the alliteration in this śl.

Śl. 78. अमी०—so well known. तुरगचलचित्ताः–neither very common nor a good simile; a horse is known for fleetness and not for fickleness. It simply means here 'restless like a spirited horse'. *Cf.* Bâṇa's description of Lakshmi—इयं हि...इन्दुशकलादेकान्तवक्रतामुच्चैःश्रवसश्चञ्चलतां......गृहीत्वा &c. बद्धमनसः—longing for (eminence). In line 4 the word अन्यत्र seems to be redundant, as we have already अन्यत्.

Śl. 79. वसुनि खण्डिते—Rámarshi explains this as 'wealth being partitioned out'; in connection with the last two lines, however, this primary meaning will not suit; and we must have the secondary sense 'wealth being destroyed' here. व्यर्थेषु—(वि + अर्थम्) without getting any money (in charity, for which he comes). जह्नुकन्या—The Ganges is so called from the King Jahnu. "The river Ganges, when brought down from heaven by the austerities of Bhagîratha (See N'ît. Śat. śl. 10.), was forced to flow over earth to follow him to the lower regions. In its course it inundated the sacrificial ground of King Jahnu who being angry drank up its waters. But the gods and sages, and particularly Bhagîratha, appeased his anger, and he consented to discharge those waters from his ears. The river is therefore regarded as his daughter." Apte's Sk. Dictionary.

Another account of the descent of the Ganges, however, states that Jahnu was a Ṛshi performing penance and that the Ganges in its course having disturbed the sage in his concentration by flooding the country where he was, the sage in anger stopped the course of the river by pressing it under his thigh. At Bhagiratha's earnest entreaties, however, he let the stream flow again. कन्दर and दरि are usually given as synonymous terms; 'दरि तु कन्दरो वा स्त्री' Amara; while कुञ्ज has a different shade of meaning. 'निकुञ्जकुञ्जौ वा क्लीबे लतादिपिहितोदरे' Amara. A कुञ्ज is a hollow in a mountain covered over with creepers and other plants. दरि is a cave, a hollow *dug out or opened up* in the side of a hill; and कन्दर, though synonymous with दरि should rather be taken here to mean the gorge or defile between two hills, in which sense it is used in śl. 26. क्वचित्—somewhere. For दरि read तटि in the text.

Śl. 80. रम्यं साधु &c.—company of religious people cannot but be pleasing. तरलम्—glistening, beaming; *cf.* न प्रभातरलं ज्योतिरुदेति वसुधातलात् Śák. Râmarshi gives चपलम् as its explanation. उपाहित—placed (there, by anger). अनित्यतामुपगते &c.—When the mind has become unsteady *i. e.* is not its usual mood, nothing pleases it. Or when thoughts of the mutability of this existence cross the mind, it becomes distracted and then it cannot relish anything earthly, except the joy of Brahman.

Śl. 81. प्रीयते–the Dat. case as indicating the result दीपाङ्कुर–the tapering flame. छाया—shadow. Rámarshi explains it by आतपप्रत्यनीका—(the country of light) which Mr. Telang does not accept. He gives it the meaning of 'flame'; but as the word दीपाङ्कुर already occurs the word छाया would be redundant if it were taken to signify 'flame.' The shadow thrown by the flickering flame of a lamp is even more unsteady than the flame on account of its magnitude. आकलय्य—having fully comprehended or known.

Śl. 82. आसंसारं—त्रिभुवनम् &c.—(Searching through) the three worlds where the course of worldly life prevails:–Telang. The mind is deeply attached to sensual objects as the elephant is to his mate. In order to secure the elephant, there must be a strong post (आलान); and to curb a sensual mind a strong control or restraint. The post and the restraint, the elephant and the mind and the sensual objects and the female elephant, are the pairs compared here. तादृक्—a worldly man who is strong-minded enough to resist the temptation of sensual objects. क्षीब—intoxicated. आलान a post for fastening elephants.

Śl. 83. कार्पण्य—*cf.* कृपणां वृत्तिं Nît. Śat. śl. 49. उपशम-tranquillity, or peace of mind, subduing the passions entirely. बहिः मन्दस्पन्दम्—(the mind too), moving (but) slowly towards external objects. The mind is solely engaged in contemplation and hardly bestows any thought on external objects. The internal objects for a comtemplative mind are itself and the Supreme Soul; while the entire creation constitutes outer things. These latter are referred to by the word बहिस्.

Śl. 84. जीर्णाः—have died out. *Cf.* जीर्णमङ्गे सुभाषितम् sl. 2. वन्ध्यफलतां याताः—have become sterile, have bore no fruit. कृतान्तः—see com.; or कृतं अन्तयतीति. अक्षमी—unforgiving, unrelenting; क्षमा विद्यते अस्य क्षमी न क्षमी अक्षमी. ह्याज्ञातम्—*v. l.*=हि+आ+ज्ञातम्, आ being taken स्मरणे as Mr. Telang suggests. But here हि has no propriety.

Śl. 85. मे भेदप्रतिपत्तिर्नास्ति-I see no difference; I have no idea of difference between &c. प्रतिपत्ति—knowledge, idea. जगताम्—the plural is used because according to the Hindu notion there are 14 worlds.

Śl 86. पुलिने-'तोयोत्थितं तत्पुलिनं' Amara; a sandy bank left by receding water; goes with द्युसरितः. द्युसरित्—the heavnenly river, the Ganges. भावाभोगाद्विग्नाः-बहुदुःखजन्मपरम्पराभीताः Râmarshi; *cf.* शमसुखाभोग śl. 96 *infra*. आत्तवचसः *v. l.*—आत्तं गृहीतं वचः यैः ते; who have taken to (*i. e.* are repeating) the words. आनन्दोद्गत &c.—Bah. The joy referred to is, of course, resulting from the manifestation of the Supreme Deity in contemplation. आर्तवचसः *v. l.* is meaningless unless we take it to mean 'earnest cries, fervent prayers,' (आर्तस्य इव वचः येषां).

Śl. 87. वितीर्ण-given away; p. p. of तॄ, with वि. तरुण-young tender. विगुण &c.—having an unfortunate result. विधिगतीः—the motions *i. e.* the working of fate. त्रियामा-the night. 'त्रियामा क्षणदा क्षपा' Amara. याम is *prahara* or 3 hours 'द्वौ यामप्रहरौ समौ' Amara; and the night is considered to have only three *praharas*, the first half watch and the last half watch being excluded. शरण—a protector, saviour.

Śl. 88. वाराणसी-Benares. त्रिपुरहर—this alludes to the story of the three *Puras* or towns of the demons, of gold, silver, and iron, situated in the sky, air and on earth, and built for them by Maya, which were burnt down by Śiva along with the demons inhabiting them. See Kum. VII. 48. आक्रोशन्—merely means here—loudly uttering.

Śl. 89. ध्येय—(*i. e.* You) who deserve to be contemplated. क्षितिधर &c.—There does not seem to be any propriety of मूले । आत्मारामः—finding delight in self (*i. e.* in the contemplation of the self or Brahma). समकरचरणे-On this Rámarshi observes समकरचरणो (मकरेण सहितौ समकरौ चरणौ यस्य) हि पुमान् धनवान्भवतीति सामुद्रिके प्रसिद्धम् । मत्स्याङ्कितचरणो हि पुमान् धनवान् भवतीत्यपि । ध्यानमार्गैक &c. *v. l.*—ध्यानस्य मार्गः, तद्विषयक एकः केवलः प्रश्नो यस्य सः । his only inquiry being that touching the method of contemplation. This reading, however, violates the metre.

Śl. 90. एकाकी—एकः एव अकति गच्छतीति going alone in the world. पाणिपात्रः—to whom his hand is serviceable like a pot. कर्मनिर्मूलन—destroying entirely the roots. This is essential to cut off the repetition of births and deaths. This is done by being सङ्गरहित as indicated in the first half. Saṃsára is here compared to a tree of which actions are the roots. *Cf.* अश्वत्थमेनं सुविरूढमूलमसङ्गशस्त्रेण दृढेन छित्वा । Bg. XV. 3; also Śârîraka Bhâshya on Brah. Sû. IV. I. 14. 19.

Śl. 91. पात्रय्-a denom. भैक्ष्य-भिक्ष्यत इति what is obtained by alms; fr. भिक्ष्+अ. बहुतृणम् a little short of, almost equal to, grass; see com. तृणकल्पमित्यर्थः । 'विभाषा सुपो बहुच् पुरस्तात्तु' Pân. V. 3. 68. ईषदसमाप्तिविशिष्टेऽर्थे सुबन्तात् बहुच् (the prefix बहु) वा स्यात्स च प्रागेव (prefix) न तु परतः । ईषदूनः पटुः बहुपटुः &c. Sid. Kau.

अत्यागेपि &c.—Even though the body is not cast off *i. e.* he will not have to wait for a second birth. सम्पत्स्यते—see Kum. II. 54 &c. स्पृहां सम्पत्स्यते *v. l.*—In this case सम्पद् must be understood as used transitively.

Śl. 92. कौपीनं—a small piece of cloth used to cover the privities. जर्जरतर-extremely ragged. चिन्ता-act of contemplation. Also a thought about (*i. e.* a wish for) a secluded place. ध्वस्ताशेष &c.—delighted at the total destruction of egotism and errors; or मदात्प्रमादाः errors arising from egotism or pride.

Śl. 93. ब्रह्माण्डं मण्डलीमात्रं—*v. l.* a mere circular body *i. e.* which is limited in space and not अपरिच्छिन्न like Brahman. This is perhaps a better reading. शफरी—a small fish. क्षुब्धता 'जातु जायते—a question implying the negative answer in itself —Is ever agitation produced &c.?'—'Never.' जातु ever, at any time.

Śl. 94. मा स्म भूः-मा sometimes followed by स्म, is used with a form of the Imperf. or Aorist with the aug. अ dropped. *Cf.* क्लैब्यं मास्म गमः पार्थ &c. Bg. II. 3. भोगेभ्यः—'the Dat. by स्पृहेरीप्सित; Pân. I. 4. 36. In the case of the root स्पृह् the object desired is put in the Dative case. स्पृहयालु—from स्पृह्+आलु by 'स्पृहिगृहि पतिदयिनिद्रातन्द्राश्रद्धाभ्य आलुच्—' Pân. III. 2. 358; so गृहयालु, पतयालु &c. स्यूत—stitched; p. p. p. of सिव् 4 cl. भिक्षासक्तु—barley-flour (obtained by) begging. *Cf. infra.* Mis. śl. 37.

Śl. 95. उपधानम्—pillow; fr. उप+धा+ल्युट् (अन). वितान—*m. n.* a canopy. वितन्यते इति fr. तन् with वि+घञ् (अ). विरतिवनिता -*Cf. infra.* Mis. 39, कुरुत करुणामैत्रीप्रज्ञावधूजनसङ्गमम् where करुणा, मैत्री and प्रज्ञा are likewise called wives. सुखम्—an *adv.* here. अतनु &c.—from the *adj.* तनु the *fem.* forms or तनु or तन्वी. भूति has two meanings *viz.* (1) 'prosperity' as applicable to the king and (2) 'ashes' as applicable to the *Muni*. *Cf.* Mis. śl. 34. *infra.*

Śl. 96. स्वायत्त &c.—जितेन्द्रियः whose movements are under control; who practises self-restraint. आस्यूत &c.—an एकदेशि अन्वय. संप्रोत *v. l.* sewn together, patched with. शमसुखाभोग &c.—

आभोग enjoyment in full (आ); or with Râmarshi, परिपूर्णता. *Cf.* ०आसैकबद्धस्पृह Nît. Śat. 29.

Śl. 97. तत्त्व &c.—whose intellect is keen in discerning (thinking out) the truth, discrimination of the real from the unreal. उत्पन्न &c.—wise men do not care what others speak about them, but silently go their own way. स्वयं—स्वेनैव रूपेण आनन्दवन्तः । 'by themselves' Râmarshi; or 'without meddling with others' will also do.

Śl. 98. मरुत् अशनं कल्पितं—In such constructions the noun used to complete the sense of verbs of incomplete predication is put in the Nom. case; See Apte's G. § 12. (*a*). हिंसाशून्यम्—free from the sin of causing the destruction of animal life *Cf.* Goldsmith—

" And from the mountain's grassy side
A guiltless feast I bring. "

पशवः—beasts are created so as to live on grass. स्थलीशायिनः—lying on the lawn; स्थली means a natural plot of land. संसार &c.—To those that do not possess the faculty of reason, God has assigned a cheap, easy livelihood; but to those who can think out the means of their salvation (*i. e.* men). He has assigned a mode of life in pursuit of which all their good qualities are exhausted. The struggle for existence, in the case of man, engrosses all his energies, and leaves him neither time, nor energy to seek eternal bliss. It is difficult to see the bearing of this śl. here. Probably the poet means—Men should, therefore, feel disgust for worldly life and direct their efforts to the acquisition of *Moksha.*

Śl. 99. पद्मासनं is a particular posture in religious meditation, thus described:—उत्तानौ चरणौ कृत्वा ऊरुसंस्थौ प्रयत्नतः । ऊरुमध्ये तथोत्तानौ पाणी पद्मासनं त्विदम् ॥ Or ऊरुमूले &c. see com.; योगनिद्रा—A sleep of meditation or contemplation. योगो मनसो विषयान्तरव्यावृत्तिः तद्रूपा निद्रा । contemplation of the mind on Brahma is here likened to sleep because the Yogî is dead to the external world during the time of meditation–his mind takes cognisance of no external objects like that of a man fast asleep. किं तैर्भाव्यम्—will they ever be ? कण्डयन्ते—A denom. from कण्डू

(कण्डूञ् अङ्गविघर्षणे). The reading सम्पत्स्यन्ते &c. adopted by Mr. Telang (see foot-note) is more poetical but requires some such expression as 'from me' to be supplied.

Śl. 100. भैक्षम्—food collected together by begging. 'भैक्षं भिक्षाकदम्बकम्' Amara. निःसङ्गता &c.—see com.; the development of the mind consisting in renouncing all worldly attachments; or निःसङ्गता अङ्गीकरणस्य परिणतिः; here परिणति means—the end, close, or termination; hence the closing act of life. When a man has accepted asceticism (निःसङ्गता) he has no worldly actions to perform. His accepting asceticism is therefore the last act of his life.—तान्तःकरणपरिणतिः *v. l.* is to be similarly explained;—परिणतस्वान्त is another reading which means—करणेन परिणतं यत्स्वान्तं तेन. संन्यस्त &c.—Those who have abandoned (*i. e.* got rid of) the multitudes of contacts (*i. e.* opportunities) of self-humiliation (in supplicating others.). Telang. व्यतिकर—contact, connection; or misfortunes, calamities.

Śl. 101. मातः, तात &c.—The Vocatives are significant. See com. The five elements perform the same functions as the various relatives mentioned and serve to nourish the body &c. अन्त्यः—last, as I have to take no further birth, (for he says further on 'परे ब्रह्मणि लीये') this salutation must be the last from me. युष्मत्सङ्ग॰—for, without the body, formed of the elements, he could not have attained the knowledge of Brahma. उद्रेक—overflow, abundance. लीये—merge, be absorbed in. This śl. forms the fitting conclusion of the Śataka.

MISCELLANEOUS.

Śl. 1. अम्बरखण्ड—(1) a part of the sky; and (2) a strip of cloth. संवितः—covered, clothed, or surrounded; p. p. of व्ये with सम्. दौर्गत्यम्—(दुष्टा गतिः गतं वा यस्य तस्य भावः) wretchedness. The poet bewails the wretchedness of the sun and the moon who are here described as having but one strip of cloth in common to cover themselves with. The fig. here is Ślesha. It is thus defined:-श्लेषः स वाक्य एकस्मिन्यत्रानेकार्थता भवेत्। K. P. X. When in the same sentence more than one meaning is possible it is श्लेष.

Śl. 2. विवेकव्याकोशे—विवेक is the same as नित्यानित्यवस्तुविवेक discrimination of the real from the unreal. When one knows wherein lies permanent happiness, which alone can be called true happiness, he tries to acquire it. For this purpose शम and others (शमदमोपरतितितिक्षासमाधानश्रद्धाख्या: । Ved. Sá.) are necessary. व्याकोश means 'unfolding, budding;' hence development. When one has *discrimination*, one should try to acquire *S'ama* and others. शम is defined as शमस्तावत् श्रवणादिव्यतिरिक्तविषयेभ्यो मनसो निग्रह: *i. e.* restraining the mind from all other objects and devoting it to the hearing of the recital of holy texts &c. (*i. e.* मनन, निदिध्यासन &c.)—व्याकोश may also be taken as an *adj*.; see com. विकसति when it blooms and so produces the wished for result, *viz.* the annihilation of all desires—तुङ्ग—lofty; hence strong attachment. सा परिणति:—that well known perfection (of contemplation) *viz.* what is called जीवन्मुक्ति in which one enjoys the joy of Brahma.

Śl. 3. क्लेशहतये–for the removal of miseries, (which consoled them in their afflictions). Or विद्वत्ता may mean परमार्थज्ञान and क्लेश the trouble of birth and re-birth. विषयसुखसिद्ध्यै गता–(in course of time) it came to be the means of attaining sensual pleasures; it became subservient to sensualism. शास्त्रविमुख—averse or indifferent to the study of *S'ástra*; or not disposed to encourage learning. The same cause of the decline of learning has been given already in śl. 2 *supra.*

Śl. 4. लटभ—lovely, attractive, when a *n*. (लटभा) it means a beautiful woman. सुभग–Properly 'fortunate', hence pleasant, charming. सरणि–is derived from सृ to move+अनि: by Uṇ II. 102. 'अयनं वर्त्म मार्गाध्वपन्थान: पदवी सृति: । सरणि: पद्धति: पद्या वर्तन्येकपदीति च ॥' Amara. स्व:सिन्धो—see śl. 86 and note on स्वर *supra.* śl 19. गिर: प्रतनुम:—We raise (lit. stretch forth) our cries of invocation. सुतारै:—तारोत्युच्चै: (ध्वनि:) Amara. फूत्कारै:—with sighs. फूत्कार is an onomatopœic word.

Śl. 5. अमरसरित्—The Ganges. हरित:—the quarters. अदैन्य—Not showing one's poverty; or (2) freedom from meanness. सुहृद्वा—वा is used here either in the sense of एव or समुच्चय

(as also). किंबहुना &c.—To be brief, in short. वटविटप:&—it is difficult to see the propriety of calling the *Vaṭa* tree 'a *dayita*'; probably the poet refers by *dayitá* to गृहस्थाश्रम in which the wife plays a conspicuous part. Let the *Vaṭa* tree be my home *i. e.* let me renounce the pleasures of the world and take to a devotee's life worshpping S'iva sitting under a *Vaṭa* tree &c.

Śl. 6. त्रुटित &c.—the wordly ties which proved an obstruction to them having been snapped. आशीविष—a serpent; fr. आशी (a serpent's fang)+विष. The derivation more usually given is fr. आशिस् + विष the Comp. being classed under the पृषोदरादि class. The 2nd l. means (those blessed persons) that do not seek the crooked course of serpentine sensualism. Mr. Telang takes विषम with आशीविष and says 'the course of wordly objects which are like dangerous snakes.' शरच्चन्द्र &c.—the night which is delightful on account of the sky being lit up with the winter moonshine. आभोग—expanse. (ज्योतिरस्त्यस्याः ज्योत्स्ना). चय storing up. शरण—from शृ 9 con. to tear.

Śl 7. A question to an estranged friend. Once our interests were identical; now you and we have no connection. What has happened in the meanwhile to estrange us ?

Śl 8. अमलपटं—of clean texture. पट्टवस्त्रम्—silken cloth. कदशनम्—by Pán. VI. 3. 101. (see com.) कत् is substituted for कु in a Tat. when the latter member begins with a vowel; coarse food. व्यक्त &c.—The idea is—A man who has renounced the world and devoted himself to the service of God entirely is indifferent to all such things as are mentioned in the śloka.

Śl. 9. स्मर &c.—love is often described as blinding men's eyes. पटुतर &c.—विवेक is here called collyrium because it sharpens, restores, or preserves the sight of the mind. समीभूता—Made even, rectified, corrected. Râmarshi explains it by निर्विकल्पा. Mr. Telang takes it to mean 'looking on all things alike.'

Śl 10 मान haughtiness. विविक्तम्—lonely, solitary, p. p. of विज् with वि. यमिनाम्—of those who restrain their minds.

Śl. 11. नैर्झर-निर्झरसम्बन्धि of a spring. उचित proper. विद्याङ्गना —विद्या एव अङ्गना (प्रशस्तानि अङ्गानि यस्याः सा; fr. अङ्ग+न) a beautiful woman. रत्यै—for deriving pleasure which is usually had from woman's society. The Dat. is तादर्थ्ये—Mr. Telang who reads रत्येव supposes that र might be a misselection for स (येषां विद्यैव सीत अङ्गना). सेवाञ्जलिः—the bow of obeisance.

Śl. 12. त्रिलोकीसरित्—The Ganges, so called because it flows through the three worlds, स्वर्, मृत्यु, and पाताल. नीवि–the tie-knot of a woman's under-garment and sometimes the garment itself. कल्पयन्ति°-providing, supplying; for वृत्ति comp. the preceding s'loka. दुःखासिकानाम्—trying or painful circumstances; or दुःखमसिका इव poignant pain (lit. misery cutting like a poniard). For a similar idea *cf.* दीना दीनमुखैः &c. śl. 22. *supra.*

Śl. 13. तीव्रातितीव्रं तपः—is the same to an ascetic as उद्यानेषु °विधि to ordinary mortals. The two expressions are here identified and mean—to the ascetic penance is like a garden-party. Some take the two expressions separately, but then there is hardly any propriety of garden parties in the case of a saint. अमितं भिक्षाटनं मण्डनम्—(where) a roaming for alms, not measured, *i. e.* at one's will, as a glory. हन्त is here used खेदे, to show the poet's regret at wise men staying elsewhere, and not in Benares.

Śl. 14. The first line and half of the second contain the replies of gate-keepers or guards to supposed questions. समयः–the proper time. रहस्यं—He (the master) is now engaged in confidential matters; or as Mr. Telang takes it–now he is in private. द्रक्ष्यसि–द्रक्ष्यति *v. l.* does not make good sense. दौवारिक—(fr. द्वार+ठक्) a door-keeper. अपरुषं--may be taken as a separate word or as part of the preceding compound word. निःसीमं &c.--निःसीमं शर्म प्रददातीति । conferring unbounded happiness.

Śl. 15. बलवति–breaks the symmetry as this is the only noun having an *adj.* to qualify it. तृणे वा स्त्रैणे वा–स्त्रैण is used here more for the sake of alliteration than as being the recognised opposite of तृण as the other parts above are. स्त्रैणं—स्त्रीणां समूहः स्त्रैणम् from स्त्री + नञ् (न) a collection of women. समदृशः—of one that looks upon all things as equal, having an equal regard for all things.

Śl. 16. अकिंचनः—one having nothing, hence extremely poor. दान्तः-with desires restrained, self-controlled (*Cf.* निग्रहो बाह्यवृत्तीनां दम इत्यभिधीयते ।). शान्तः—whose mind is always at peace. The Vedantic meaning of शम has been already explained; (it is not however intended here). समचेतसः—*i. e.* equally regardless of happiness or misery, &c. सुखमयाः—A poetical license; सुखमय्यः is the correct form.

Śl. 17. अनावर्ती-which never returns. तास्ताः various. विधुर—see śl. 22. *supra*; distressing, causing affliction. यावत तावत—Mr. Telang's rendering will also do–'alas! what self-injury is there, having done which to yourself, you have not immediately worked at the same again. (यावत्तदपकृतं तावत्तदेव पुनरपि व्यवसितम्).

Śl. 18. गुरु—heavy, unbearable. धनवर्जित—a poor man.

Śl. 19. This stanza occurs in the Mṛchchhakatika with variants. कुलशील &c.–*i. e.* by people who possess noble birth and character. These are the people who are fit for, and must care to profit by, such counsel. *Cf.* वचस्तत्र प्रयोक्तव्यं यत्रोक्तं सफलं भवेत् । श्मशानघटिकाः—Pots used at funeral ceremonies or in cemeteries. The fig. is *Kávyaliṅga.*

Śl. 20. कार्कश्यम्—This and the other corresponding words have here a double significance, which can be easily made out. कार्कश्य–(1) cruelty; (2) hardness. अलीक-(1) falsehood; (2) forehead; fr. अल + ईक (कीकन्) Uṇ. IV. 25. कौटिल्य-(1) crookedness, dishonesty; (2) curliness. मान्द्य–(1) stupidity; (2) gentleness. स्थूलता–(1) sluggishness, unwieldiness; (2) plumpness. मायाप्रयोग —(1) practising deceit or fraud; employment of tricks; (2) spreading a charm upon. मृगदृशाम्–the eyes of women are often compared to those of the deer. *Cf.* मृगाक्षी, मृगलोचना, &c.

Śl. 21. The idea–The word presents puzzling scenes to the mind of a thinker. वीतवादः—is preferable to वीणावाद्यं as opposed to रुदितम्. गोष्ठी—गावः अनेका वाचः तिष्ठन्त्यस्याम् । गो + स्था + घञर्थे कः (अ)—means an assembly conversing on different topics as well as a conversation (containing pros and cons). 'गोष्ठी सभासंलापयोः स्त्रियाम्' इति मेदिनी । the latter meaning is preferable as directly opposed to कलह.

Śl. 22. This śl. occurs in the Anar. R. विकल—deformed. चटु—the same as चाटु coaxing speech, flattering expressions. प्रहसन–one of the ten kinds of Rûpakas thus defined— तद्वत् (भाणवत्) प्रहसनं त्रेधा शुद्धवैकृतसङ्करैः । पाखण्डविप्रप्रभृतिचेटचेटीविटाकुलम् ॥ D. R. पलित॰ grey-haired. नटयिष्यति—नट् forms its caus. as नटयति in the sense of 'to cause to dance.' नाट्य means अवस्थानुकृतिः pantomimic representation of situations.

Śl. 23. जीवितयौवनम्--The prime of life, youth. चलाचले transitory, unsteady; *cf.* Nai. I. 6, Kir. XI. 30. 'चलं लोलं चलाचलम् ।' Amara.–चल is reduplicated by the Vârtika 'चरिचलिपतिवदीनां वा द्वित्वमक्चाभ्यासस्येति वक्तव्यम्' । and the final अ of the reduplicative syllable lengthened.

Śl. 24. कूर्मः—refers to the second incarnation of Vishṇu; see note on कमठपति Nît. Śat. śl. 35. ध्रुव—the son of Uttânapâda, a king of the solar race. His devotion to Vishṇu was so great that he was elevated to the rank of a heavenly body and now remains suspended in the sky as the polar star. His history is too well known to the Indian student to need any mention here. For his account see Apte's Sans. Dictionary.

सञ्जातव्यर्थपक्षाः—सञ्जाताः व्यर्थाश्च पक्षा येषां; (1) who form factions (join one side or the other) to no purpose; some understand it in the sense given in the translation--उभयोरपि पक्षयोरिहलोकपरलोकलक्षणयोः एकोपि न कश्चित्—as quoted by Mr. Telang (2) who possess wings to no purpose. नोपरिष्टात् &c.—an idiomatic expression for 'in no way.' There is also an indirect reference here to the position of *Dhruva* and *Kûrma* who by their situation support the universe. ब्रह्माण्डोदुम्बरान्त॰--ब्रह्माण्डमेवोदुम्बरं (the fruit of the tree) तस्यान्तः &c. Every one has seen the little-winged insects in an *udumbara* fruit; उदुम्बरमशक, उदुदुम्बर-कृमि &c. are proverbial expressions like कूपमण्डूक meaning 'any useless person.'

Śl. 25. गालिमन्तः—मत् expresses निन्दा (because nothing better can be expected of you). शशकाविषाण—see Nît. Śat. śl. 5.

Śl. 26. महाराम—आराम means a garden, but more probably here 'delight, pleasure;' his path is full of delight because he is free from all desire. चर्मन्—(1) bark; (2) skin. सुखैः &c.—Mr. Telang says—'The result is the same with what are called pleasures or with sorrows; *i. e.* whether I am in worldly affluence or otherwise, I get food and clothing in one case as in the other.' But सुख and दुःख here seem to refer to the two courses of life marked out, *viz.* that of happily living on alms and worshipping Śiva or that of living a miserable life of sycophany and humouring rich men. सदृश—should better be rendered by 'similar' than by 'the same.' The result, *viz.* obtaining food and clothing is similar in both cases but not the same as the one is full of happiness, the other attended by misery. त्रिनेत्र, ०मदान्ध—mark the contrast suggested by these words.

Śl. 27. करटिनः—*i. e.* elephants belonging to the enemy. The meaning of the first line is—We did not distinguish ourselves as successful warriors. *Cf. l.* 2. śl. 47. नितम्ब–०निबद्धफलके *v. l.* the board-like *i. e.* expansive and fleshy or well rounded (निबद्ध) hips. झणत्झाङ्कार—a tautological expression; झणत् and झाङ्कार meaning the same thing. For the idea comp. 'स्थाने स्थाने मुखरककुभो झांकृतैर्निर्झराणाम्' Uttar. II. 14. पयः—the reading वयः makes no sense. The fourth line is the same as that of śl. 48.

Additional śl. बलि–A demon; his story is too well known to the Hindu students to require any notice here; see Apte's Dictionary. व्याधयः—*i. e.* the diseases in the world. We did not free the people from the diseases humanity is heir to. Mr. Telang who reads the last line as ०मानगणनां मिथ्या वहन्न लज्जसे remarks—'The stanza occurs in the Mahânâtaka. The last line is not metrical as it stands. In the Mahânâtaka it runs thus–चेतः सा पुरुषाभि

मानपदवी मिथ्यैव किं खिद्यते। There are also other differences.' Mr. Telang.

Śl. 28. चापलम्—rashness, over-haste or the folly of &c. नानारस—the various sentiments which are the very essence of poetry. विकल्प—doubts, conflicting ideas; see also śl. 70.

Śl. 29. *Cf.* with this *supra* Mis. śl. 8. भव्यं—भवतीति; Pân. III. 4. 68. That which becomes or exists prominently; hence excellent, rich. कदशन—कुत्सितमशनम्। कदशित would better keep symmetry with भक्तं. वासर—वासयतीति fr. वस् Cau. + अर् by Uṇ. III. 132. सितमहत—white and costly (being silken). एका भार्या—what if your possessions are restricted to one wife (and nothing else *i. e.* if you are absolutely poor). शतगुण &c.—गुणित multiplied; the whole means 'what if you have an immense fortune.' The translation follows Râmarshi here. "On the first line Rámarshi adds 'आहारस्य' गिलितस्यैकरूपत्वादित्यर्थः; similarly on the second देहाच्छादनस्यैकरूपत्वात्, on the third भोगस्यैकरूपस्यादवसाने विरसत्वाच्च, one the last देहस्य नश्वरत्वे एकत्वानेकत्वभ्रमणे को विशेषः। एतेन रसस्पर्शादयः पदार्थाः सर्वेप्यनित्या इति भावः।"—Telang.

Śl. 30. कामदुघा 'दुहः कब्घश्च' Páṇ. III. 2. 70. इति कप् (अ) प्रत्ययः घादेशश्च। fulfilling all desires. The thought has been expressed more than once in this Śataka.

Śl. 31. *Cf.* with this śl. 95. कन्दुक—a pillow; it properly means a small round pillow for the cheek. दिक्कान्ताभिः &c.—a highly poetical line. भिक्षु—an ascetic, a devotee; and not necessarily a Budhistic mendicant.

Śl. 32. वक्त्रमीक्षसे—see śl. 26; Mis. 12 प्रत्याशा hopes, expectations. Here the poet envies the happy lot of the deer. *Cf.* the idea in Vai. Śat. śl. 98. fig. *Aprastutapras'aṁsá.*

Śl. 33. समारम्भ—attempts well-made, undertakings properly commenced. *Cf.* Bg. IV. 19. पशु—as one not becoming wiser by experience. शतधा न दीर्णम्—The many calamities with which wordly life is fraught ought to rend the heart.

Śl. 34. This śl. occurs in the Mṛch. मदयन्ति–*i. e.* by their blandishments and sportive gestures. सद्यं—such a man falls a ready victim to their charms. वामनयना—mark the pun on वाम which means (1) beautiful; (2) crooked, destructive.

Śl. 35. खर—rough. The moral is–Magnanimous persons never become slaves of passions.

Śl. 36. हन्त—a particle expressive of joy. हरिणैः परिचयः—a favourite idea with the poet and referred to in many places. वृत्ति—*Cf. supra* śl. 27. हरभक्तिम्—स्पृहेरीप्सितः Páṇ. ईप्सितमात्रे इयं संज्ञा। प्रकर्षविवक्षायां तु परत्वात्कर्मसंज्ञा। पुष्पाणि स्पृहयति। Sid. Kau.—उपशान्त्येक whose minds are set on tranquillity alone (*i. e.* who are self-restrained).

Śl. 37. स्वादिष्ठ—is superlative. Its use with the Ablative is unusual. Construe—दैवी वाक् रसवतः अमृतात्मनः यत् मधुनः घृताच्च स्वादिष्ठं रसवत् अक्षरं प्रस्रवति तेन &c. दैवी वाक्—The Veda, especially the Upanishads which are chiefly concerned with Brahmâ. No earthly enjoyments give that pleasure to a Yogin which the teaching of the Upanishads does. अमृता may also be taken separately. The Vedas are eternal. धृति—support, sustenance. There may also be here a reference to the divine speech of the poet whose substratum is *Rasa* sending forth an immortal creation sweeter than honey &c.

Śl. 39. करुणा, मैत्री and प्रज्ञा (power of discernment), are here called. वधूजन—ladies who are desirable companions. शरणम्—protector, saviour. मणिमेखला a waist-band set with jewels.

Śl. 40 The śl. describes the state of feelings of one in whom Vairâgya is produced. मन्थराः—(1) slow; (2) crooked. आस्था earnest desire. क्षीणः—wasted, has ceased. जगज्जाल—this net-work of the world *i. e.* all its intricate and confounding incidents.

Śl. 41. प्रभाचोर—one that robs another of its brilliancy *i. e.* is as brilliant as that, possesses its brilliancy. *Cf.* सरोरुहद्युतिमुषः Rat. I. अनया किमभिप्रेतम्—What can she have intended? what is her object ? वराकी—miserable, wretched; expresses pity. Also sometimes used as a word of contempt.

Śl. 42. —कंदर्प—Kâma, the god of love; *cf.* कंदर्पयामीति मदाज्जातमात्रो जगाद च । तेन कंदर्पनामानं तं चकार चतुर्भुजः ॥ किं कदर्थयसि—why do you trouble your hand. टङ्कारितैः—टङ्कारवैः *v. l.* टङ्क+आरव; टङ्कायतीति (fr. टङ्क्+अच्) or टमिति शब्दं कारयतीति टङ्कः an onomotopœic word. टङ्कारित however is better and has therefore been preferred. For the third line *cf. supra.* बाले लीलामुकुलितममी &c. Mis. śl. 40. स्निग्ध affectionate; विदग्ध cleverly cast, artful.

Śl. 43. उन्मीलत् &c.—त्रिवली the folds of skin above the navel of a woman regarded as a mark of beauty (*Cf.* Kum. I. 39). उद्यत &c.–pairs of Chakraváka birds are usually described as haunting river-banks. क्रूराशया–has two meanings (1) क्रूराः आशयाः यस्याम् in which there are dangerous aquatic animals; (2) क्रूरा आशयाः thoughts (or आशय mind) यस्याः । संसारार्णव—*Saṁsâra* is the sea to which the river, in the form of a woman, leads a man.

Śl. 44. हतपरमार्थैः—The *Indriyas* which are often compared to horses, tempt a man further and further away from real bliss (मोक्ष).

APPENDIX.

1. THE METRES USED IN THE TWO S'ATAKAS.

1 The vowels अ, इ, उ, ऋ and ऌ are short and the rest long. The quantity of a syllable is determined by the vowel it ends in. A syllable with a short vowel is called लघु or light, and one with a long vowel is called गुरु or heavy.

2 But if a light syllable be followed by *Anuswára* or *Visarga* or by a conjunct consonant, it is made heavy. A syllable at the end of a quarter of a śl. may be short or long as the exigency of a metre requires it. सानुस्वारश्च दीर्घश्च विसर्गी च गुरुर्भवेत् । वर्णः संयोगपूर्वश्च तथा पादान्तगोपि वा ॥

3 A short syll. is marked as ˘, and a long one as—. The following letters are symbols representing different triads (गणs) of light and heavy syllables:—

य ˘ – –; र – ˘ –; त – – ˘; भ – ˘ ˘; ज ˘ – ˘; स ˘ ˘ –; म – – –
न ˘ ˘ ˘ ग represents a heavy syll. and ल a light one.

The following couplet will help the student in remembering the long and short syllables forming each Gaṇa—आदिमध्यावसानेषु यरता यान्ति लाघवम् । भजसा गौरवं यान्ति मनौ तु गुरुलाघवम् ॥

4 The following are the definitions and schemes of the metres occurring in the two Śatakas:–The metre in each case is named in the com.

अनुष्टुभ्—अनुष्टुप् or Sloka is defined as—पञ्चमं लघु सर्वत्र सप्तमं द्विचतुर्थयोः । गुरु षष्ठं च पादानां शेषेष्वनियमो मतः ॥ In an *Anushṭup* the fifth syll. ought to be short and the sixth long in all quarters. The seventh should be short in the second and fourth quarters only. Other syllables are governed by no rule.

आख्यानकी—It is a mixture of Indravajrá and Upendravajrá see below. I. 7.

उपजाति–स्यादिन्द्रवज्रा यदि तौ जगौ गः । उपेन्द्रवज्रा जतजास्ततो गौ । अनन्तरोदीरितलक्ष्मभाजौ पादौ यदीयावुपजातयस्ताः ॥ A mixture of इन्द्र० and उपेन्द्र० forms उपजाति. Sch. of G. त त ज ग ग । ज त ज ग ग ।

शालिनी—मात्तौगौ चेच्छालिनी वेदलोकैः । Sch. of G. म, त, त, ग, ग.

वैतालीय—षड्विषमेऽष्टौ समे कलास्ताश्च समे स्युर्निरन्तराः । समात्र पराश्रिता कला वैतालीयेऽन्ते रलौ गुरुः ॥ The first and third quarters contain six *mátrás* (Syllabic instants) and the second and fourth eight each, followed by a रगण and a short and a long syllable. See also Apte's Dictionary.

द्रुतविलम्बित—द्रुतविलम्बितमाह नभौ भरौ । Sch. of G. न, भ, भ, र.

वसन्ततिलका—उक्ता वसन्ततिलका तभजा जगौ गः । Sch. of G. त, भ, ज, ज, ग, ग.

मालिनी—ननमयययुतेयं मालिनी भोगिलोकैः Sch. of G. न, न, म, य, य.

पृथ्वी—जसौ जसयला वसुग्रहयतिश्च पृथ्वी गुरुः । Sch. of G. ज, स, ज, स, य, ल, ग.

मन्दाक्रान्ता—मन्दाक्रान्ता जलधिषडगैर्म्भौ नतौ ताद्गुरू चेत् । Sch. of G. म, भ, न, त, त, ग, ग.

शिखरिणी—रसै रुद्रैश्छिन्ना यमनसभला गः शिखरिणी । Sch. of G. य, म, न, स, भ, ल, ग.

हरिणी—न स मरसला गः षड्वेदैर्हयैर्हरिणी मता । Sch. of G. न, स, म, र, स, ल, ग.

शार्दूलविक्रीडितं—सूर्याश्वैर्यदि मः सजौ सततगाः शार्दूलविक्रीडितम् Sch. of G. म, स, ज, स, त, त, ग.

स्रग्धरा—म्रभ्नैर्यानां त्रयेण त्रिमुनियतियुता स्रग्धरा कीर्तितेयं । Sch. of G. म, र, भ, न, य, य, य.

आर्या—This belongs to the class of metres regulated by the number of *mátrás* or syllabic instants.

यस्याः पादे प्रथमे द्वादश मात्रास्तथा तृतीयेपि ।
अष्टादश द्वितीये चतुर्थके पञ्चदश सार्या ॥

गीति—आर्याप्रथमार्धसमं यस्याःपरार्धमीरिता गीतिः । That is Gíti whose third and fourth quarters are like first and second quarters of an *âryá*; *i. e.* whose first and third quarters contain 12 *mâtrás* and second and fourth 18 *mátrás*.

2. BOMBAY UNIVERSITY.

EXAMINATION PAPERS.

1868.

I. Translate into English-(*a*) Nît. Śat. 15. (*b*) Nît. Śat. 99.

II. (*a*) Give the names of the metres of the above verses. Divide one line of each verse into feet according to the Hindu and European systems of prosody. Where are the cæsuras in both verses? (*b*) Explain all compounds in the above verses. (*c*) What religious idea is contained in the second verse? Illustrate it by another verse from the Nîtishatak.

III. (*a*) Explain the construction of वरं—न and that of किम्, कोऽर्थ: &c. with the Instrumental case. Quote instances from the Nîtishataka for these constructions. (*b*) Explain the force of the particle वा in such a question as मृतः को वा न जायते. (*c*) What force has the particle अपि in such expressions as सर्वेऽपि, त्रयोऽपि, चत्वारोऽपि.

IV. Quote two verses from the Nîtishataka on one of the following subjects. (*a*) The difficulty of befriending fools. (*b*) The necessity of acquiring wisdom. (*c*) The power of riches.

1869.

I. (*a*) What are the subdivisions of Vairagyashataka? (*b*) What are the effects of time as given by Bhartṛhari? Quote one or two of his verses on this subject or give an outline of his description of time in prose in Sanskrit.

II. Translate into English:—(*a*) Vai. Śat. 63. (*b*) Vai. Śat. 44. (*b*) Explain and analyse the following compounds, referring them to their several classes. अतर्कितगमागमान्, बहुकार्यभारगुरुभिः, जन्मजराविपत्तिमरणम् and प्रमादमदिराम्. (*c*) Give as many synonyms of आदित्य, जन्मन् and जरा as you may have met with in your reading. (*d*) Is there any difference in meaning between क and क्वचन? If so illustrate it by two or three examples. (*e*) What is the meaning of अपि च? Give its equivalent in Sanskrit.

III. To what does Bhartṛhari compare life to illustrate its short duration ? Give the simile he has often used.

1873.

Translate Nît. Śat. 34, 64, 75 and write notes on पञ्चषाः वरायते, भास्करः, शीर्षविशेषीकृतः, निरभिभवसाराः,

Quote two verses to illustrate and give an outline of the general teaching of (*a*) the प्रदानप्रशंसा or (*b*) कर्मप्रशंसा.

1875.

1 Translate the following closely:—(*a*) Vai. Śat. 13; (*b*) 62; (*c*) 64; (*d*) Mis. śl. 38.

2 (*a*) Give the metres and Gaṇas of *b* & *c* of 1. (*b*) In stanza (*c*) one copy reads आयासकादाश्रय श्रेयोमार्गं &c. which reading do you prefer, and why ? (*d*) Explain the word संकल्प in stanza 2.

3 Explain (*a*) कर्मनिर्मूलनक्षमः (*b*) दाक्षिणात्याः कवयः (*c*) निर्विकल्पसमाधि (*d*) दग्धजठर (*e*) ये वर्धन्ते......वासराणां स्मरेयं......ध्यानच्छेदे... निषण्णाः Vai. Śat. 29. Explain grammatically the words वासराणां स्मरेयं, लालायते and आत्मनीन. Quote and explain the Stanza in the Vairagyashataka in which आशा is likened to river.

4 Quote verses from the Vairagyashataka of purport similar to the following. (*a*) Poor and content is rich and rich enough, (*b*) Learned men are not inferior to kings.

1878.

I. Translate into English. (*a*) Vai. Śat. 86. (*b*) किन्तूद्भ्रान्तपतत्पतङ्गपवनव्यालोलदीपाङ्कुरच्छायाचञ्चलमाकलय्य सकलं सन्तो वनान्तं गताः.

II. Name and dissolve the compounds above. Translate and explain (*a*) वियोगे को भेदस्त्यजति न जनो यत्स्वयममून्। (*b*) विमुक्तः संकल्पः किमभिलषितं पुष्यति न ते। (*c*) धन्याः संन्यस्तदैन्यव्यतिकरनिकराः कर्म निर्मूलयन्ति। (*d*) व्यापारैः पुनरुक्तभुक्तविषयैरेवंविधेनामुना संसारेण कदर्थिताः। (*e*) स्वर्गग्रामकुटीनिवासफलदैः कर्मक्रियाविभ्रमैः। (*f*) युष्मत्संगवशोपजातसुकृतोद्रेकः स्फुरन्निर्मलज्ञानापास्तसमस्तमोहमहिमा लीये परे ब्रह्मणि॥

1885.

1. **Translate into English adding notes where necessary.**

Vai. Śat. (*a*) 19; (*b*) **Mis.** 2; (*c*) **Vai. Śat.** 18.

2 (*a*) Dissolve the compounds (*b*) जरा०—कृपणः; (*c*) प्रिय०—धारी, नीरागेषु, विमु० सङ्गः, दूर्वा० मुग्धः and name them. Give and name the metrical schemes of the last two verses.

(*b*) Write a short note on मरुतामधिपतिः.

(3) Explain clearly the following. (*a*) तं त्वां पुनः पलितकर्णकभाजमेनं नाट्येन केन नटयिष्यति (*b*) नहि शशकविषाणं कोपि कस्मै ददाति (*c*) वाञ्छामात्रपरिग्रहाण्यपि परं त्यक्तुं न शक्ता वयम् (*d*) स्वानुभूत्येकमानाय नमः शान्ताय तेजसे (*e*) न जाने संसारः किममृतमयः किं विषमयः (*f*) सूक्ष्मा एव पतन्ति चातकमुखे द्वित्राः पयोबिन्दवः।

4 (*a*) Give eight instances of ungrammatical or irregular constructions used by Bhartṛhari. (*b*) Quote the verses in which the wisdom of great men is declared to be unlimited and paraphrase it in Sanskrit in your own words.

1890.

Translate into English:—Nît. Śat. (*a*) 69. (*b*) Mis. 10. Name and dissolve the compounds in the above.

Explain giving the context. (*a*) स्वात्मन्येव समाप्तहेममहिमा मेरुर्न मे रोचते (*b*) नहि शशकविषाणं कोपि कस्मै ददाति (*c*) नरः संसारान्ते विषति यमधानीजवनिकाम् (*d*) विपाकः पुण्यानां जनयति भयं मे विमृशतः (*e*) कुतस्याः स्युः कुपरीक्षका न मणयो यैरर्घतः पातिताः (*f*) नहि गणयति क्षुद्रो जन्तुः परिग्रहफल्गुताम् (*g*) अवस्था वस्तूनि प्रथयति च संकोचयति च (*h*) प्रायेणाधममध्यमोत्तमगुणः संसर्गतो जायते।

3. Discuss the question whether Bhartṛhari is the author or mere compiler of the Shatakas. Do you find any evidence in the Shatakas to show that he worshipped a particular god? What was his favourite place of resort as a devotee ?

4. Give a synopsis of the views embodied in the Shatakas regarding. (*a*) The predominance of "Karman." (*b*) The use

and greatness of knowledge. (*c*) The evanescent nature of human life and pleasures.

5. Derive and explain the meaning of the following words:- विदग्ध, प्रतिनिविष्ट, अङ्कित, अभियोग, वृत्ति and परिहृत्य.

1893–1894.

1 Translate the following:—

Nít. Śat. (*a*) 69. (*b*) Vai. Śat. 62. (*c*) Nít. Śat. 64.

2 Explain the following giving in each case the substance of the whole stanza:—

(*a*) अतश्चानैकान्त्याद्गुरुलघुतयार्थेषु धनिनामवस्था वस्तूनि प्रथयति च संकोचयति च ॥ (*b*) महद्भिः पुण्योघैश्चिरपरिगृहीताश्च विषया महान्तो जायन्ते व्यसनमिव दातुं विषयिणाम् ॥ (*c*) स जातः कोऽप्यासीन्मदनरिपुणा मूर्ध्नि धवलं कपालं यस्योच्चैर्विनिहितमलङ्कारविधये ॥ (*d*) तत्को नाम गुणो भवेत्स गुणिनां यो दुर्जनैर्नाङ्कित ॥ (*e*) इत्थं चेमौ रजनिदिवसौ दोलयन्द्वाविवाक्षौ कालः काल्या सह बहुकलः क्रीडति प्राणिशारैः ॥

3 (*a*) Solve the following compounds पञ्चषाः; गद्गदगलत्त्रुट्यद्विलीनाक्षरम्; निर्दौवारिकनिर्दयोक्त्यपरुषम्; उद्भ्रान्तपतत्पतङ्गपवनव्यालोलदीपाङ्कुरच्छायाचञ्चलम् and असिधाराव्रतम्.

(*b*) Make grammatical notes upon सिकतिलः, कदर्थिताः, आशीविषः, बहुतृणम्, आत्मनीनः and तपस्यन्तः.

Quote verses giving Bhartṛhari's views on any two of the following—

(*a*) Extreme difficulty of the duty of servants.

(*b*) Comparison of the king with the poet.

(*c*) Comparison of the king with the ascetic.

1898.

I What have you to say with reference to the following points put forward by some scholars to prove that the age of the author of the Shatakas should be brought down to about the 8th or 9th century A. D. (1) Resemblance in ideas and phraseology between Shatakas and Shaṅkaracharya's work. (2) Mention of the Purans in one of the Stanzas of the Vairagyashataka (3) Mention of Buddha as a tenth incarnation of Vishṇu in one of the passages.

II. What part of India did Bhartṛhari look upon as producing the best of poets. Quote in support of your answer.

III. Explain the following forms and give their meanings—

अङ्केशय, सिकतिल, कदर्थयसि, लिप्सा, आत्मसात्करोति, लालायते, जीवमान, गायनाः, शुश्रूषते.

IV. Translate. (*a*) Nît. Śat. 103. *N. B.* Mention and discuss the different variants for सत्क्रिया.

(*b*) Vai. Śat. 96. Dissolve the compounds स्वायत्तचेष्टः, संप्राप्तकन्थासखः, शमसुखाभोगैकबद्धस्पृहः.

1900.

1. Translate into English:—(*a*) Nît. Śat. Mis. 16. (*b*) Vai. Śat. 62.

2 Explain with reference to the context:—(*e*) अतश्चानैकान्त्याद्गुरुलघुतयार्थेषु धनिनामवस्था वस्तूनि प्रथयति च सङ्कोचयति च ॥

3 Quote stanzas from the *S'atakas* which contain—

(*a*) Ideas similar to the following:—(i) स्थाने भावानेकनराधिपः सन्नकिञ्चनत्वं मखजं व्यनक्ति । पर्यायपीतस्य सुरैर्हिमांशोः कलाक्षयः श्लाघ्यतरो हि वृद्धेः ॥ (ii) दरिद्रस्य परा मूर्तिस्तृष्णा न द्रविणाल्पता ।

(*b*) A description of *S'iva* as a *lamp of knowledge* (ज्ञानप्रदीप).

1902.

I Translate—(*a*) Nît. 36; (*b*) 80; Vair.; (*c*) 27; (*d*) 61. Explain the allusions in *a, b, c* and *d*.

II. What were the religious and moral views of Bhartrihari? Quote a few lines to illustrate your answer.

III Explain the following similes—(*a*) छायेव मैत्री खलसज्जनानाम्. (*b*) वाराङ्गनेव नृपनीतिरनेकरूपा. (*c*) कामं मन्त्री नृप इव सदा खेदभारैरमुक्तः।

IV Give the meaning of—प्रतिनिविष्ट, इनकान्त, स्वाकृति, अवकर, प्राणिसा (शा) र, बडिशकल्य, कुटीर.

V. Derive—क्षाम, पुङ्गव, परायण, न्याय्य, अवदात, उत्तम, विहग, दौवारिक.

1904.

I Translate:—(*a*) Nît. 74; (*b*) Mis. 10; (*c*) Vair. Mis. 12.

II Dissolve and name the compounds:—स्फुरदवधिमुद्रामुकुलिताः; निर्दौवारिकनिर्दयोत्तमपरुषम्.

III. (1) Name the metres in the following lines:—

(*a*) एका भार्या सुन्दरी वा दरी वा। (*b*) वने रणे शत्रुजलाग्निमध्ये। (*c*) भवन्ति नम्रास्तरवः फलोद्गमैः। (*d*) पाणिः पात्रं पवित्रं भ्रमणपरिगतं भैक्षमक्षय्यमन्नम्.

(2) Write grammatical notes on:—पश्चषाः, विरमन्ति, अमित्रायते, मा कृथाः।

(3) Give meanings of—बलभिद्, अर्क, लाङ्गूल, स्फार.

IV. What is Bhartrihari's attitude in regard to–(*a*) Karman; (*b*) Daiva; (*c*) self-seeking servility; and (*d*) religious bigotry of the Śaivas and the Vaishṇavas.

V. Give the context of:—

(*a*) न हि शशकविषाणं कोपि कस्मै ददाति।
(*b*) विषादे कर्तव्ये प्रदधति जना प्रत्युत मुदम्।
(*c*) छायेव मैत्री खलसज्जनानाम्।
(*d*) एतत्रयं जगति पुण्यकृतो लभन्ते।

1906.

I Translate into English—

(i) Nîti. (*a*) 29; (*b*) 106; Vair. (*c*) 53; (*d*) 82; (*e*) 1.

(ii) Explain the metaphor in (*e*) fully solving the compounds.

II. (*a*) Give the meanings of—कृकवाकु, दुर्विदग्ध, फल्गु, निर्विकल्प, उद्रेक, व्रात, अलीक, अपशब्द, भैक्ष and अवकर.

(*b*) Write grammatical notes on—मध्येपृष्ठं, लालायते, तरुणायते, श्यानः, उपस्कृतः, अहर्निशं, पूर्वार्धः, जुह्वान, दाक्षिणात्य and शार्व.

(*c*) "Full may a flower is born to blush unseen
And waste its sweetness on the desert air."

Quote lines from Bhar. containing a similar idea.

III. Support or refute the popular idea that Bhar. was a king. Was he really the author of the Śatakas or did he merely collect the stanzas from various sources ?

1909.

1 Translate into Eng.:—(*a*) तस्मादनन्तमजरं &c. (*b*) मनसि वचसि काये &c. (*c*) दूरादर्थं घटयति नवं &c. (*d*) विवेकव्याकोशे—तृषापात्रं—

2 Name and define the metres of (*a*) and (*b*) in quesion 1; and name and solve the comps. underlined in the following:—(*a*) यत्र क्वापि निषूदतां बहुतृणं विश्वं—(*b*) त्वं राजा वयमप्युपासितगुरुप्रज्ञाभिमानोन्नताः। (*c*) वयमपि गिरामीश्महे यावदर्थम्. (*d*) स्वायत्तमेकान्तगुणं विधात्रा विनिर्मितं &c.

3. What has Bhar. to say about Daiva and Paurusha ? Does he identify Karman with Daiva ?